FiSF 复旦大学泛海国际金融学院
FANHAI INTERNATIONAL SCHOOL OF FINANCE, FUDAN UNIVERSITY

复旦发展研究院
FUDAN DEVELOPMENT INSTITUTE

智库丛书

从闭封到开放

中国金融业国际化发展40余年历程与改革趋势

The Financial Opening of China: Retrospect and Prospect

魏尚进　李清娟

－ 等著 －

格致出版社　　上海人民出版社

学术总指导：

魏尚进

策划与统筹：

李清娟

专题研究组长（按姓氏拼音排序）：

丁红艳　梁中华　年四伍　牛　品　王振华

各章作者：

第1章　王旭祥　梁中华　王梦盈　丁红艳

第2章　罗　奕　丁红艳

第3章　张美玉　丁红艳　吴嘉璐

第4章　牛　品　李治国　郑欣雅　栾春旭
　　　　梅饶兰　李　俊　张　陈

第5章　年四伍　徐明东　张雅斐　李呵平
　　　　岳斯瑶　徐　聪

第6章　王振华　王宜峰　韩　雨　俞　洁
　　　　石　怡　苗婷婷　刘江炜

序　一

金秋时节收到魏尚进教授发来的邀请,为即将出版的两本著作*作序,欣然应允。中国金融业开放历程与未来趋势,以及上海国际金融中心的建设,是中国改革开放进程中的重要内容,魏教授组织研究团队对此进行了系列研究,作为中国金融改革开放和上海国际金融中心建设的长期参与者,我非常愿意支持并为此感到荣幸。

在中国渐进式的经济改革路程中,金融的稳健与双向的开放,以及上海国际金融中心分步骤的建设,都为成功地利用好本国的储蓄、外国在华投资,以及国内资本市场与国际接轨做出了重要的贡献,并以此促进了中国经济发展。

上海国际金融中心建设是党中央和国务院对上海的战略定位。20 世纪 30 年代上海曾是远东地区金融和贸易中心,由于历史原因上海城市功能转变为全国的工业基地。经过改革开放后 40 余年的建设与发展,上海积极开展金融改革开放先行先试,始终坚持以金融市场体系建设为核心,以金融改革创新和营造金融环境为重点,加快市场化、国际化和法治化步伐,努力营造良好的金融发展环境,加快推进国际金融中心建设,取得了重要进展,进一步巩固了以较齐备的金融市场体系为支撑的、有一定国际影响力的金融中心地位。

目前,上海已经成为国际上金融市场体系最为完备的城市之一,中外金融机构的重要集聚地,中国内地金融对外开放的最前沿,中国金融改革创新的先行

---

* 即本书与《从浦江到世界——建设国际金融中心:上海的国际比较》。——编者注

区,国内金融发展环境最佳的地区之一。上海已经集聚了各类持牌机构超过 1 600 家,其中外资金融机构占 30% 以上,金融从业人员 47 万人,金融集聚区建设成效明显。在最近一期全球金融中心指数 GFCI 排名中,上海名列全球第三。

上海国际金融中心建设已进入承上启下时期。2009 年国家确定的上海国际金融中心建设的阶段性目标任务基本实现,同时,上海国际金融中心建设又须向新的更高目标推进。放眼未来,机遇和挑战并存,我们面临新的发展环境,遭遇了新冠肺炎疫情对金融行业带来的冲击,金融领域系统性风险需要关注。随着金融领域改革的深化,特别是科创板上市制度的推进以及金融领域开放力度的加强,上海国际金融中心建设站上了新的历史起点。全面强化上海配置全球金融资源的功能是未来金融中心建设的发展重点。上海将以提升金融市场国际化水平为核心,在维护金融稳定的前提下进一步扩大对外开放和推进人民币国际化,构建更加开放、高效、富有活力的金融市场体系、金融机构体系和金融业务创新体系,全面强化上海配置全球金融资源的功能。

今后的努力方向之一是显著增强人民币金融资产的全球定价能力和话语权,全面打造人民币金融资产配置和风险管理中心。进一步强化上海服务国内外企业资本市场融资的主平台作用,增强市场的包容性、交易的便利性以及流动性和灵活度,更好地服务投资者、服务创新、服务经济高质量发展和转型升级。优化与全球主要金融市场的互动互联机制,增强关键产品和重要业务的全球定价主导权,更好地推动国内国际市场有效双循环。

今后的努力方向之二是显著增强全球和区域金融服务能级,强化基于全球资源配置的金融基础设施建设。将连接境内外金融市场的通道模式升级为连通全球金融市场的大平台、大网络,代表国家参与全球金融行业规则制定,加快提升人民币跨境支付系统的服务能级,深度参与跨境监管规则制定,不断丰富再保险平台功能,推进重要的基础设施跨境互联合作。

今后的努力方向之三是显著增强自贸试验区及新片区金融改革开放的引领作用。打造统筹在岸业务和离岸业务的枢纽,争取在人民币自由使用和资本项目可兑换方面进一步先行先试。大力发展跨境金融,打造国际化的业务创新体系,打造开放枢纽门户,加快高能级金融机构的全国首创性项目在上海集聚。加快全球资产管理中心建设,争取在跨境信息交互、跨境资产管理等方面进一步地有所突破,抢占金融科技的制高点,构建符合中国国情并与国际相衔接的金融科技创新体系。

今后的努力方向之四是显著增强金融中心发展软环境,营造国际一流的金融生态。进一步提升上海金融法治国际化水平,争取国家立法支持和行业指导,探索更加灵活的金融政策体系监管模式和管理体制,加快推进金融开放创新,打造更加市场化、法治化和国际化的营商环境。

中国金融业的持续开放和上海国际金融中心建设的不断推进,需要集聚各方资源,离不开战略研究的引领。近年来,复旦大学泛海国际金融学院发挥其学术和智库优势,在努力为中国金融业的发展培养人才的同时,也致力于为中国金融的稳步开放与上海国际金融中心的建设提供智力支持。特别是学院学术委员会主席、美国哥伦比亚大学教授魏尚进先生,他先后在国际货币基金组织和布鲁斯金学会等国际组织任职,曾担任亚洲开发银行首席经济学家兼地区合作局局长,学贯中西,具备宽广的国际视野,熟谙全球各国及中国金融发展环境。魏尚进教授组织的研究团队,通过对上海国际金融中心建设的国际政策比较分析,论述了上海目前存在的短板和弱项,并指明了未来发展方向。我既被魏尚进教授及研究团队所具有的中国金融改革开放及上海国际金融中心建设的情怀所感染,也从他们的真知灼见中受到启发,非常希望有更多关心中国金融开放和上海国际金融中心建设的人能读一读这两本力作。

是为序。

屠光绍

2020 年 9 月

---

* 屠光绍,现为复旦大学泛海国际金融学院国际咨询委员会主席,曾先后担任上海证券交易所总经理、中国证监会副主席、上海市常务副市长、中国投资公司总经理。

序　二

砥砺行,摸石进;开金融,富国民。

1978 年,注定是中国历史上划时代的一年。在伟人邓小平的倡导下,中国开启了对内改革、对外开放的历史进程,吹响了经济腾飞和民族复兴的"冲锋号"。

40 余年风雨兼程,改革摸石过河,开放对接世界。从农村到城市,从封闭到"入世",从"特区"试点到全国推广。在经济体制的不断演进中,中国人民用勤劳、用智慧书写了国家和民族发展的壮丽篇章。

1978 年,我从小学升入初中,中国的人均年收入为 381 元人民币,即使按当时人民币被高估的汇率计算(1 美元＝1.577 元人民币),也只有 242 美元,世界排名倒数第二。而当时的德国、英国、法国、加拿大等国,人口不到中国的 1/15,其各自的 GDP 总量却都高于中国。1986 年我刚到美国求学时,学校发放给我的奖学金勉强够我在当地生活,却远高于做了一辈子外科大夫的家父当时的工资。

本书的主题是中国金融业开放 40 余年历程及未来趋势。有人可能会认为,这个题目太大了,和我们普通人生活有什么关系呢? 我给大家讲讲我的亲身经历。记得 1982 年,我在复旦大学经济学院读国际经济专业,非常荣幸地获得福特基金会资助赴美国加州大学伯克利分校交流学习,当时需要托福成绩,而考托福的考试费需要用美元结算,除了国家机关凭介绍信可以从中国银行独家换取美元外,我印象中老百姓需要美元的话,要去外滩与中国银行门口的黄牛"非法"换美元。我的父母都是医生,他们是不屑、不敢、也没有钱去换美元供我参加托福考试的,幸而福特基金会帮我支付了当时的考试费,解了燃眉之急。这就是金融不开放条件下对个人生活产生的巨大影响。经过与格致出版社副总编辑忻雁翔女士协商,书名定为"从闭封到开放",就是为了以史为鉴,坚定不移地推进中国金融国际化进程。

到 2020 年,经过持续 40 多年的高速增长,中国 GDP 总量接近 16 万亿美元,从 2009 年开始就已跃居全球第二位;如果进行跨国间物价有别的调整,中国 GDP 总额已是世界第一。同时,中国人均 GDP 超 1 万美元。包括上海在内的沿海城市,其人均国内生产总值又比全国平均水平高出不少。如今,我去世界上任何城市出差,都会在街上遇到大批度假、购物的中国游客。

正如习近平总书记高度概括:"中国进行改革开放,顺应了中国人民要发展、要创新、要美好生活的历史要求,契合了世界各国人民要发展、要合作、要和平生活的时代潮流。"

从 1978 年中国人民银行一家独大,到现在由中央银行、商业银行以及证券公司、保险公司、基金公司等非银行金融机构等构成的、互补有别的金融生态体系;从 1990 年中国股市在上海诞生,到现在多层次资本市场发展,包括沪港通、深港通、债券通和沪伦通;从曾经计划经济决定一切金融价格,到逐步推进利率市场化改革与汇率市场化改革;从曾经的金融封闭,到实现经常项目的可兑换,再到探索资本项目的部分可兑换。金融制度的变迁与金融的改革发展,既是经济发展的折射,又是促进增长的润滑剂之一。

然而,虽然金融发展可圈可点的成绩很多,但在经济奇迹式增长的同时,金融业的发展却落后于实体经济部门,居民的储蓄、资本的分配并不总是流向最有效率的企业,金融体系结构与实体经济增长之间仍未达到适配。银行业和股市为核心的正规金融部门,服务了国有部门融资和"投资驱动型"的传统经济增长模式,却无法满足非国有部门和居民日益增长的融资需求。这部分融资需求由影子银行和非正规金融部门来满足。无论是正规金融部门,还是

"替代性"金融部门,在提供融资的同时也积聚了风险。

一、 金融开放与风险管理

在中国经济由高速度增长转向高质量发展的新阶段,金融改革也到了换挡升级的关键时刻。金融体系亟待进一步完善,金融市场亟待进一步开放。

从新古典经济学角度出发,金融开放有很多好处。因为,金融不开放,跨境资本流动会遇到障碍和额外成本。如果这是唯一的扭曲时,经济学上一般认为额外的成本越少越好。但还有一个重要定理是,当经济体存在多个扭曲时,仅仅去掉一项扭曲并不一定能提高经济的整体效率。因此,支持金融开放者认为,金融不开放(对资本跨境流动设限)是一种扭曲,所谓金融开放就是把跨境成本降到最低。而反对者认为,经济体存在很多扭曲,只去掉跨境资本限制一项或许整体结果更糟。如果决策者就此问题去咨询本国的金融机构,并不一定会得到准确的答案,因为金融机构从金融开放中获益,并不一定表明整体经济会获益。那么,金融开放到底有什么好处、有什么风险? 风险要如何管理?

首先,金融开放能够降低融资成本。发展中国家企业融资难、成本高的问题很普遍,尤其是中小企业经常为融资头痛。研究也表明,当对跨境资本流动施加限制时,融资成本及广义定义的经济活动交易成本会受到负面影响。跨境资本的限制越多,交易成本就会越高,对经济的负面影响就越深。

理论上说,金融开放的第二个好处是可以提高居民与企业的风险规避能力。当跨境资本可以完全自由流动、金融状况良好时,理论上,每个国家的消费是可以和本国收入波动分开的。假设全世界由本国和别国两个部分组成,当本国和别国相互拥有资产时,本国储蓄由两部分构成:一部分是所有本国企业的所有权,本国拥有一半;另一部分是别国资产,本国居民也有一半所有权。别国也是如此。这种相互拥有资产的行为是金融开放的一种情况,其好处在于,当拥有的资产高度分散时,某一国、某一行业出现波动和负面冲击,对任何一国的居民而言,其整体收入的影响就小一些,从而对消费的影响也小一些。

全世界有 200 多个经济体。如果一国居民财富中各国资产都有,财富构成比较分散的话,其消费基本就不受本国自身收入波动的影响。从这个层面上来说,如果金融开放能把一国的消费和收入之间的波动关系化解的话,意义很大。也就是说,金融开放是提供风险规避的手段之一。

从实际数据看,发达国家的消费波动远远小于 GDP 波动,而发展中国家当期的消费和收入则高度相关。这表明,如果通过金融开放可以提高居民抵御收入波动风险的能力,对发展中国家的帮助尤其大。

金融开放的第三个潜在的好处是加强对宏观政策的纪律约束,从而提高它的质量。很多发展中国家经济发展不好的原因不是政府不作为,而是政府乱作为。政府为了少数权势集团得利而损害多数老百姓的利益。这种情况下,金融开放的好处就是给政府官员做坏事增加了成本,这等于给坏政策的发生增加了限制条件。

在未实行金融开放的国家,所有的资金都在封闭的环境里。坏的政策往往会同时降低老百姓的储蓄回报率与企业投资的整体回报率。一旦金融开放,当国内经济不好时,老百姓的储蓄就不会留在国内,企业在国内投资的欲望也会降低,资金外逃的概率很大。资金外逃越多,不良官员能谋私利的空间也会缩小。从这一角度看,金融开放约束了官员的行为,所以在均衡情况下,他们干的坏事会少一点,或者性质不会那么坏。

然而,制度不全的金融开放亦可覆舟。国际经验表明,金融开放的成功需要诸多配套性和预备性改革,包括降低国内金融体系的扭曲、提高效率、防范国际资本市场风险传导和国内其他要素市场的改革,尤其是国内劳动力市场改革以及相关公共治理、反腐和依法治国的改革,否则金融开放也有可能带来金融动荡。此外,实践者还需为下一步的金融深化理清思路,调整经济结构、完善财税制度,在金融稳定的基础上,探索渐进的改革路径。

二、 加入 WTO 加速了中国金融开放步伐

在全球背景下，金融与世界经济发展全球布局是互为因果、共同发展的。第一次科学技术革命促进了国际分工和世界市场的发展，为世界经济的形成准备了必要的条件；而世界经济的形成是随着第二次工业革命的发展，各国间的经济活动逐渐深入扩展到金融领域才发生的。可以说，世界经济是在金融资本全球布局的情况下快速发展起来的。而世界经济的发展也在很大程度上决定了金融国际化发展的步骤和方式。

中国金融发展和国际化步伐很大程度上是在世贸组织（WTO）的压力下发展起来的。入世谈判初期，中国金融开放面临着艰难抉择，担心所谓的"狼来了"，担心金融业被冲垮。实践证明，这些问题都没有发生。当时金融体系进行了一系列改革，如所有的国有银行都推行引进战略投资者，实行监督，强调政企分开，强调银行机构的企业化运作。

放眼当今世界，在中美贸易冲突下，有什么经验值得借鉴？有什么教训需要吸取？金融机构需要在国际经验和历史经验的指引下继续推进改革。值得关注的是，金融开放和贸易开放有很大的区别。贸易投资开放要坚定走下去，越开放越有利。而金融开放要谨慎推进，不能一蹴而就，要在进行改革配套的情况下逐渐开放。由金融开放造成经济崩溃的例子很多。研究表明，如果把世界上所有的发展中国家和发达国家放在一起比较，金融开放的国家和金融不开放的国家相比，增长没有区别。金融开放不是经济发展的充分条件，因而简单地提出坚定不移地开放金融和我们的经验理论不符合。应该不断探索有利于金融开放的改革措施，并分步骤分阶段执行下去，条件成熟了，再谈全面开放，这是一个渐进的过程。

三、 21 世纪初中国金融业开放造就了信息应用产业领先世界

中国在 WTO 协议的要求下开放了私募股权投资，这才成就了今天的阿

里、腾讯、百度。可以说,中国所有引以为豪的互联网企业都是金融开放带来的成果。从这个意义上讲,如果当初没有 WTO 强制金融开放的话,中国现在这些引以为豪的互联网企业根本不会存在,更不会发展起来。金融开放极大地促进了科技的创新。正是金融开放使得这类科技型企业在早期获得了美国的创业投资,才有了今天的互联网企业领先发展的结果。

此外,中美之间在贸易、货币和文化等方面的竞争重心已经转向科技创新,这从中美贸易谈判的过程就可见端倪。创新可以由大企业、成熟企业来做,不过历史上许多重要的创新是由小企业做到的,是在有思想、有灵感但是缺乏资金的企业家率先尝试下诞生的。这包括历史上的不少重要发明,比如灯泡和智能手机。如今许多成功的互联网企业也是从小微企业开始的,比如阿里、腾讯、Facebook 和 PayPal 等。

一个国家要创新不断,就需要有一个能给有思想、有灵感但缺资金的企业系统地提供融资的制度。科创板注册制在此场景下应运而生。它不仅为国家科技创新战略在资本市场落地新增了一个板块,也为中国经济结构的转型、金融支持实体经济,特别是支持民营高新技术企业发展提供了市场基础。

在上交所科创板推出之前,一批无法在 A 股上市的优质企业,最终选择到纳斯达克或港交所上市,内地的投资者也因此无法分享到这些企业高速发展的红利。采用国际规则的科创板无疑将成为中国资本市场改革的里程碑,引领内地的资本市场向成熟的资本市场看齐。

科创板实行注册制,发行承销更市场化,交易适度放开,持续监管更严格。科创板允许尚未盈利的企业上市;一定条件下允许同股不同权、VIE 架构及红筹股在满足一定条件下上市;承销环节定价采取询价机制;保荐机构子公司跟投等。一家企业通过科创板注册制上市,理论上最快可以不到 6 个月的时间,效率与现行上市制度会有天壤之别。

金融国际化可以与国内金融生态体系的建设有效互补,进一步放大科创板的效果,更好地挖掘出现行制度下难以上市的"隐形冠军"。金融国际化通过国际投资者的参与,可以降低资本市场对国内企业所要求的风险溢价,进一步降低这些企业的融资成本。澳大利亚国立大学的刘欣老师与我的初步研究结果表明,若干年前"合格境外机构投资者"(QFII)制度引进的确降低了许多上市企业的风险溢价,降低了它们的融资成本。我们的研究显示,沪港通也进一步提振了合格企业的资产定价。目前,合格境外机构投资者原则上已经可以参与在科创板的投资,如果将科创板的企业纳入沪港通与沪伦通的篮子里,那会更加便利国际投资者参与科创板的投资与定价。

同时,科创板注册制的成功并不是注定的事。纵观全球服务于中小企业的股票市场,有美国纳斯达克市场作为成功典范;有英国 AIM 市场、韩国 KO-SDAQ 市场交投比较活跃;也有德国、加拿大和日本等国家的科技创新板块并未完全成为本国中小创业型企业融资绿色通道。其他市场的成败得失应该是我们深入研究与比较的素材。无论如何,这场市场化的基因改造势在必行。期盼科创板与金融进一步开放能相辅相成,并为创新型实体经济的发展添翼加翅。

四、 中国不仅面临金融市场开放挑战,在与贸易伙伴互动过程中也面临重重压力

阿根廷"习特会"后,美中贸易冲突暂停 90 天。对美国的许多盟友而言,唐纳德·特朗普总统对中国发起贸易冲突的缺陷不在于动机,而在于方法。事实上,特朗普的许多不满也让欧洲和日本感同身受。但它们没有认识到的是,自己还可以做很多事情让全球贸易体系、让它们与中国的关系更加公平有效。

可以肯定的是,中国需要采取措施推行政策改革。首先,中国的关税及非

关税壁垒高于美国和其他高收入国家。尽管与绝大多数同等收入水平的发展中国家相比是大体一致的。并且,希望在华经营的外企一直面临着诸多限制,其中也包括限制外资对国内企业的所有权。

降低对中国市场的壁垒不仅有利于外国生产商,也能让中国家庭和使用进口零部件的企业受益。贸易自由化的作用如同减税——增加收入、提高效率,而无需政府增加预算赤字。中国加入 WTO 以来的贸易自由化实践说明,只要中国劳动力市场依然足够灵活,失业率就不会因此飙升。

中国还需通过加强知识产权保护来回应另一项关键申诉。即中国政府表示 20 年前就放弃了要求海外跨国公司共享知识产权以换取市场准入的政策,但美国和欧洲在中国的商会却声称实际情况并不是这样。

以往中国自主创新能力薄弱的时候,加强知识产权保护只是让外国公司获得更多的租金。而今天,随着中国企业发展自己有价值的知识产权,它们在全球的存在已经变得更大、更强,互惠的知识产权保护将让中国企业和外国公司同样受益。

中国还应该改革补贴计划和产业政策制度。多数国家利用税收和补贴来促进某些经济活动。然而,与高收入国家相比,造成扭曲和效率低下、而不是解决市场失灵的政府项目在中国所占比例更高。这类政策包括侧重于国有企业而非私营企业的补贴,导致了浪费和生产率下降。为了给中外企业创造公平的竞争环境,政府项目应该进行更系统的成本效益分析。

不过,全球贸易要真正实现公平,发达经济体,尤其是美国,也必须做出一些改变。事实上,这些国家对中国商品和投资的壁垒并不像人们以为的那么低。

例如,在美国许多纺织品和成衣的进口税率为 20％左右,远高于美国的平均进口税率。中国一直是全球最有效率的纺织品和服装生产国。进一步提高中国企业面临的有效关税是一种反倾销制度,这一制度经常被用作保护主义的工具,其规则对中国生产商有偏见。美国的平均税率严重低估了中国商品的实际税率。

同样,美国的自由贸易协定人为地将美国的需求从效率更高的中国生产商转向墨西哥等国成本效率较低的企业。尽管名义上有"自由"一词,但自由贸易协定并不是真正意义上更加自由的贸易,因为它歧视自由贸易协定之外国家的企业,有时会偏袒参与国效率较低的企业。这一效应不受 WTO 现行规则的充分限制,破坏了资源的有效分配,不仅伤害了自由贸易协定之外国家的工人,而且在许多情况下,损害了自由贸易协定参与国低收入家庭的利益。

此外,美国外国投资的管理制度并不总是公平、可预测或透明的。在给拟议投资贴上国家安全威胁标签的时候,标准似乎非常随意。

据提供跨国并购咨询的美国律师与我的交谈中所透露的,由于美国对涉及中国投资者的交易审查程序可能会面临漫长且不可预测的拖延,中国企业想要完成可行的投标,通常不得不额外支付 15% 的费用。用这种方式,美国的外国投资制度实际上剥夺了希望在美投资的中国企业的权利。

低下或扭曲的政策不是简单的错误。一般而言,它们服务于强大的、组织良好的特殊利益集团,这些利益集团可能会抵制任何变革。但如果中美能就一揽子政策改革达成一项重大协议,以减少或消除双方的扭曲,那么国内的阻力也许更容易克服。可以扩大此类合作,以帮助达成 WTO 改革协议,从而进一步支持全球体系的公平。例如,可以更好地协调反倾销规则和国内反垄断规定,可以制定或加强法规,以尽量减少自贸协定的歧视性影响,并防止政府利用国企补贴绕过 WTO 规则。

这一平衡互惠的方案有助于缓解跨境贸易和投资方面的紧张局势。同样重要的是,它将促进全球两个最大经济体的公平和效率。这一变化不仅有利于美中两国,也将惠及全球。

正如前文所指出的,中国金融业开放程度已经很高了吗?答案非也。如今中国的居民还不能自由地在全球配置个人资产,每个人每年只有 5 万美元的外汇使用额度。支付宝和微信支付是国人感觉很便利的支付模式,但复旦大学泛海国际金融学院的海外留学生反映,这种支付模式对外国人非常不友好。因为外国人若要绑定手机支付非常不便捷,而很多地方只接受手机支付,不能用信用卡结算,也不收现金。在金融国际化和便利化方面,中国要改革的路还很长。

长风破浪会有时,直挂云帆济沧海。金融开放对国家发展来讲是把双刃剑,并不是越开放越好。开放的最优度需要与经济主体的风险控制能力、监管当局的风险识别能力结合起来,对度的把握是一门经验科学,也需要随着经济基本面与政策能力基本面的发展而调整。40 多年的改革开放深刻地改变了中国,影响了世界,书写了一个古老民族的现代化传奇。放眼未来,中国金融、贸易、经济改革和发展中显现的一系列问题,也给现代经济学理论与实践发出了求解之邀。本书无法就所有问题给出答案,但通过对经济、金融开放发展历程中的热点问题给予关注与分析,对未来可能会成为热点的问题做出一些前瞻性分析,希望能够抛砖引玉,与学界、业界、政界同行和关心中国经济走向的朋友共勉共进、集思广益、探索创新,共同献力中国经济。

本研究项目由复旦大学泛海国际金融学院智库中心主任李清娟博士经过两年多时间思考、策划和组织完成,成书过程中得到了梁中华博士、王旭祥博士、年四伍博士、牛品女士、王振华律师、丁红艳博士、徐明东博士、李治国博士、王宜峰博士、兰斓博士和潘红虹博士等来自各高校、金融机构和咨询机构同仁的主动参与,组成联合课题组,群策群力完成了研究报告的撰写。出版过程中得到了格致出版社忻雁翔学妹的大力帮助,复旦大学图书馆许丽女士提供了资料收集工作,潘琦、梁雨薇和顾亚佩为研究人员提供了细致的服务工作。最后特别感谢为本书提供出版资助的复旦发展研究院执行院长张怡女士的协调与帮助,保障了本书列入复旦智库丛书及时出版。对他们的辛勤付出表示诚挚感谢,本书出版之际,恰逢世界遭遇新冠疫情。这时候全球化过程中的一些风险被推为热议的话题,但恰恰是这样的时刻,需要头脑冷静,通过历史、事实与数据，把金融开放的机遇与挑战都分析透彻。期待本书的出版能够为读者全面了解中国金融开放的脉络和未来发展趋势有一个清晰的认识，不足之处，敬请商榷。

魏尚进

哥伦比亚大学终身讲席教授

复旦大学泛海国际金融学院学术委员会主席、访问教授

《复旦金融评论》主编

2020 年 7 月

目　录

第 1 章

中国金融开放 40 年历程

    1978 年以来,中国全面改革开放的新发展格局不断地形成,中国的金融市场也在改革开放中不断完善,推动着当代中国市场经济的迅猛发展。

    中国金融业的开放是随着改革开放而发展的,中国金融市场的竞争格局随之逐渐形成,金融市场结构和体系也逐渐发生深刻的变化,从最初的严格的资本管制,到逐步放宽机构金融业务,中国金融业朝着构建一流现代化金融服务体系迈进。梳理中国金融业开放的历程,找出需要改革和完善之处,积极主动适应中国经济发展新局势,不断提升中国金融业实体经济的水平,推动中国经济以更好质量发展乃本章研究核心所在。

1.1　金融开放概述

    中国金融开放的 40 余年好比中年人经历了很多事,洞察了很多情,走出了青年人的困惑。每一次中国向世界打开一道门,每一次将发达国家的金融机制引进来,每一次"走出去",都是中国金融体系的成熟和历练过程。中国和世界在融合中实现多赢,中国金融的发展推动了全球经济的增长和全球资源的优化配置。走过"不惑之年",中国金融进入开放再扩大的新时代。

2018 年 4 月,习近平总书记在博鳌亚洲论坛上宣布中国将大幅放宽包括金融业在内的市场准入,标志着中国开启新一轮金融业开放的大幕,中国金融业开放将进入一个新的发展阶段。

回顾 40 余年的金融开放历程,其大致可以分为两个阶段:1978—2000 年为中国金融业开放的起步阶段,这个时期的金融开放主要是为了配合国内经济建设,解决就业与增加外汇和资本等一系列基本政策的实施;从 2001 年正式加入世界贸易组织(WTO)开始,中国进入了金融业全方位对外开放的新时期,不仅在机构设立、业务范围、持股比例等方面全面履行 WTO 承诺,而且在人民币汇率形成机制改革、资本项目可兑换等方面都取得突破性进展。

1.1.1　弱冠之年:金融业开放起步

1978 年是改革开放的起点,各个行业与市场在思想解放后都需要迫切发展。外贸领域,资本与外汇极为短缺,引进先进设备、技术的资金不足,工业发展受限;就业市场,大量知青与青壮年劳动力回归,供给极为丰富,就业压力大;生产端,居民的生活资料却不足,经济处于"供不应求"的物资短缺阶段。金融业则刚刚起步,全国还没有一家商业银行,中央银行在兼具货币发行等宏观调控职能的同时,仍保留部分商业职能,有发放信贷等任务。几大国有银行附属于央行,专职于某项业务,被称为专业银行。

在这样一个基本国情下,这个时期的金融开放主要是为了配合国内发展建设经济,解决就业与增加外汇、资本等一系列基本政策的实施。比如,1980年中央宣布将在深圳、珠海、汕头、厦门四个地方设立经济特区,拓展对外的经济交流,将其建设成为中国走向世界的试点窗口。为支持经济特区发挥作用,须进一步扩大金融业的开放范围与深度,给予配套的金融服务。于是 1981 年7 月,政府开始允许外资金融机构在经济特区设立营业性机构试点,开展外汇金融业务。1983 年,中央又颁布实施了《关于侨资、外资金融机构在中国设立常驻代表机构的管理办法》。随着外资进入中国的速度开始加快,经济特区迎来了快速发展期。

经济特区的成功坚定了政府继续扩大对外开放的决心。随后在 1985 年、1988 年与 1990 年中央又陆续开放了海南、上海浦东、14 座沿海城市与一系列的区域(如长江三角洲、辽东半岛等)。外资金融机构在华设立代表处与分行等分支机构的范围与数量也随之进一步扩张。到 1993 年,在中国的外资银行营业性机构已经从 0 发展到 76 家,平均每年设立 5 家,资产总额达到 89 亿美元,地域范围也从经济特区扩展到沿海。其他金融业如保险业随着银行业的进一步开放,也在 1992 年拉开了开放的序幕。但总体上来说,这一时期中国对于金融业和金融市场开放的态度是比较谨慎的,采取了先试点再推开的渐进式开放策略。

银行业方面。1994 年颁布的《中华人民共和国外资金融机构管理条例》,规定了外资金融机构进入中国的门槛、管理与经营等一系列原则,但是在业务范围上,还是主要限定在外汇业务方面,区域范围仍然限制在沿海中心城市与经济特区。1996 年发布的《上海浦东外资金融机构经营人民币业务试点暂行管理办法》,放开了业务范围限制,允许部分符合条件的外资银行在上海浦东开展人民币业务。外资银行与国内银行的竞争进一步深入,同样可以开展人民币存款、贷款结算等业务。两年后,试点范围进一步扩大到深圳。1999 年,取消设立外资银行的区域限制,外资银行可以在中国任何一个中心城市设立分支机构,并被允许参加全国银行间拆借市场。在以上开放政策鼓励下,2001 年底,国内外资银行营业性机构已经达到了 177 家,较 1993 年底增加了 100 家,年均增长 13 家;总资产达到了 450 亿美元,在 8 年的时间里,年均复合增长率 22%。

引进海外投资者与海外先进技术及管理经验和开放步伐甚至快于银行业。1994 年,中国平安保险就吸纳了摩根士丹利与高盛两大世界财团参股,成为第一家引进外资入股的保险公司。1996 年,加拿大宏利人寿保险与外经贸信托又合资设立了中宏人寿保险公司,成为第一家中外合资公司。由于与海外投资者交流与融合更为紧密,国内保险业的法制与监管体系在这一时期相对银行业进展也更快,先后在 1996 年、1998 年与 2000 年推出《中华人民共和国保险法》、设立保监会与保险协会,以规范保险业发展,强化对保险业的监管。

金融市场方面。由于包括资本市场在内的多数金融市场在 20 世纪 90 年代后才开始逐步建立,因此开放过程相对较慢。但有些中国企业已经开始走出国门,利用海外市场发债或发行股票来融资,比如 1982 年,中国国际信托投资公司在日本东京发行日元私募债。

人民币汇率制度方面。1994 年与外贸体制改革同时进行了人民币汇率制度改革。改革开放之初,中国采取的是盯住一篮子货币的固定汇率制度,人民币汇率被显著高估,外资进入中国的动力不足,出口企业的经营热情也受到影响。1981 年,中国宣布采取"官方汇率＋贸易外汇内部结算价"的双轨模式。1985 年,中国取消了贸易外汇的内部结算价,为鼓励企业出口,开始实施外汇留成制度,建立发展外汇调剂市场,但依然存在着不能形成公开统一的外汇市场,人为干预等问题。1994 年初,中国成功实施了官方汇率和市场汇率并轨的重大外汇体制改革,对于维护对外经贸环境的稳定、促进中国国际收支基本平衡以及经济的稳健发展等方面,发挥了积极的作用。这次汇改的主要内容包括:人民币官方汇率与外汇调剂价格正式并轨,中国开始实行以市场供求为基础的、单一的、有管理的浮动汇率制;中央银行设定一定的汇率浮动范围,并通过调控市场保持人民币汇率稳定;建立全国统一规范的外汇市场;取消外汇留成和上缴;实行银行结售汇制度;实现人民币经常项目有条件可兑换。1994 年汇改对之后中国的货币政策、金融市场与汇率制度等都产生了深远影响。

1.1.2 而立之年:金融业全方位对外开放

加入 WTO 是中国完善对外开放格局、发展开放型经济的重要举措。

WTO 一直积极推动金融服务贸易自由化,于 1997 年确定了金融服务贸易的具体内容,并签署作为《服务贸易协定》附件的《金融服务贸易协定》。其中,有关银行业、证券业、保险业等金融服务业的开放承诺是最为核心也是最为重要的文件。在中国加入 WTO 的谈判过程中,考虑到中国本土金融服务业的实力仍有待发展,WTO 成员同意中国在服务贸易领域对外国服务提供者实行逐步开放。根据这一原则,中国从各个行业的实际出发,在银行业、证券业和保险业对外国服务提供者的市场准入和享受国民待遇等方面作出了一系列承诺。这不仅是加入 WTO 的需要,更多的是来自中国对外开放整体布局的需要,是中国金融业自身发展的需要。中国坚定地履行了自己的承诺,先后修改和颁布了一大批法律法规,不断完善相关制度。中国履行 WTO 承诺的情况获得了国际社会的广泛认可。

在银行业方面,逐步放开外资行在华的业务与地域范围。以 2001 年 12 月中国颁布《中华人民共和国外资银行管理条例实施细则》为标志,外资进入中国的地域限制、客户限制以及业务上的非审慎限制基本消失,完成了入世时的承诺,但仍保留了市场准入、持股比例、设立形式等方面的若干限制,比如外资持股比例不得超过 20% 等。截至 2020 年第一季度末,外资银行在华营业性机构总数 975 家,总资产为 3.58 万亿元人民币,较 2001 年中国加入 WTO 时增长 10 倍多。与此同时,境内银行走出国门在海外上市融资和设立分支机构步伐加快。

在对外开放过程中,为提高银行业竞争力,从 2003 年末开始,中国国有大型商业银行经历了引入境外战略投资者等一系列改革历程,成为金融业开放的重要受益者,资本充足率显著提高,公司治理结构不断完善,并最终发展成为系统重要性银行,为金融改革打下了坚实的基础。

在保险业方面,2003 年末,以保监会放开外资非寿险机构在华设立公司形式的限制为标志,保险业宣告进入了全面开放阶段。2004 年,取消外资保险公司机构设立的地域限制。中国人寿、中国人保与中国再保完成了股改重组,先后在港交所、纽交所等境外市场挂牌上市。外资保险机构或金融集团进入中国保险业的数量持续增加,尤其是在 2012 年,中美双方发布《关于加强中美经济关系的联合情况说明》,对外资开放交强险后,外资保险集团在国内的资产与保费收入等方面较此前都有了较大幅度的增长。截至 2017 年底,中国共有外资保险公司 56 家,总资产 1.03 万亿元。

在证券业方面,加入 WTO 前的证券业开放主要是一些外资金融机构在国内设立代表处。2001 年后,中国明确了外资参股与合资设立证券公司、基金管理公司的条件、程序以及业务范围,外资参股证券公司、基金公司和期货公司开展相关业务的限制也逐步放开。到了 2006 年,国内证券业基本完成了入世时的开放义务。

在金融机构开放程度提高的同时,中国金融市场的改革开放进程也在深入推进,金融市场双向开放程度大幅度提升中国银行间债券市场发行和投资主体不断丰富,境外央行、金融机构、非金融企业、外国政府等都可以在银行间债券市场发行人民币债券,债券市场投资主体也已涵盖境外央行、人民币清算行、跨境贸易人民币结算境外参加行、主权财富基金、国际金融机构、QFII、QDILL 以及 RQFILL 等各类市场参与者。越来越多的境内主体赴中国香港、伦敦发行人民币债券,拓宽了融资渠道。与此同时,QFII、QDII、RQILL、沪港通、深港通、债券通等金融市场各项制度创新促进了境内外资本市场联通,提高了金融资源配置效率。金融基础设施不断完善,CIPS、境外人民币清算行等安排提供了安全高效的支付服务,促进了贸易投资便利化。

通过多年的人民币汇率形成机制改革,人民币汇率弹性大幅增强。2005 年 7 月 21 日,央行宣布实施"以市场供求为基础、参考一篮子货币、有管理的浮动汇率制度"。2006 年以来,中国在银行间即期市场引入了询价交易方式,市场在资源配置中的作用进一步提升,此后中国多次扩大人民币汇率浮动区间。2015 年以来,进一步强化了以市场供求为基础、参考一篮子货币进行调节的汇率形成机制。2015 年 8 月 11 日,进一步完善人民币兑美元汇率中间价报价机制,迈出人民币汇率市场化中实质性的一步。2015 年 12 月 11 日中国外汇交易中心发布人民币汇率指数,引导市场将观察人民币汇率的视角由双边汇率转为有效汇率。2016 年 2 月,人民银行明确了"收盘汇率＋一篮子货币汇率变化"的人民币兑美元汇率中间价形成机制,进一步提高了汇率政策的规则化、透明度和市场化。目前,人民币兑美元汇率双向浮动,对一篮子货币汇率稳中有升,人民币汇率在合理均衡水平上保持了基本稳定,在全球货币体系中表现出稳定强劲的特征。人民币汇率弹性的增强在促进中国经济内外平衡和经济均衡增长方面也发挥了积极作用。

人民币国际化稳步推进。2009 年 7 月,在上海和广东四市率先启动跨境贸易人民币结算试点,随后逐步扩大至全国。陆续推出 RQFII、RQDII、沪港通、深港通、基金互认、债券通等创新制度安排,完善人民币国际化基础设施体系。经过不懈的努力,人民币国际化取得一系列积极成效。据环球银行金融电信协会(SWIFT)统计,2017 年 8 月,人民币成为第五大国际货币,市场份额为 1.94％。2015 年 11 月 30 日,国际货币基金组织(IMF)执董会认定人民币为可自由兑换货币,决定将人民币纳入 SDR 货币篮子,并于 2016 年 10 月 1 日正式生效。这是人民币国际化的重要里程碑,代表了国际社会对中国改革开放成就的高度认可,对中国和世界是双赢的结果。

稳定推进资本项目可兑换,极大提高了跨境投融资的便利性。根据 IMF《汇兑安排与汇兑限制年报》对资本项目交易的分类标准(共 7 大类 40 项),目前中国已实现可兑换、基本可兑换、部分可兑换的项目共计 37 项,占全部交易项目的 92.5％。除了股票一级市场发行、货币市场工具发行、衍生工具发行项目仍不可兑换外,其余大部分项目均实现基本可兑换或完全可兑换。

2018 年 4 月,习近平总书记在博鳌亚洲论坛上宣布中国将大幅放宽包括金融业在内的市场准入,标志着中国开启新一轮金融业开放的大幕,中国金融业开放将进入一个新的发展阶段。本着"宜早不宜迟、宜快不宜慢"的精神,人民银行和金融监管部门随即宣布了金融开放的具体措施,涉及市场准入、国民待遇、商业存在、资本项目开放等多个方面。金融开放力度之大、速度之快超出预期,显示了中国完善社会主义市场经济的坚定信心和决心。

40 余年的改革开放历程证明,开放不仅是一国参与国际交往的必然路径,也是提升自身发展能力、发展水平的必然过程。在开放中,不断试错和校准,促进金融改革和体制的完善;在开放中,不断学习,引入更加完善的机制和治理,促进金融市场的现代化和金融治理能力的现代化;在开放中,增强与国际社会的有效沟通,减少误解、误判和摩擦;在开放中,提升中国金融核心竞争力,促进金融业转型升级。金融业开放打造了中国金融业的新格局,促进了中国加快融入全球金融体系,提升了金融体系的活力和资源配置效率,增强了中国金融业的整体实力和国际竞争力。

与改革开放初期金融业较为落后的发展水平相比,中国金融业已发展到了更高层次的市场准入,以及更广泛参与国际、国内金融市场的新阶段。进一步加快金融业开放,是基于中国自身发展需要的选择,是实现高质量经济发展的内在要求,彰显了中国金融业坚定不移扩大对外开放的从容和自信,给亚洲和世界带来了持续投资参与中国金融市场、与中国合作共赢的信心,世界看到了中国金融业扩大开放更高的政策透明度及可预期前景。

1.2　金融业开放的初始阶段(1979—1993 年)

1978 年是改革开放的起点,因此这一阶段对于金融开放来说,属于婴儿期。这一时期的主要目的是为中国金融开放构建一个良好的发展环境,同时配合国内发展经济,从而吸引外资,增加外汇收入并且帮助解决就业问题。故而此阶段开放速度缓慢,发展并不理想。

在此阶段,整个国民经济进一步向更好的方向发展,金融系统各项工作取得显著成绩,有力地支持了经济运行,稳定了货币,主要表现在以下方面:一是控制了贷款总量,保证了信贷资金来源稳定增长,促进经济稳定发展;二是贷款投向基本合理,银行对农业、基础工业等贷款投入增加,支持经济结构调整;

三是利率杠杆逐渐运用灵活,盘活信贷资金存量,减轻企业税负;四是保险业向好发展,在农业保险领域取得较大进展,发挥了经济补偿作用。

1992 年 10 月中共十四大召开,确定了建立社会主义市场经济体制为中国经济体制改革的目标,标志着中国金融业正式开启了市场化改革。1993 年底,国务院在《关于金融体制改革的决定》中强调,中国金融体制改革的目标是:建立在国务院领导下独立执行货币政策的中央银行宏观调控体系;建立政策性金融与商业性金融分离,以国有商业银行为主体、多种金融机构并存的金融组织体系;建立统一开放、有序竞争、严格管理的金融市场体系。

1.2.1　银行市场

中共十一届三中全会以后,经济体制改革逐渐加快。1979 年时,中国基础农业发展过缓慢,为了促进其进一步发展,恢复了原有的农业银行,3 月开始,中国对外开放脚步逐渐加快,国际金融业务的发展也开始呈现新的格局,这时中国银行被指定为进行外汇交易的专业银行,主要是为了进一步加深中国金融行业的对外开放。这一时期,也成立了国家外汇管理局。

1983 年 9 月,国务院决定将以前一直为复合型银行的中国人民银行专门行使中央银行要事。1987 年 4 月 1 日,中国第一家大型国有股份制商业银行(交通银行)正式营业。在此期间,许多成为国有股份制的商业银行如雨后春笋般成立:1987 年 4 月 8 日,第一家由个人和大型国有企业组建的全国性银行——招商银行在中国深圳正式成立;1987 年,深圳发展银行正式宣布成立;1992 年,国务院批准成立华夏银行等。此时,符合邓小平预期的银行业市场的竞争力度开始形成。虽然由于股份制银行的加入促进了银行业的竞争,但整个银行业仍然属于垄断市场。

外资银行在中国发展方面,尽管外资银行在中国存在的历史久远,但新中国成立后,只有少数的外资银行在中国境内还存在着少量外汇业务。直至改革开放,也仅有少数外资行,以设立代表处的形式在境内开展外汇业务。从

1979 年开始，外资银行才重新进入，最先进入中国内地的外资银行主要是美国和日本的机构。1981 年在深圳，香港南洋商业银行经批准建立了第一家中国境内外资银行的营业管理机构。1990 年，中央批准上海设立浦东新区，外资银行被国务院批准可以在中国上海浦东新区设立分支机构。2001 年，中国正式加入了世贸组织，成为其第 143 个成员，外资银行在中国的发展速度进一步加快。

表 1.1 显示的是 1992 年底的银行系统主要机构、人员的情况。

表 1.1　1992 年底银行系统主要机构、人员情况

项　　目	合　计	人民银行	中国工商建设	中国农业银行	中国银行	中国人民建设银行	交通银行
一、机构总数（个）	130 495	2 550	31 495	56 417	7 110	28 139	547
总行（公司）	8	2	1	1	1	1	1
省、市、区	197	30	29	29	30	30	19
计划单列市	85	14	14	14	14	—	—
地（市）分支行	2 049	315	312	310	321	361	59
县市、办事处	12 412	2 056	2 078	2 184	877	2 464	—
城市（郊区）办事处	2 414	24	1 248	539	109	327	167
营业部	1 227	—	—	312	736	135	44
分理处、营业所	43 340	—	6 261	31 376	1 120	3 450	111
储蓄所	65 491	—	20 406	20 876	3 902	20 186	121
其他	3 273	109	1 146	776	—	1 171	26
二、职工人数（人）	1 730 097	173 692	525 297	503 397	117 886	280 214	23 973
总行（公司）	8 036	2 512	627	723	2 093	893	372
省、市、区	65 150	10 919	7 936	6 575	18 195	10 463	4 470
计划单列市	27 758	4 862	5 618	2 217	6 957	5 209	—
地（市）分支行	253 191	41 808	39 917	26 212	49 118	63 477	7 885
县市、办事处	578 273	77 598	151 311	120 421	37 256	124 836	—
城市（郊区）办事处	191 544	1 046	121 903	23 915	4 267	34 451	5 962
营业部	22 261	—	—	13 908	—	5 871	2 482
分理处、营业所	364 078	—	82 141	265 542	—	12 426	1 567
储蓄所	126 994	—	95 822	30 387	—	—	785
其他	97 312	34 947	19 962	13 497	—	22 588	450

资料来源：根据中国金融年鉴相关数据整理，http://tongji.cnki.net/kns55/Navi/YearBook.aspx?id=N2006010200&floor=1。

1.2.2 股票市场

1984 年 11 月 18 日,中国发行了第一只公开发售的股票——上海飞乐音响,在海内外市场引起了强烈反响,被载入了中国企业股份制改革的史册。

1985 年 1 月,上海延中实业有限公司以全流通股票的发行形式向全国市场公开筹资,成为中国证券市场上第一家公开发行全流通上市公司股票的企业集体所有制证券投资企业。

1986 年后,随着政策的进一步开放,一些大型国营企业也开始股份制试点,并且发行股票。随着股份制改革试点的逐步增加,股票发行量也不断增加。这时市场上投资者增多,其进行股票交易的需求变得越来越强烈,股票的柜台交易由此诞生。

1990 年,上海证券交易所和深圳证券交易所先后成立。这一时期是中国现代股票市场的萌芽和发展阶段。这一阶段,对新时期出现的全国性股票市场,人们的认识还不够深刻和全面,并且各项规章制度不健全和完善,导致了股票的发行非常混乱,甚至出现了类似"8.10 事件"①及其他不法现象。1992年国务院颁布了《关于进一步加强证券市场宏观管理的通知》。1993 年,上海和深圳正式向全国推广股票公开发行试点,从此中国股票市场开始快速发展。

1.2.3 债券市场

1981 年 1 月,《中华人民共和国国库券条例》发布,自此,一度中断的中国债券市场开始逐渐重新运作,但在条例发布之后,经历了一个长达 7 年的有债无市的历史性发展过程。国库券在这一时期恢复发行,不仅弥补了政府的财政亏损,而且也极大地促进了经济建设。

---

① 1992 年 8 月 7 日,深圳市宣布当年发行 5 亿股公众股,发售 500 万张抽签表,中签率为 10%,每张抽签表可以购 100 股,因此出现了百万人争购抽签表的局面,并且引发了内部人营私舞弊、暗中套购抽签表的行为。结果多数人因为没有买到抽签表而到市政府示威,从而引发了震惊全国的"8.10 事件"。

1991 年,财政部将发行国债流通和转让的范围进一步扩大到了全国 400 个地市级以上的城市,自此以场外债券柜台交易市场和国库券为主、场内集中债券交易市场和国库券为辅的企业国债二级市场交易格局初步形成。1993 年再一次修订了《企业债券管理暂行条例》,促进了债券市场的发展,与此同时金融债券也得到了发展。

1.2.4　保险市场

1979 年,在北京召开的中国人民银行全国分行行长会议决定恢复国内保险业务的各项交易和秩序,在此之后,中国保险业的改革和发展呈现出明显的特点和阶段性。1980—1986 年,中国人民保险公司仍独家经营并垄断各类保险业务。1985 年,正式颁布了《保险企业管理暂行条例》,条例中对保险投资企业的管理机构建立、中国人民保险公司、再投资保险、偿付能力和中国人民保险公司存款准备金等有关问题都进行了明确规定,为中国保险业的重新恢复奠定了基础。

1986—1991 年,国家先后正式批准了新疆生产建设兵团农牧业生产建设兵团保险有限公司以及中国深圳平安保险公司、中国太平洋保险公司等股份制保险投资公司正式进入中国保险市场,标志着中国人民保险公司长期垄断经营对外投资保险业务形势结束,推动保险业呈现出一种崭新的经营模式——即知识产权保险经营模式。1992 年以后,中国的保险市场逐步对外开放,外资保险业务公司纷纷正式进入了中国保险市场,同时,政府对于相应的社会保险经营管理体制也进行了相当大的改变。1993 年《中共中央关于建立社会主义市场经济体制若干问题的决定》和《关于金融体制改革的决定》两个文件,重新明确定位了保监会和中国人民银行,要求社会保险业、证券业、信托业及其他银行业实行保险分业联合经营,坚持社会保险与其他商业保险实行分开联合经营的基本原则,逐步实现商业保险实行民营企业人身险和非民营企业人身险分别经营。这一系列的政策为中国国有保险公司制度改革指明了方向。自此,中国国有保险公司开始了现代企业制度改革,开始探索股份制改革方案,新华人寿、永安财险、华安财险等股份有限公司及外资保险机构、中外合资机构也纷纷涌现,产权多元化的市场结构逐步形成,这对于保险公司制度变迁来说,具有重大意义。

1.3 金融业开放的持续阶段(1994—2004 年)

在这一时期,中国正式加入 WTO,对于金融业的持续开放影响深远。基于 WTO 的要求和中国经济社会发展现状,中国进一步深化了银行市场、保险市场以及证券市场在内的金融服务业的开放。

加入 WTO 是中国融入经济全球化的里程碑式的事件。一方面,世界经济的环境和发展对中国金融发展起到了关键性的推动作用,全球经济一体化进程不断加快,银行分业经营转为混业经营的趋势日渐明显,国际金融体系和货币制度面临根本性变革,加之 WTO 框架及与相关国家之间的协议,都对中国金融市场加大对外开放和变革发展形成了压力。

另一方面,中国金融业的开放与发展也不仅仅来自 WTO 的要求,也有一部分是适应国内经济增长而推进的。目前学界也有很多研究探讨过经济增长与金融发展的关系,我们认为一定程度上金融发展与经济增长是互为因果的,金融发展在促进经济增长的同时,经济增长也在拉动金融发展。而中国在加入 WTO 以后经济快速发展,自然也会需要更加开放和更加发达的金融业来支撑,因为如果金融发展低于"平衡发展水平",会拖累经济增长。因此,即使没有 WTO 框架的要求,随着中国经济增长以及进一步融入世界经济,金融发展和开放也是会发生的,只不过 WTO 的要求加快了中国金融开放的步伐。

1.3.1 银行市场

为了适应国际金融服务市场的开放,以及国际化程度的不断提高和加深,中央政府颁布了一系列法律法规和相关政策,很大程度上扩大了境外金融机构可以在华设立外资分支机构的管理区域,缩小了对外资金融机构经营业务范围的限制。1994 年,《中华人民共和国外资金融机构管理条例》颁布,这一条例正式规定将中国工商银行、中国农业银行、中国银行和中国建设银行四大国有银行的政策性业务剥离,不管是从银行的法理上还是从经营业务上使四大行更加完全具备了商业化银行企业的合法经营性质,这对于中国银行业的发展是非常重要和具有意义的。与此同时,外资银行在中国沿海开放城市开设了更多的分行,大大丰富了中国银行业市场层次和结构。

加入 WTO 后,对在华外资银行放开诸多限制有利于发挥其资金实力更强、经营方式更成熟、硬件设备更先进、高素质人才更集中、税负和监管等政策待遇更好的竞争优势,对国有银行形成了在财务风险、经营风险、高素质人才流失等方面的较大压力,因此也对强化内部监管、提高金融服务质量、改善人员激励机制等改革方面提供了改革动力。

1994 年 3 月,国家开发银行正式挂牌成立,独家银行发放商业贷款 300 亿元,主要目的是用于融资支持当年长江三峡工程。同年 4 月,中国进出口银行正式注册成立,11 月,中国农业发展银行成立。中国政策性银行正式登上历史舞台。

1995 年,中国民生银行正式成立,这也是当时中国第一家民营大型商业综合性银行。90 年代后期,又一批股份所有制商业银行加入这一行列,中国银行业改革形势越来越好。银行业竞争市场初步形成,这一系列变化,成为更加激烈的市场竞争的基础。

1997 年 7 月,一场席卷亚洲的金融危机爆发,泰国、印度尼西亚、韩国、日本等多国(地区)货币大幅贬值,经济遭受重创。如何在保障本国(地区)金融、经济安全条件下,稳步推进金融改革、拥抱金融自由化,成为此次危机后各国(地区)金融改革的重要内容。1997 年 11 月,中国召开了全国金融改革工作第一次会议,中国政府意识到了深化金融改革、整顿金融秩序、防范和化解金融风险的重要性和迫切性,明确了建立与社会主义市场经济发展相适应的金融市场体系、金融机构体系和金融监管体系是今后中国金融改革的目标。

这一阶段利率市场化改革在试点中稳步推进。1998 年 3 月中央银行改革了再贴现利率及贴现利率的生成机制,实现了贴现和转贴现利率的市场化;1999 年 7 月,放开了外资银行人民币借款利率;2000 年 9 月实现了外币存贷款利率的市场化;2002 年初,人民币存贷款利率市场化改革试点,贷款利率浮动幅度由 50％扩大到 100％。金融机构改革在这一阶段取得长足发展,国有商业银行经历了"重组、股改、上市"改革三部曲,2004 年中行、建行股份有限公司相继成立,开启了中国银行业现代化进程。中国金融监管体系逐步完善。2000 年 5 月,中国银行业的自律组织——中国银行业协会成立,拉开了中国金融监管体制改革的序幕。2003 年 4 月,中国银行业监督管理委员会成立,负责制定银行业金融机构监管制度、对银行业金融机构实行现场和非现场监管,维护银行业合法、稳健运行。中国金融改革国际化水平在这一阶段有所突破,内外资在国际金融市场配置资源的渠道更加畅通。2002 年中国人民银行等联合颁布《合格境外投资者制度 QFII》,为中国在资本项目未完全开放条件下,稳步引进外资逐步开放资本市场创造了条件。2006 年,中国推出《合格境内投资者制度 QDII》,拓宽境内居民投资境外渠道,在支持金融机构"走出去",进行国际化经营等方面发挥了积极作用。

1.3.2　证券市场

在这一发展阶段,股票市场逐渐得到健康发展。1994 年下半年,为了有效控制证券交易的风险,国家对证券交易分散在各地的区域性证券交易场所进行了清理和整顿,并逐步将国债交易进行集中,并在 1995 年叫停了武汉、天津等地区域性的证券交易,债券交易全部集中到了上海证券交易所和深圳证券交易所,形成了唯一合法的债券交易市场即交易所债券市场。

而加入 WTO,也对证券市场带来了严峻的挑战。外资证券公司通过合资的方式在中国开展证券经纪业务,其资金运作经验、风险管理能力、业务发展水平的竞争优势,有利于促进中国证券公司的快速成长和创新变革。另外,外资进入中国股市,有利于股票市场更加健康地成长,规范证券公司减少利用资金、持股或信息等优势进行投机的行为。更重要的是,外资的进入将会带来国外超前的金融衍生产品与资金投资理念,对中国证券公司形成了金融创新的挑战,也对中国证券行业的监管形成了变革压力。

1994 年 1 月 14 日,中国第一次发行了全球债券,市值 10 亿美元,标志着当时的中国政府正式踏入美国资本主义证券市场的大门。同年 26 日,南方某公司上海证券营业部因“红马甲”电脑操作的失误,导致一笔股票交易形成的亏损金额高达 1 000 万元左右。同年 7 月 30 日,上证指数最低幅度到达 325.89 点时,中国证监会正式宣布了三项“救市”的措施。此后的一个半月时间,上证综指大幅度上涨了 223%,成为中国证券市场上股指上涨速度最快的一次。

1999 年 7 月 1 日,《中华人民共和国证券法》开始正式实施。2000 年 2 月 23 日,上市证券公司发行可转换债券,开创了一个崭新的先例。2002 年 6 月 24 日,国务院决定停止减持国有股,上证指数全天涨幅高达 9.25%,上涨 144.59 点,收于 1 707.31 点。2004 年,中国证监会将属地跨行政区域的监管按照规定的行政管理区域分别分设监管局,实施了属地跨区域的管理,强化了跨区域监管局的职责,并与中央和地方各级人民政府监管部门协作进行了综合的跨区域监管。

1.3.3 保险市场

保险市场的发展方面,1994 年,中国人民银行保险司批准成立,专门负责对保险公司及其机构的建设和管理,以及其法制监督制度的建设。1995 年,《中华人民共和国保险法》颁布,更加规范了中国保险公司乃至整个保险业的管理模式。1998 年 11 月,中国保险监督管理委员会以全新的面貌出现,取代中国人民银行开始行使对中国保险市场的经济监督和管理的职能。在这一发展阶段,国家进一步放宽了对保险市场的准入和限制,批准设立了泰康人寿等保险投资公司,为中国保险市场的发展注入了大量的新鲜血液。提高了保险业对外开放的水平,美国友邦保险、瑞士丰台人寿保险等外资保险企业和公司纷纷正式进入了中国保险市场,与国内保险企业和公司也形成了相互合作与市场化竞争的战略合作关系,为国内保险企业和公司经营管理制度的变迁与发展提供了难得的技术学习交流机会,也极大地激励国内保险企业尽快转换机制,提高市场竞争力,由此促进了中国保险市场的竞争与成熟。

2001 年中国加入 WTO 后,对国内保险市场的发展带来了压力,主要表现为:一是外资保险加剧了市场竞争,国内保险公司在经营机制、管理水平、资产质量、服务理念、产品设计、人才激励等方面都面临改革压力。二是现行"严监管"的监管制度面临变革压力。外资保险公司习惯于宽松监管模式,并不适应限制市场准入以及严格监管保险产品的质量和保险资金的运用。国有独资商业保险公司进一步加快了商业保险产权管理制度改革的步伐。2001 年 12 月正式推出《外资保险公司管理条例》,保证了外资商业保险公司产权管理的更加规范。2003 年底,中国人民财产保险股份有限公司在深圳和香港上市,中国人寿财产保险股份有限公司在香港和纽约的创业板同时上市。

1.4　金融业开放的全面化阶段(2005 年至今)

在此阶段全球形势发生了深刻的变化。2008 年金融危机爆发,既是世界经济格局调整的结果,又进一步推动了世界经济格局的改变,目前全球经济正处在金融危机后的恢复期,发达国家正在努力重建优势地位,发展中国家和新兴市场经济体成为世界经济增长的主要贡献者,逐步调整国际经济秩序。反全球化势力和贸易保护主义正在逐渐增强,全球产业链受此影响被重构,发达国家呈现再工业化的态势,阻碍高效专业的全球价值链的建设,主要经济体之间贸易摩擦加剧升级也给世界经济带来更多不确定性,不利于全球经济复苏。

新一轮科技革命和全球治理变革蓄势,逐步推动经济全球化调整。

受以上全球经济变革的特征影响,中国金融发展主要体现在以下的方面:一是金融科技蓬勃发展,推动金融机构数字化转型,提高金融服务效率,提升金融服务空间,增强产品和用户之间的匹配程度,为资金运作、业务流程、运营管理、风险监管等多个方面赋能。以腾讯、阿里、京东为代表的互联网巨头逐步布局金融领域,在支付交易、财富管理等多个方面进行科技创新,以大数据、云计算、区块链、物联网等技术拓宽金融服务的边界,引领传统金融行业创新和变革。二是普惠金融的发展助力中小企业成长。世界经济仍处于复苏时期,中国经济也处于增速下行阶段,贸易摩擦又带来重重阻碍,大量中小企业经营受挫,最大的问题就是融资难,普惠金融的发展拓宽了金融服务受益边界,使得包括小微企业在内的更多群体进入金融体系支持的覆盖圈。

中国金融的发展也推动了全球经济的发展,主要体现在:一是主动参与全球经济发展与治理。良好的国际秩序是中国经济金融发展的沃土,随着经济飞速发展,中国正在积极参与到推进、稳固国际秩序中,金融危机后不断提升开放水平,推进多边交易,并提出"一带一路"倡议,帮助全球经济快速复苏。二是成为新兴经济体经济转型和发展的范本,为多数发展中国家提供了更加可依赖的可持续发展模式。

1.4.1 银行市场

2004—2019 年间,国有商业银行为了加速机构改革进行了股份制改造,中国银行、中国交通银行、中国工商银行、中国建设银行、中国农业银行完成了股份制改造,都从原来的国有独资商业银行转变成了国有控股商业银行。2005 年中国人民银行对人民币汇率进行了改革,根据市场供求关系并以一篮子货币为基础,开始实施有管理的浮动汇率制度,并在 2007 年出现了上海银行间同业拆借利率的运行。2006 年,为了让境外外资银行享受"国民待遇"先后颁布了《中华人民共和国外资银行管理条例》和《实施细则》,在中国人民银行主管部门批准后,外资银行还可开展经营结售汇等金融业务。自此,外资银行在中国掀起了一波入股热潮,逐步推动了中国外资银行业的发展进入了加速期。2009 年 10 月建立了创业板市场,并在 2006—2012 年 7 年间,逐渐将原有的特殊三板交易市场升级成为全国中小企业股份转让系统。2014 年,银监会正式颁布了《外资银行行政许可事项实施办法》,该制度使得中外资银行从特三板市场直接进入了中国创业板市场的行政许可标准逐渐明确。2015 年《关于外资银行在银行间债券市场投资和交易企业债券有关事项的通知》颁布,不仅允许外资银行参与中国境内银行间的债券市场,还允许其参与企业债券的市场投资和企业债券交易。2015 年 8 月 11 日,中央银行宣布人民币汇率不再盯住单一的美元,而是选择其他主要货币并且赋予相应的权重,组成一个货币篮子,可以推进人民币兑换机制的透明化、规则化,又进一步取消了存款利率上限的限制,代表存款利率的管制已经不存在了。2017—2018 年,银监会先后颁布和修订了《关于外资银行开展部分业务有关事项的通知》和《中国银监会外资银行行政许可事项实施办法》;2018 年 12 月新增的定向中期借贷便利这一金融工具,使得当前的货币政策更加注重向那些符合国家货币政策和市场导向的机构和实体市场经济主管部门的投资者提供低成本的资金,促进和降低投资者和社会主体企业融资的成本。

上海、深圳、天津和辽宁大连四个重点城市在 2002 年初,广州、青岛、珠海、南京和武汉五个重点城市在 2002 年底,山东济南、福州、成都和重庆四个城市在 2003 年底,昆明、北京、厦口、沈阳和西安五个重点城市在 2004 年底,汕头、宁波、哈尔滨、长春、兰州、银川和南宁等十个城市在 2005 年底,先后被列为国家准许向外资银行在中国开放非审慎性人民币的业务。2006 年中国正式放开了对外资银行在中国从事非审慎性人民币的经营管理业务时在经营地域和规模以及客户数量等方面的限制,准许在华外资银行对所有的客户在中国开展非审慎性人民币的业务。

根据中国银行业监督管理委员会 2018 年数据统计,截至 2018 年底,中国的银行业网上金融机构总数达到 4 588 家,其中,开发性网上金融机构 1 家,政策性商业银行 2 家,国有大型股份制商业银行 6 家,股份制大型商业政策性银行 12 家,金融资产监督管理有限公司 4 家,城市商业银行 134 家,邮政储蓄银行 1 家,民营银行 17 家,农村大型商业政策性银行 1 427 家,农村合作经济投资银行 30 家,农村信用社 812 家,村镇合作银行 1 616 家,外资法人银行 41 家。银保监会发布的银行业权威金融机构数据统计显示,至 2019 年第二季度末,中国的银行业网上金融机构本外币固定资产约 281 万亿元,其中,大型股份制商业政策性银行本外币固定资产约 114 万亿元,占比 40.6%;股份制大型商业政策性银行本外币固定资产 50 万亿元,占比 17.7%。金融资产管理结构逐步调整和优化。

同时在 2018 年,银行业居民存款负债规模的扩张也持续大幅度放缓。截至 2018 年末,商业投资银行总居民存款负债规模约为 193 万亿元,同比前七年增长 6.28%,较 2017 年下降 1.7 个百分点,增速连续两年大幅度下滑。居民存款负债业务的发展模式出现了结构性的分化。截至 2018 年末,金融机构本外币对公存款负债业务总额约为 108 万亿元,同比前七年增长 5.73%,增速比 2017 年下降 3.65%,企业和个人存款负债增速前七年继续大幅度下降;而商业银行住户和个人存款余额总负债为 72 万亿元,同比前七年增长 11.11%,较 2017 年提高 3.62 个百分点,居民机构的存款负债增速进一步回升。非存款机构的负债业务进一步得到规范,发展模式进入结构性调整期。受各家银行不同流动性状况、流动性管理能力和流动性管理策略的影响,2018 年末,上市银行同业和其他机构存放资金约为 14 万亿元,同比减少 1.54%,同业存单市场发行规模增速大幅放缓,非存款负债成本有所下降。

同时,中间业务的发展平稳,新型支付业务收入也有明显下降。不同类型的商业银行在支付分项结算类业务上展现出不同的市场发展空间优势,呈现出明显的支付业务机构分化的特征。国有大型的商业银行支付分项结算类的业务发展优势明显,股份制的商业银行在股份制的银行卡类支付业务上发展优势明显。从整体业务结构来看,银行卡类支付业务在其传统的中间业务中仍然一直保持绝对领先地位,占比高达 58.28%,且以 21.81% 的增速仍然继续保持较快的增长;信用卡支付结算类的业务仍然继续保持平稳的增长;代理委托类支付业务明显出现规模收缩,降幅为 7.72%,是唯一出现收入下滑的分项业务;担保承诺类业务收入增速缓慢,仅为 3.01%。

新型中间业务收入稳中有降。2018 年新型中间业务收入 2 349.43 亿元,同比减少 543.68 亿元,较 2017 年下降 18.79%。投行业务除部分国有大型商业银行、城商行继续保持稳中有进外,其余大部分股份制商业银行均有所减少。托管业务受市场竞争日趋激烈影响,收入整体有所下降。2018 年理财收入继续收缩,同比减少 28.8%。

截至 2019 年上半年,A 股 33 家国有上市公司外资银行归属于母公司第一大股东的总资产和净利润均额首次超 8 936 亿元,其中工农中建四大国有外资银行首次再现超强"赚钱"的能力,归母公司股东净利润均过千亿,总额 5 576 亿元,占比达 62%。

随着经济全球化的不断推进,外资银行在中国进行的业务也越来越多。但总体而言,外资银行在华发展速度落后于中国银行业整体发展速度,外资银行总资产在国内银行业总资产的占比呈现出下降趋势。随着中国逐步加大对金融业的开放,外资银行有机会进一步在中国发展,与中国共享庞大的消费市场和巨大的发展利益。

1.4.2　证券市场

中国证券业的对外开放步伐自中国 2001 年加入 WTO 以来就一直未曾停止。自 1995 年中国国际金融有限公司(CICC)成立中国证券业第一家合资证券公司以来,已有 13 家合资证券公司,表明中国金融开放程度进一步加深,外资持股比例不断增大。在《外商投资证券公司管理办法》推出之前,合资证券公司受牌照限制,业务范围主要限于单一类型的投资银行业务。例如,在

13 家合资证券公司中,瑞信方正、中德证券、东方花旗等公司都属于中资证券母公司的投行业务子公司,无法开展证券交易和资产管理等业务。从公司规模而言,外资参股券商的营收和净利润占比不足行业的 3% 且大多排名靠后。据证券业协会 2017 年收入排名情况来看,13 家合资券商中有 6 家的排名都在 70 名之外。

2005 年 4 月 29 日,中国证监会正式对外发布了关于正式进行股权分置管理制度试点改革的相关紧急通知,三一重工有限公司成为第一家正式宣布进行国家试点改革的企业,并且成功地基本全部完成股权分置。之后,股权分置的改革逐步得到稳定有序推进并且基本顺利完成,中国股市由此进入了一个完全流通的时代。证券市场主管部门采取了一系列的股票市场治理措施和方法,促进了中国股票市场按照一定的规律程序持续平稳地发展和提升,中国股票市场的法制和管理体系进一步完善。2005 年 11 月,中国证监会全面组织开展了专项执法整治的活动,对所有的上市证券公司进行了治理,提高了上市证券公司的服务质量。2005 年修订了《公司法》和《证券法》,并且制定和完善了与之相应和配套的一系列法律法规和体系。这一阶段,中国政府高度重视证券市场的发展,金融对外开放和国际化进程得到了极大的推进,使股票市场更加符合市场规律地运行下去。

1.4.3 保险市场

进入 21 世纪以后,在世界经济复苏和全球化的诸多因素影响下,中国保险公司的规模和实力大幅度地上升,在外部的制度安排方面,国家保险公司立足于本地区和中国的实际及以往的实践和经验教训,积极地吸收国外的先进经验和创新技术,供给出大量较高效率的政策和制度安排。目前有比较具代表性的一些法律法规及优惠政策主要有:2006 年《国务院关于保险业发展改革的若干意见》,2009 年新国务院修订的《保险法》,2010 年保监会正式发布的《保险公司股权管理办法》《保险公司信息披露管理办法》等,此外,保监会等监管机构也在不断加强。中国(上海)自由贸易试验区于 2013 年 9 月 29 日在上海正式设立,大众人寿保险和太平洋财产保险成为首批入驻上海自贸区的公司。2014 年 8 月,国务院办公厅发布《关于加快发展现代保险服务业的若干意见》,进一步扩大外商在华保险行业的投资范围。2018 年 3 月,李克强总理在作全国政府经济工作会议专题报告时明确指出我国要"放开外资保险经纪公司经营范围限制",进一步规范和开放外资在中国的保险业务。在 2000 年,保险系统机构数为 33,之后逐年增加,直到 2018 年,保险系统机构数已经增加到 229。

在当今中国的金融业对外开放的历史进程中,保险行业的对外开放时间最长,效果也最明显。中国银保监会的数据分析报告显示,总体来看,2017 年外资财产保险公司累计实现保费业务总收入 2 140.1 亿元,同比上年增长 35.7%。尽管外资保险公司的保费业务收入增长较快,但外资保险市场份额一直都保持在较低的水平,2017 年外资财产寿险公司的保费业务市场份额仅比上年增长 6.97%,外资财险的保费业务市场份额仅比上年增长 1.96%。此外,外资财产寿险公司的保费业务收入和财险的市场份额都远远地要大于其他外资的财产险公司,说明了外资保险公司的产品业务结构以保障型产品为主,突出保险保障主业。

1.4.4　债券市场

中国对于债券市场的开放程度一直保持着更为谨慎的态度,加入 WTO 之后,中国对证券业资本市场开放的国际化程度更加深入,外资证券金融机构投资或参股国内的证券或中外合资基金管理公司,或者与国内的金融控股集团成立中外合资的证券或基金管理公司的类似情况不断发生和增多,QFII、RQFII 等制度的推出也推动了境外投资者对中国证券市场进行投资。当前,中国证券业的开放程度仍较低,牌照少,控股程度相对较难,投资业务有所限制,所以外资金融机构在中国证券市场投资并不多。因此,中国证券业还有更大的开放空间。

2003 年 7 月,合格的境外机构投资者(QFII)指令正式开始运行,外资也开始大规模地进入了中国的 A 股证券市场。2005 年 12 月,国家开发银行和控股中国建行联合发行了首批结构化资产支持债权证券,总量和规模为 71.94 亿元,结构化资产支持债券正式诞生了。2007 年,由外资控股长江电力有限公司发行的第一只结构化公司债正式上市,规模上大约为 40 亿;2008 年 4 月,中期小企业债券的发行丰富了银行间公司债券的种类。2018 年,中国企业债券一级交易市场从规模和发行量的快速增长角度看,仍然一直保持着平稳健康发展的良好势头,跨季度债券市场的发行已经成为一种普遍现象。

1.4.5 其他市场

金融衍生品在这一阶段得到了发展,于 2002 年组建了上海黄金交易所,在 2005 年开始信贷资产证券化试点。2006 年成立了中国金融期货交易所后,逐渐建立起较为完备的金融衍生品交易市场。2004 年中国也拥有了较完备的金融监管制度,由于金融体系在不断提升与发展,存在的各类不同问题渐渐浮出水面,国务院为了进一步加强监管,从中国人民银行中剥离对商业银行等金融机构的监管,专门设立了中国银行业监督管理委员会来监管商业银行等金融机构,由此便形成了"一行三会"的金融监管格局。

从 2012 年开始,中国的金融体制可以说是开展了全面的创新,步入了一个崭新的阶段。由于大数据、网络科技、区块链等的快速发展变化,各种关于金融业新颖的想法层出不穷,金融业受到更多的关注,金融业开放也开始加速,金融风险的管理需要被更多的重视。在大数据科技的推动下,金融业涌现了各种新兴业态,2013 年是被称作"互联网金融元年"的一年。但是由于发展的突然加速,中国金融业也正处于发展的阶段,缺乏相应的监管措施,导致了诈骗、信息不对称、平台跑路等问题时有出现,其中 P2P 的问题最为严重。2015 年,银监会实施了成立近 20 年来的首次改革,下达了 P2P 行业监管由普惠金融部监管。人民银行也在同一年的 7 月发布了《关于促进互联网金融健康发展的指导意见》,意味着在网络大数据时代来临时,在借鉴了国外一些金融业发达国家的监管经验基础上，中国一系列监管措施方案的出台。

2019 年，国务院发布了《关于进一步扩大金融业对外开放的有关措施》
《国务院关于修改〈中华人民共和国外资保险公司管理条例〉和〈中华人民共和
国外资银行管理条例〉的决定》，多个领域的外资投资比例限额提前松绑，逐渐
形成了一个全方位加速的金融业开放局面。

1.4.6　当前金融开放面临的挑战

改革开放以来，中国在克服种种困难和重重历史挫折中不断进步，取得了
举世瞩目的成就，通过加入 WTO、G20 等平台，以更加积极的态度面向世界。
相反西方社会在 2008 年经济危机后，各国的失业等问题严峻，经济增长缺乏
动力，发展缓慢，以致西方社会出现了"逆全球化"的思潮。

中国金融开放取得实质性进展。2019 年 3 月 24 日，北京银行与 ING 银行
拟设首家外资控股合资银行，外资持股 51%；在随后的 3 月 29 日，摩根大通证券
中国有限公司和野村东方国际证券有限公司正式获得中国证券监督管理委员
会核准设立。近两年来，如贝莱德、先锋、富达、路博曼、桥水、英仕曼等众多国际
一线资管巨头也纷纷到中国境内开设外商独资企业（WOFE）、获得私募基金管
理人资格（PFM）并发行了投资于中国股、债市场的私募证券基金。随着 MSCI、
彭博这两大国际股、债指数纳入中国 A 股和债市，外资更是加速涌入中国市场。

然而，与实体经济的开放程度，以及如今市场对于金融的需求程度相比，
金融业的开放还存在很大的空间，但也面临巨大挑战。

一是国际局势带来的阻碍。当前，欧美并不信任现行的经济全球化秩序，
伴随着美国特朗普当选总统，英国脱欧等事件，在相关政策方面，欧美的态度
非常谨慎，对华态度微妙，特别是美国，态度经常反反复复，今天同意的事情下
一秒立即改变，令人难以琢磨。

二是中资银行在海外的盈利能力。到目前为止中国的银行都是国内的银
行，不是跨国的银行。虽然有几家银行在海外这几年布局很快，但是总体上还

是国内银行。根据 7 家银行年报得出来的数据,境外资产占全部资产的比重这些年还是在快速上升,到 2016 年是 11.06%,但是境外收入和境外利润的占比低于海外资产的配置,而国际上比较优秀的跨国金融集团海外市场业务利润收入占全部业务的比重超过 50%。同时,在所有银行中,只有中国银行所占利润比例最大,其他银行在海外的收入、利润没有突出的表现。

三是资本自由流动的挑战。当金融对外开放的大门逐渐打开,大量的外资必然涌入国内,同时国内资本也会流向国际市场,这就要求进一步放松对国内外资本自由流动的管制。然而,资本的自由流动仍然对国内金融市场有潜在的不利影响。一方面,是对于金融监管的严峻挑战,大量的国内外资金融机构直接进入了中国的金融市场,开始作为战略股权投资者直接控股了,在这种情况下,我们原来的金融监管政策方式、监管的工具很有可能不再适用。比如说怎么样有效监管因国内外金融市场联通程度的加大,而可能带来的各种套利投资行为。另一方面,一旦国内外金融市场发生重大的汇率变动或者国际货币被迫大幅贬值等情况,就可能会直接引发一次大规模的国际资本外逃,最后可能导致国际金融危机的再次爆发。

四是中资金融机构相关的产品何以应对创新和技术的机遇和挑战。比如人寿保险,目前国内外资保险服务公司在人寿和癌症医疗保险等产品方面已经拥有了丰富的技术实力和行业经验,并且这些在海外的市场被普遍认为已经算得上是成熟的保险产品,对中资保险公司来说却是一种新产品,所以产品创新实力不够,售后管理也明显不足,难以同外资保险公司进行竞争。这也与中资公司的技术水平不够有关,所以在金融开放进程中,必须不断地学习新的知识,扩大知识的层面,提高相关的技术水平。

1.5　人民币跨境清算系统发展历程

目前,世界主要国际货币发行国都已建立了专门的跨境清算结算系统,包括美元跨境清算的纽约清算所同业支付系统(CHIPS),欧元跨境清算的泛欧实时全额自动清算系统(TARGET2)和欧洲银行业协会建立的 EURO1 系统,英镑跨境清算的伦敦自动清算支付系统(CHAPS),以及日元跨境清算的外汇日元清算系统(FXYCS)等,[①]这些系统承担着资金流的功能进行资金最终清算。人民币跨境支付体系以人民币跨境支付系统(CIPS)和中国现代化支付系统(CNAPS)为主。

"环球同业银行金融电讯协会"(SWIFT)系统则成为链接为全球各国金融机构以及为主要国际货币发行国跨境清算系统提供交互信息传递服务,其将全球原本互不往来的金融机构串联起来,传送有关汇兑的各种信息。

1.5.1　SWIFT 在中国的发展历程

SWIFT 自 20 世纪 80 年代就已进入中国市场,通过提供跨境金融报文传输服务,SWIFT 系统在支持中国金融市场与海外市场互联互通方面起到了积极的作用。1980 年,SWIFT 联通中国香港,远东地区银行开始接入 SWIFT 网络系统。1983 年 2 月,中国银行作为当时中国外汇外贸专业银行率先加入 SWIFT 系统,成为 SWIFT 组织的第 1034 家成员,1985 年 5 月 13 日中国银行正式开通 SWIFT 通信。1989 年交通银行成为国内第一家加入 SWIFT 的股份制银行。中国工商银行、中国农业银行和中建设银行在 1990 年先后加入 SWIFT。这一时期,SWIFT 仅限于各银行总行之间开展业务。

从 20 世纪 90 年代开始,中国所有办理国际金融业务的股份制商业银行、外资和侨资银行以及地方银行纷纷申请加入,比如中信银行、广东发展银行、深圳发展银行、民生银行等。在用户类型方面,从最初的银行用户扩展到目前的证券公司、投资公司、保险公司及企业客户。[②] 1994 年 SWIFT 在中国香港设立全球第三个信息交换中心,1995 年 SWIFT 在北京和上海分别设立了访

---

① 参见益言:《主要国际货币跨境清算结算体系研究》,《中国货币市场》2020 第 1 期。
② 参见杨士华:《SWIFT 在中国的发展和应用》,《金融电子化》2008 年第 10 期。

问新加坡和香港 SWIFT 节点的访问点。1999 年 SWIFT 在北京设立办事处，2008 年 11 月 SWIFT 在上海办事处正式成立，主要专注于对债券、股票、基金等证券市场投资者提供服务。

2013 年中国提出"一带一路"倡议，重点面向亚欧非大陆，更向所有伙伴开放，跨越不同国家地域构建人类命运共同体，SWIFT 广泛的金融服务系统基本覆盖了"一带一路"沿线所有国家和地区。SWIFT 系统可以在更宽广的领域为中国相关银行、金融基础设施等机构提供报文传输服务，助力中国金融机构、企业"走出去"。截至目前 SWIFT 在中国的金融机构、企业用户已经超过 500 家，中国已经成为 SWIFT 全球最重要的战略市场，SWIFT 与中国的合作越来越紧密，与中国经济发展携手共进。

2019 年 8 月 6 日，SWIFT 全资中国法人机构正式在北京揭牌，这是中国放宽对外国金融投资者所有权限制，扩大金融市场开放重要成果之一。SWIFT 将实现商务合同适用中国法律，以人民币来计价和支付的产品和服务。人民币将成为继美元、欧元之后 SWIFT 在全球范围内接受的第三个国际货币。这无疑支持了人民币国际化进程，强化了中国与国际金融市场联系。

1.5.2　人民币跨境支付清算系统（CIPS）

1. 人民币跨境支付清算系统(CIPS)起源

伴随着经济全球化的浪潮，中国改革开放释放了中国经济的活力，国际贸易、对外直接投资、各类金融交易等日趋活跃，更多的贸易投资和金融交易主体自主地选择人民币进行结算。国际贸易和双向投融资带动了人民币跨境流动，激发了市场对人民币资产配置的需求。2008 年全球金融危机美国、欧盟等相继推出量化宽松货币政策导致美元、欧元等主要国际结算货币大幅波动，人民币跨境贸易结算需求急剧增加。顺应世界经济形式变化，满足市场需求，中国人民银行先后出台跨境贸易人民币结算和直接投资人民币结算便利化政策。2009 年，《跨境贸易人民币结算试点管理办法》发布；中国人民银行启动了对外直接投资(ODI)和外商直接投资(FDI)人民币结算业务,同年允许符合要求的人民币合格境外机构投资者(RQFII)进入银行间债券市场,可从事现券、债券回购、借贷、远期及远期利率协议等业务;2014 年沪港通试点顺利实施;2016 年 10 月,人民币正式加入国际货币基金组织特别提款权(SDR)货币篮子,人民币向世界主要支付货币、主要投融资货币以及主要国际储备货币迈出实质性步伐。

人民币跨境需求不断增长,派生出市场主体对人民币资金清算等金融基础设施服务的需求,SWIFT＋CNAPS 传统清算模式存在清算层级较多、清算路径较长、报文兼容性有限、清算主体集约化程度较低、清算时间受限等不足。2015 年中央做出"加快建设人民币跨境支付系统,完善人民币全球清算服务体系"重要部署,2017 年跨境银行间支付清算有限责任公司正式成立,负责 CIPS 开发运行和维护,为境内外市场主体提供安全、稳定、高效的人民币跨境支付服务,①重点服务人民币国际化和"一带一路"建设。

2. 人民币跨境支付系统(CIPS)建设成果

CIPS 主动对接《金融市场基础设施原则》等国际监管要求,以"市场化、专业化、国际化"高标准进行建设。CIPS 系统建设成为人民币国际支付清算的"主渠道"。自 2015 年 10 月上线以来,累计处理业务超过 400 万笔,金额超过 60 万亿元,跨境人民币清算服务主渠道作用日益凸显;CIPS 为"一带一路"沿线的 900 余家银行法人提供服务,成为为境外金融机构人民币跨境和离岸业务提供资金清结算服务的重要金融基础设施,为资金融通提供了有效支撑,为实现"五通"目标发挥了积极作用。

当前全球支付市场仍然以美元和欧元为主导,英镑和日元是第二梯队,人民币、加元、澳元、港元和新加坡元的份额均在 2％ 以下,为第三梯队。虽然人民币支付货币的份额较小,但目前 CIPS 的参与者越来越多。据跨境银

① 参见 http://www.cips.com.cn/cips/_2664/_2696/index.html。

行间支付清算有限公司公布数据,2020 年 7 月,人民币跨境支付系统(CIPS)新增 5 家间接参与者,其中境内 1 家,境外 4 家;撤销 1 家间接参与者。截至 2020 年 7 月末,CIPS 系统共有参与者 984 家,其中直接参与者 33 家,间接参与者 951 家。间接参与者中,亚洲 731 家(境内 421 家),欧洲 124 家,非洲 37 家,北美洲 26 家,大洋洲 18 家,南美洲 15 家,覆盖全球 97 个国家和地区。

1.5.3 CIPS、SWIFT 与人民币国际化

国际货币发展历程包括结算货币、计价货币、投融资货币、交易货币和储备货币五个方面。据中国人民大学国际货币研究所发布《人民币国际化报告 2020》显示,截至 2019 年底,用来度量人民币在国际经济活动中实际使用程度的综合指标人民币国际化指数(RII)达到 3.03,同比增长 13.2%,2009 年人民币实行跨境贸易结算时 RII 只有 0.02。2019 年人民币跨境使用逆势快速增长。全年人民币跨境收付金额合计 19.67 万亿元,同比增长 24.1%。其中人民币跨境收支总体平衡,收款 10.02 万亿元,付款 9.65 万亿元,是世界第五大国际支付货币,第五大国际储备货币,第三大贸易融资货币,第八大外汇交易货币。十年间,得益于中国经济实力的崛起以及改革开放的不断深化,人民币国际化把握住了全球格局变迁的历史机遇,在市场主导与政策推动的综合作用下稳步发展,RII 一直保持在上升通道。但人民币在全球支付货币中地位仍需进一步提升。人民币在全球支付货币中排第五位(基于金额),占比为 1.88%;在国际支付货币中的份额(排除欧元区支付)排第八位,份额为 1.20%。人民币目前的国际地位与中国 GDP 在全球经济中约占 1/6 的经济地位不匹配,全球货币格局需要再平衡,人民币国际化进程有望进一步加速。支付和结算功能是货币国际化的重要基石,是货币国际化的前导,相应的跨境清算系统非常重要,跨境支付清算体系成为支撑人民币跨境贸易结算的重要金融基础设施。

跨境人民币支付清算系统 CIPS 虽然实现了运行时间、清算路径重大突破,成为人民币跨境支付清算的重要基础设施,人民币境内外交易、支付、清算和结算系统的硬件设施互联互通仍需进一步加强,人民币跨境支付清算系统业务覆盖广度、深度、金融标准、金融制度等制度完善、产品创新等方面还有较大的发展空间,仍需要与境外主要国际货币清算系统加强链接。因此支撑人民币跨境清算业务的 CIPS 系统与 SWIFT 不是竞争对立的关系,而是合作共赢的关系。CIPS 系统作为央行开发的独立支付系统,负责人民币资金清结算,SWIFT 作为世界领先的报文传送服务机构,利用其网络资源在特定的参与者之间完成信息传递。两大系统各自发挥比较优势,加快中国金融市场双向开放,提升 CIPS 系统服务"一带一路"国际合作服务能级,助力人民币深度国际化。

第 2 章

中国金融业开放度年度指数构建及分析

2.1 金融开放度指数的构建

2.1.1 文献综述

金融开放(financial openness),是金融自由化(financial liberalization)的一部分,国内外学者对于金融开放的界定有不同的理解,一般认为,金融自由化的宗旨在于充分发挥市场机制配置金融资源,与其相对的是金融抑制(financial repression),即由政府决定金融资源的价格和分配。金融自由化主要包括取消信贷控制、放松金融业市场准入、利率市场化、银行股权私有化、赋予银行自主经营权和开放资本账户这几个方面,其中既包括对内的措施,也包括对外的措施,而金融开放一般讨论对外的方面。所以大部分学者认为金融开放主要指的是一国或地区资本账户对外开放的状态,具体而言包括国际信贷、证券投资和国际直接投资的开放。

自 1973 年布雷顿森林体系解体之后,世界金融体系发生了深刻变化,越来越多的国家放松对资本账户的管制支持金融开放。然而,金融开放在给全球化带来积极影响的同时,也给各国尤其是发展中国家带来了一定风险和挑战。长久以来,政界和学术界对于金融开放对实体经济的影响以及资本管制政策的代价和效益的讨论一直没有停止。缺乏共识的一个原因是难以恰当衡量一国或地区的金融开放程度。

现有国内外文献中,主要从两方面衡量金融开放度:一方面是衡量资本跨国流动在法定权利上的约束程度,称为法定开放度(De Jure);另一方面是对资本跨国界的实际流动程度进行衡量,即事实开放度(De Fact)。

1. 法定开放度指标

金融开放与一国政策息息相关,一个国家或地区的开放程度越高,其法律法规对于资本跨境流动及国外资产持股的管制措施就越少,法定开放度指标即是通过这种方法测度金融开放度。此方法初现于国际货币基金组织(IMF)的《年度汇率安排和汇兑管制年报》(AREAER,以下简称《汇兑年报》)。《汇兑年报》对各成员国资本交易支付限制进行说明,基于此报告,在实证研究中通常构建虚拟变量,一国对跨境资本进行管制则赋值 0,无管制则赋值 1。这种方法虽然简单明了,却缺乏强度含义——在这种测度方法下,一个对资本账户部分开放的国家与完全封闭的国家无异。

针对这种缺陷,各国学者对《汇兑年报》的金融开放二元虚拟变量进行了修正。Montiel 和 Reinhart(1999)采用了三元法,用 2 表示资本流动完全管制,1 表示中度管制,0 表示完全开放。Quinn 等(1997,2003,2010)构建了资本账户开放指数,对一国资本账户流入管制和资本账户流出管制的程度分别在 0 到 2 之间以 0.5 为间隔赋值。这些通过多元赋值得出的指标虽然解决了测度"程度"的问题,但只反映了资本账户的开放情况,忽略了在存在资本管制的情况下,资本账户交易可以通过经常账户交易等其他途径规避管制。Chinn 和 Ito(2006)基于主成分分析法提出的 KAOPEN 指数进一步弥补了这个缺陷,此方法对是否存在多种汇率、经常项目交易的管制程度、资本项目交易的管制程度和出口收入上缴管制要求四个方面分别赋值,以克服传统量化方法的缺点,更加全面地测度资本项目开放度。

此外,还有一些不基于《汇兑年报》的法定开放度指标:一是 Bekaert(1995)、Bekaert 和 Harvey(1995)利用一国股市允许国外投资者投资的具体日期设定的二元虚拟变量(EQUITY 指标);二是世界遗产基金会的投资自由化分类指数。

总体而言,法定开放度指标仍有其局限性:第一,法律法规的实施具有时滞性和长期性,一国的法定开放度指标可能长期保持不变,从而难以连续地对金融开放的实现度进行考察;第二,法定开放度指标主要采取对虚拟变量进行赋值给分的方法,有一定主观性;第三,法定开放度是一个名义指标,很可能与实际资本账户开放程度和实际金融市场开放状况有较大差异。

2. 事实开放度指标

鉴于法定开放度方法的以上局限性,事实开放度指标成为衡量一国与金融开放度的一种替代方法。它是一个事后衡量指标,是金融开放相关法律法规管制的实际结果。事实测度法主要从两个层面进行,即度量金融开放的深度和广度。金融开放的深度反映在一个国家或地区金融市场与国际金融市场的一体化程度上,市场一体化的直观反映是价格水平变化趋势的趋同,即利率平价的实现;而金融开放广度可以用一国经济体与他国在金融业往来的总量占该国经济总规模的比重来体现。

测度金融开放深度的方法大致细分为以下三种:储蓄率—投资率法、利率平价法、股市收益率关联法。

储蓄率—投资率法最初由 Feldstein 和 Horioka(1980)提出,因此以储蓄率和投资率的相关性来测度金融开放的方式又被称为 Feldstein-Horioka 条件。他们认为,如果资本可以在国家间自由流动,那么国内的储蓄将依据国际的边际回报率在世界范围内分配,储蓄率(S/Y)与投资率(I/Y)的相关性应不显著。相反,如果一国对资本流动进行严格管制,储蓄只能在国内投资,储蓄率和投资率将表现强相关关系。具体模型如下:

$$(I/Y)_i = \alpha + \beta(NS/Y)_i + u_i \tag{1}$$

其中,NS 为私人储蓄扣除预算赤字得到的国家净储蓄,u_i 为残差项,系数 β 刻画了金融市场一体化程度——在资本完全流动的理想化条件下,小国的 β 应该为 0,而大国的 β 应接近该国资本占世界资本总额的份额;β 越接近 1,说明 i 国对资本国际流动存在越多管制。但是也有许多学者对储蓄率—投资率法提出了质疑,Obstfeld(1986)指出,即使一国(尤其是大国)不对资本账户进行管制,投资和储蓄也会呈现高度相关性。Tesar(1991)认为,在资本的国际流动较频繁时,有很多因素影响一国储蓄和国内投资同时变动,而这些因素都与资本的国际流动无关。持类似观点的还有 Bayoumi(1990),他指出储蓄率和投资率的相关程度仅反映一国政府为平衡经常项目所作出的努力。这一观点在国内外文献中基本形成共识,所以 Feldstein-Horioka 条件在测度金融开放中实际不常被采用。

利率平价法是通过衡量国内利率与外生的世界利率的匹配程度来度量资本账户开放程度的一种方法。根据抛补利率平价理论(covered interest parity,CIP),在资本具有充分国际流动性的情况下,国内利率和国际利率符合利率平价关系。Edwards 和 Khan(1985)最先提出了量化模型:

$$i = \lambda i^* + (1-\lambda)i' \, (0 \leqslant \lambda \leqslant 1) \tag{2}$$

其中,国内名义利率 i 是经过汇率调整后的国际利率 i^* 与完全封闭的国内市场的利率 i' 的加权平均值。λ 反映资本项目的开放水平,λ 为 0 时,外生因素不对国内名义利率的决定产生影响,而 λ 为 1 时,国内利率与调整后的国际利率满足平价关系,资本是完全自由流动的。用此方法为考察资本项目开放度提供了一个既有可行性又有可靠性的角度,但它有一个明显不足在于使用套补利率平价理论时,需要有同一资产的国内和国际收益率——即期汇率和相应远期汇率。但在离岸市场和远期货币不发达的发展中国家,往往没有相应的远期汇率,这种方法不再适用。此外,对于大多数发展中国家来说,官方利率不能代表实际的市场出清利率。因此在发展中国家的实证研究中,利率平价法往往不是一个很好的衡量金融开放的指标。

第三种方法股市收益率关联法由 Bekaert(1995)提出,其基本思想是通过衡量一国股市收益率与公认的金融高度开放国家(美国、日本等)股市收益率的相关程度来考察该国股票市场与世界金融市场的一体化程度。但是此方法仅限于测度股票投资领域的开放程度,无法反映一国金融开放全貌。

金融开放广度的测度主要通过直接测度资本的跨国流动规模实现,资本流动规模又有流量和存量之分。Kraay(1998)使用的是流量指标,他通过一国实际资本流入和流出总额占 GDP 之比来衡量金融开放程度,资本具体而言包括了外国直接投资(FDI)、有价证券投资、组合投资和金融账户下的其他投资等。姜波克等(1996)综合资本市场和货币市场的对外开放水平给出了一个流量指标,其具体模型为:

$$AO_{金融} = (AO_{资本} + AO_{货币})/2 \qquad (3)$$

其中 $AO_{资本}$ = 直接投资总额/GDP + 证券投资总额/GDP + 其他投资总额/GDP,$AO_{货币}$ = 央行国外净资产/央行总资产,$AO_{金融}$ 反映的是一国金融市场的对外开放水平。Lane 和 Milesi-Ferretti(2006)则使用了资本存量数据,通过计算一国在某时间点对外资产和负债存量之和与 GDP 的比值来测度资本账户开放度。

各种事实开放度指标的局限性在于:第一,由于可能存在双向因果关系从而带来内生性问题,事实测度可能与一国政策初衷有较大偏差;第二,资本流动易受其他因素干扰而产生较大波动,这些指标的稳定性不强,因此只能反映一国金融开放的基本趋势。

2.1.2 指标构建

中国改革开放的 40 年也是金融改革开放的 40 年,在这不平凡的 40 多年里,中国逐渐建立起了现代金融体系,实现了现代金融"从无到有、从有到优"的跨越,为实体经济的快速增长提供了有力保障。构建年度指数,对中国金融市场开放度进行连续、全面的考察,对现行资本流动管理政策进行客观评价,是对中国过去 40 多年金融改革成果的回顾,也是设计金融、资本市场进一步对外开放战略的基本前提。本章关注 1978 年到 2017 年共 40 年中国的金融开放实际情况,并构建年度指数进行量化。

由上部分文献综述可知,法定测度侧重对法规政策所承诺的金融开放水平的测度和判断,而事实测度侧重对于金融开放具体实现程度的测定与判断,两者各有其局限性,这要求在实证研究中要综合两种方式以准确反映金融开放的实际情况。另外,指标构建的过程也应该考虑中国国情。在法律层面上,中国金融是相对封闭的,对资本的跨境流动分门别类进行直接管制。但是从事实开放度来看,中国法律的控制程度与实际的控制程度有明显偏差,国内不少学者认为国际公布的各类金融开放法定测度指数对中国金融开放实际情况有不同程度的低估。

因此,结合中国实际情况以及综合考虑法定测度和事实测度的要求,本章选取两个指标来测度金融开放度,分别为:反映法定开放度的 KAOPEN 指数和反映实际开放度的资本流动规模指数。下面介绍指标构建具体方法。

1. KAOPEN 指数

由 Chinn 和 Ito(2006)提出和修正的 KAOPEN 指数是基于《汇兑年报》公布的跨境资本交易信息构建的。1996 年之前的数据是将四类外部账户管制视为二元虚拟变量:指示多种汇率是否存在的变量(k_1),指示经常项目交易管制程度的变量(k_2),指示资本项目交易管制程度的变量(k_3),指示出口收入上缴管制要求的变量(k_4)。1996 年,IMF 改变了《汇兑年报》的分类方式以更好地反映资本管制政策的复杂性,将第三类管制进一步细化为 13 种类型。KAOPEN 指数 1996 年之后的数据也适应《汇兑年报》的分类形式做了改进。

与传统的赋值方法不同,KAOPEN 指数的构建过程中,为了关注跨境资本流动开放而非管制,在管制不存在时对虚拟变量赋值为 1。所以,一国或地区 KAOPEN 指数越大,其金融开放程度越高。另外,对于指示资本项目交易管制程度的变量(k_3)的赋值采用了五年期的 SHARE 法:

$$SHAREk_{3,t} = (k_{3,t} + k_{3,t-1} + k_{3,t-2} + k_{3,t-3} + k_{3,t-4})/5$$

对 k_1、k_2、$SHAREk_3$、k_4 四个变量组成的向量进行主成分分析后,计算出的第一主成分特征向量为 $(SHAREk_3, k_1, k_2, k_4)' = (0.57, 0.25, 0.52, 0.58)'$,这也说明了 KAOPEN 指数的大小不仅仅是由资本项目交易管制程度决定的。

国内外许多学者试图全面考虑资本管制政策的复杂性,构造了各种法定开放度指标并取得了不同程度的成功。KAOPEN 指数的优势在于它的公开性、更新的便捷性和涵盖长时间多国家的广泛性。目前,KAOPEN 指数数据库提供世界 182 个国家和地区从 1970 年到 2017 年的数据。本章使用的数据即来自此数据库。中国的 KAOPEN 指数(1984 年之前的数据暂时缺失)与同期世界平均水平如表 2.1 所示。

表 2.1　中国 KAOPEN 指数及同期世界平均水平(1978—2017 年)

	1978	1979	1980	1981	1982	1983	1984	1985	1986
中　国							−1.169	−1.169	−1.169
世　界	−0.304	−0.348	−0.384	−0.409	−0.432	−0.469	−0.476	−0.426	−0.435

	1987	1988	1989	1990	1991	1992	1993	1994	1995
中　国	−1.864	−1.864	−1.864	−1.864	−1.864	−1.864	−1.169	−1.169	−1.169
世　界	−0.442	−0.422	−0.401	−0.367	−0.322	−0.229	−0.034	0.050	0.190

	1996	1997	1998	1999	2000	2001	2002	2003	2004
中　国	−1.169	−1.169	−1.169	−1.169	−1.169	−1.169	−1.169	−1.169	−1.169
世　界	−0.020	0.067	0.110	0.151	0.139	0.164	0.224	0.275	0.346

	2005	2006	2007	2008	2009	2010	2011	2012	2013
中　国	−1.169	−1.169	−1.169	−1.169	−1.169	−1.169	−1.169	−1.169	−1.169
世　界	0.397	0.403	0.398	0.506	0.409	0.373	0.360	0.332	0.326

	2014	2015	2016	2017
中　国	−1.169	−1.169	−1.169	−1.169
世　界	0.344	0.340	0.358	0.361

资料来源:Chinn 和 Ito 教授主页(http://web.pdx.edu/~ito/Chinn-Ito_website.htm)。

2. 资本流动规模指数

借鉴 Kraay(1998) 研究设计的流量指标模型,从实际资本流动规模角度测度实际金融开放度,通过计算中国在外直接投资、外国在华直接投资、中国在外证券投资、外国在华证券投资及其他投资总额占 GDP 的百分比得出资本流动规模指数。外国直接投资总额、证券投资总额、其他总额均来自各年的国际收支平衡表。国际收支平衡表由经常账户、资本和金融账户组成,金融和资本账户的借贷方总额可以作为指数计算的来源。中国在外直接投资用平衡表中直接投资借方总额表示,外国在华直接投资用贷方总额表示;证券投资的流入和流出总额也可用同样的方法得到;而其他投资总额分为其他资本总流入和其他资本总流出,流入总额用平衡表中资本和金融账户贷方项目总额减去直接投资流入总额和证券投资流入总额得到,其他资本流出总额同理。直接投资开放度、证券投资开放度和其他投资开放度分别用各项投资总额占 GDP 的百分比表示,金融开放度是三者之和。计算汇总得出的 1982 年到 2017 年中国资本流动规模指数如表 2.2 所示。

2.2　中国金融开放度指数的比较与评价

2.2.1　纵向评价

过去 40 多年,中国金融改革开放取得了巨大的成果。资本与金融账户相关方面,不断改善人民币汇率形成机制、基本实现利率市场化、人民币国际化程度不断提升、资本项目可兑换程度持续提高;在金融服务业相关方面,通过对外开放加强行业内竞争,明显提高了中国金融机构的创新能力及风控能力,证券市场通过 QFII、QDII、沪港通、深港通等"管道式"机制打通资金双向流通渠道,开放深度广度迅速提升。本部分关注中国改革开放 40 多年来金融开放度的法定测度和实施测度两方面的变化趋势,分析金融开放的进程和成果。

表 2.2　中国资本流动规模指数(1982—2017 年)

	1982	1983	1984	1985	1986	1987	1988	1989	1990
直接投资开放度(%)	0.231	0.437	0.597	0.835	0.896	1.084	1.295	1.200	1.196
证券投资开放度(%)	0.030	0.402	1.355	0.992	0.548	0.488	0.498	0.132	0.067
其他投资开放度(%)	0.405	0.239	0.296	0.911	1.057	1.147	0.949	0.900	1.080
金融开放度(%)	0.666	1.078	2.249	2.739	2.500	2.719	2.742	2.232	2.343

	1991	1992	1993	1994	1995	1996	1997	1998	1999
直接投资开放度(%)	1.377	3.550	7.176	6.342	5.666	5.399	5.117	4.876	4.118
证券投资开放度(%)	0.233	0.419	1.582	0.965	0.383	0.575	1.198	0.732	1.357
其他投资开放度(%)	0.780	1.025	0.882	0.881	0.712	0.583	1.076	1.236	1.082
金融开放度(%)	2.390	4.994	9.640	8.187	6.762	6.557	7.391	6.844	6.558

	2000	2001	2002	2003	2004	2005	2006	2007	2008
直接投资开放度(%)	3.856	4.237	4.036	3.997	3.891	5.776	6.046	5.624	5.633
证券投资开放度(%)	1.620	1.722	1.014	1.396	2.543	2.486	6.099	3.879	3.038
其他投资开放度(%)	0.955	0.911	1.020	2.059	2.878	2.982	3.930	4.372	3.324
金融开放度(%)	6.431	6.870	6.071	7.452	9.313	11.244	16.075	13.875	11.995

	2009	2010	2011	2012	2013	2014	2015	2016	2017
直接投资开放度(%)	4.841	5.918	5.715	4.864	5.337	6.340	3.784	3.512	2.225
证券投资开放度(%)	3.787	1.694	1.116	1.384	1.544	2.399	0.726	1.376	1.863
其他投资开放度(%)	2.124	2.592	2.797	2.576	2.574	4.015	3.940	3.439	2.088
金融开放度(%)	10.752	10.204	9.627	8.824	9.455	12.755	8.450	8.328	6.176

资料来源:根据中国各年国际收支平衡表计算汇总得出。

1. 法定开放度

　　KAOPEN 指数关于中国资本管制程度的测度从 1984 年开始。如图 2.1 所示,1984—1986 年中国资本管制程度为−1.168 8,1987 年开始下降为−1.863 9,并一直维持到 1992 年。从 1993 年开始直到 2017 年,中国的 KAOPEN 指数再次回到−1.168 8 并始终保持不变。虽然 KAOPEN 指数捕捉到了 1992 年中国实施的市场化改革的节点,但是没有反映自那之后的 20 余年里,中国的资本管制程度无论在制度层面还是实际层面都确确实实发生的巨大改变。仅通过比较 KAOPEN 指数,会得出中国对资本账户一直保持着相对较严格的外汇管制的结论。

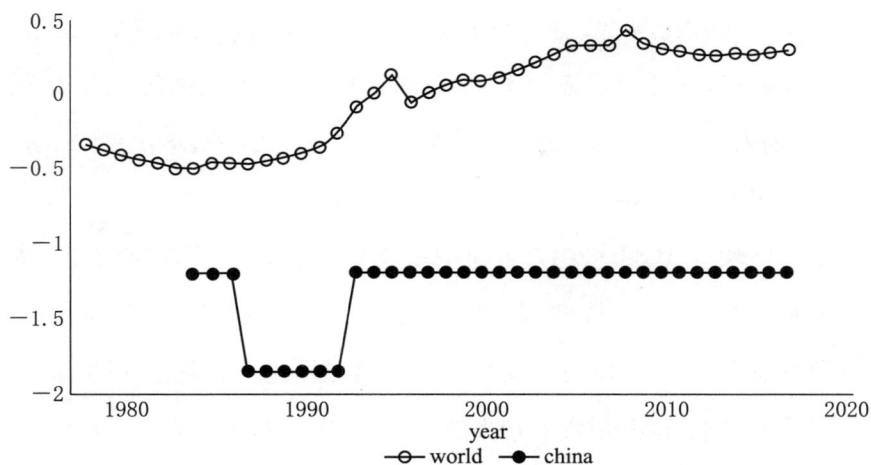

图 2.1　KAOPEN 指数（1978—2017 年）

资料来源：同表 2.1。

　　KAOPEN 指数未能反映中国金融改革的各项成果的可能原因有以下几点：首先，一直以来中国金融业的准入限制较多，比如中国是世界上为数不多的在银行、证券、保险各行业对外资均存在持股比例限制的国家，这些限制较大程度上影响了外资金融机构在中国的发展，所以法定测度指数会维持在一个较低水平。其次，尽管中国近年来出台了部分开放措施，但在核心领域并未有实质性举措，而指数的计算过程中，尤其是在二元虚拟变量的赋值时核心领域的开放措施在往往具有"一票否决"权。另外，中国的监管透明度等"软性环境"仍有待改善，会计、审计、税收、法律等制度环境与国际接轨程度不高。目前，中国金融机构对特定业务资格和牌照的申请程序仍存在不公开、不透明等问题。这就导致了一些开放措施未能充分向外界传达，从而使法定开放指数长年不见提高。

　　尽管在法律层面上，中国资本项目可兑换方面仍保留了一些限制，但国内不少学者认为，中国的金融自由度实际上已经不低了，否则不可能支持实体经济目前的开放程度。新一轮开放的时间表显示中国正加速开放金融服务业，同时继续稳妥有序推进资本账户开放。随着一系列金融业开放政策的出台，尤其是 2019 年的银行业 12 条对外开放新措施以及国务院金融委办公室宣布的 11 条金融业对外开放措施的实施,中国显示出制度性、系统性开放金融市场的决心,未来几年中国金融业法定开放度指数的上升是必然趋势。

2. 实际开放度

图 2.2 反映了 1982—2017 年中国跨境资本流动规模指数的变化趋势,图 2.3 反映了中国金融开放度与贸易开放度的年度指数的比较,贸易开放度用对外贸易总额占 GDP 的百分比衡量。虽然受到经济周期、全球性金融危机等外生因素的影响,这些指数有较大波动幅度,但从基本趋势来看可以得出几个结论。

第一,从资本流动规模角度衡量,改革开放以来中国实际金融开放度增长幅度非常大。1982 年,中国金融开放指数仅为 0.666%,到 2006 年达到了历史最高值 16.075%,开放度提高了约 23 倍。虽然在 2008 年全球金融危机之后,金融开放度大幅下跌并一直波动至今,但也基本维持在 10% 左右。我们可以对照看一下改革开放以来中国贸易开放度的变化趋势,1982 年中国对外贸易总额占 GDP 的份额为 20.289%,到 2006 年提高到历史最高值 63.966%,

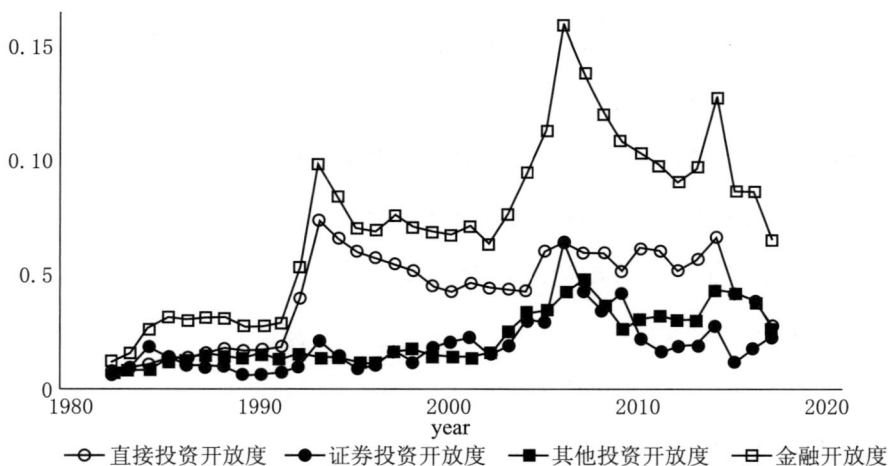

图 2.2　中国金融开放指数(1982—2017 年)

资料来源:同表 2.2。

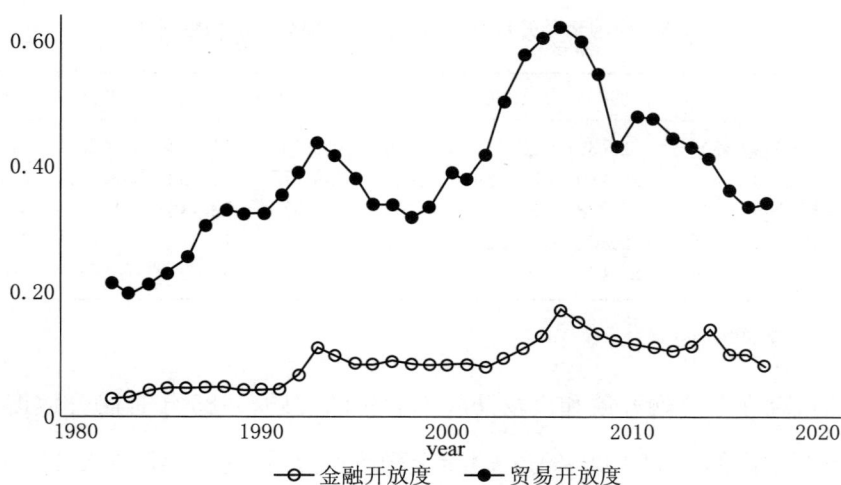

图 2.3　中国金融及贸易开放指数(1978—2017 年)

资料来源:金融开放度指数来源同表 2.2,对外贸易总额来自国泰安数据库。

开放度提高约 2 倍,对比金融开放度的 23 倍,可以认为中国金融开放的成果是更为显著的。其原因在于,在改革开放之前,中国金融市场发育水平极其低下,并且几乎是完全管制的;改革开放后,引入外资成为基本国策之一,资本管制逐步放松,同时对外贸易的大发展也对金融放开有一定促进作用,这就使得金融开放有了惊人的提高幅度。

第二,中国金融开放的进程存在明显的节点。改革开放以来,中国金融开放的重要转折点主要有两个:第一个是 1992 年中国经济飞跃式发展,第二次转折是 2001 年中国加入世界贸易组织。从图 2.2 中可以看出,自 1991 年到 1993 年,金融开放度持续稳步提升,从 2.390% 上升到 9.640%,提高了 8.173 个百分点,尤其是直接投资开放度从 1.377% 提升到 7.176%,对金融开放度提高做出了最大的贡献。2001 年中国入世之后,金融开放的进程突飞猛进,从 2002 年的 6.071% 迅速提高到 2006 年的 16.075%。直到 2008 年,受金融危机的影响,金融开放度才开始下跌。

第三,中国金融开放与市场开放不对称现象仍然存在。我们把中国部分年份金融开放度和贸易开放度指数计算汇总如表 2.3。中国在 20 世纪 80 年

表 2.3 中国金融开放度与贸易开放度部分年度指数对比

	1985	1990	1995	2000	2005	2010	2015
金融开放度(%)	2.739	2.343	6.762	6.431	11.244	10.204	8.450
贸易开放度(%)	22.489	31.989	38.236	39.155	62.202	48.857	35.886
总体开放度(%)	25.228	34.332	44.998	45.585	73.446	59.061	44.336
金融开放度比重(%)	10.86	6.82	15.03	14.11	15.31	17.28	19.06
贸易开放度比重(%)	89.14	93.18	84.97	85.89	84.69	82.72	80.94

资料来源:同图 2.3。

代开始就存在着金融开放和市场开放不对称的问题,1985 年金融开放度与贸易开放度的比例为 11:89,经过 40 年金融改革开放,这一比例在 2015 年提升到 19:81。虽然改革开放以来,这种不对称性已经大大改善,但中国的贸易开放度还是常年显著高于金融开放度,所以中国外部平衡调整的压力几乎全部集中在贸易部门上。

第四,中国直接投资的开放与间接投资的开放存在时间错位,金融开放大致遵循了先开放直接投资后开放间接投资的顺序。从图 2.2 可以看出,1991 年前后,中国经济的快速发展拉动直接投资开放度连续三年提升,1993 年达到最高值 7.176%之后,直接投资开放度缓慢下滑,2001 年中国加入世界贸易组织也没能影响下降趋势。在直接投资维持较高开放度的 20 世纪 90 年代,中国证券投资和其他投资开放度长期低迷,这时初步形成了以直接投资为主导的国际资本流动格局。这种局面在 2001 年中国入世后发生了根本性的改变,2002 年,中国证券投资开放度仅为 1.104%,2006 年这一指数快速增长到 6.099%,首次超过了直接投资开放度。到今天,直接投资与间接投资基本持平的格局已经基本形成。

2.2.2 横向评价

本部分对中国的金融开放现状与世界各国进行横向比较,考察中国在全球金融开放格局中处于怎样的水平,同时从已经改革成功的国家吸取金融开放的国际经验。通过比较可以看到,中国当前金融开放水平仍不足,与中国经济地位和国际影响力不匹配。作为世界第二大经济体和第一大出口国,中国金融业开放程度远低于主要发达经济体,甚至是低于部分新兴经济体。

1. 法定开放度

图 2.4 指示了 1970—2017 年全球平均 KAOPEN 指数、经合组织(OECD)成员经济体平均指数和非 OECD 国家的指数。从此图可以看出,从全球范围来看,各经济体的资本账户在逐步朝着更加开放的水平迈进。其中 OECD 经济体自 1970 年开始不断放松对资本账户的管制,1990 年前后实现了较大突破,目前金融开放度已经处于较高水平,远远超过世界平均水平。OECD 目前 36 个成员经济体中,大多数经济体的 KAOPEN 指数都已超过 2,即基本实现资本账户完全开放,可认为 OECD 经济体代表了世界上较为发达的市场经济国家和地区。而非 OECD 经济体的金融开放进程相对比较缓慢,并且出现了两次明显波折,一次是 1997 年开放度大幅倒退,另一次是 2008 年略有波折。这说明 1997 年的东南亚金融危机和 2008 年全球性的金融危机对世界各国尤其是发展中国家的金融开放有一定负面影响,为应对危机,多数发展中国家选择对资本账户进行不同程度的管制,以更加审慎的态度对待金融开放。

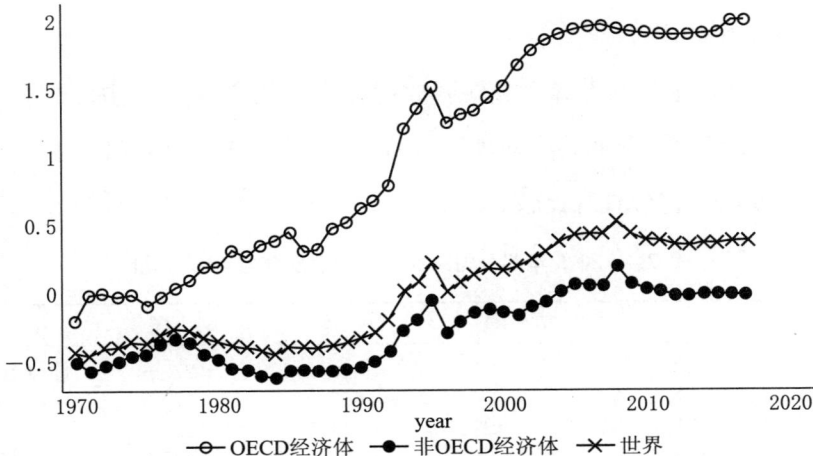

图 2.4 世界 KAOPEN 指数(1970—2017 年)

资料来源:同表 1.1。

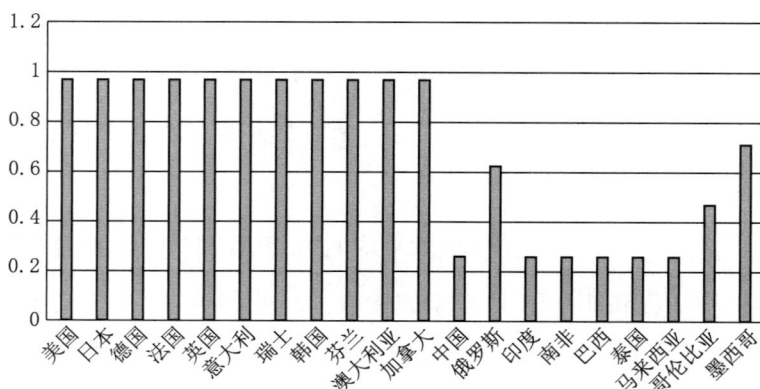

图 2.5　部分国家 2017 年 KAOPEN 指数(经百分制标准化处理)

资料来源:同表 2.1。

图 2.5 显示了世界主要发达国家(美国、日本、德国、法国、英国、意大利、瑞士、韩国、芬兰、澳大利亚、加拿大)和部分新兴经济体(包括金砖五国和泰国、马来西亚、哥伦比亚、墨西哥)2017 年的法定开放度(这里的 KAOPEN 指数使用[−2.5,2.5]区间进行百分制的标准化处理)。由图可知,选取的这些发达国家金融开放度均接近 100%,而新兴经济体的金融开放度仍然比较低,中国的百分制标准化 KAOPEN 指数仅为 25.8%,在这些发展中国家中也属于资本账户管制较为严格的国家。

2. 事实开放度

表 2.4 反映了目前世界上金融开放度较高的几个国家(美国、日本、韩国)和中国 2015 年跨境资本的流动规模与 GDP 总量。图 2.6 将这四国 2015 年的金融开放度指数进行直观比较。

表 2.4　2015 年部分国家的资本流动规模与 GDP 总量

	美　国	日　本	韩　国	中　国
直接投资总额(亿美元)	8 173.0	1 420.0	278.6	4 168.8
证券投资总额(亿美元)	3 743.9	6 665.7	1 473.9	799.5
其他投资总额(亿美元)	4 890.8	1 104.3	235.1	4 340.4
GDP(亿美元)	182 193.0	43 894.8	13 827.6	110 155.4
金融开放度(%)	9.23	20.94	14.37	8.45

资料来源:投资总额来自各国国际收支平衡表,GDP 数据来自世界银行 WDI 数据库。

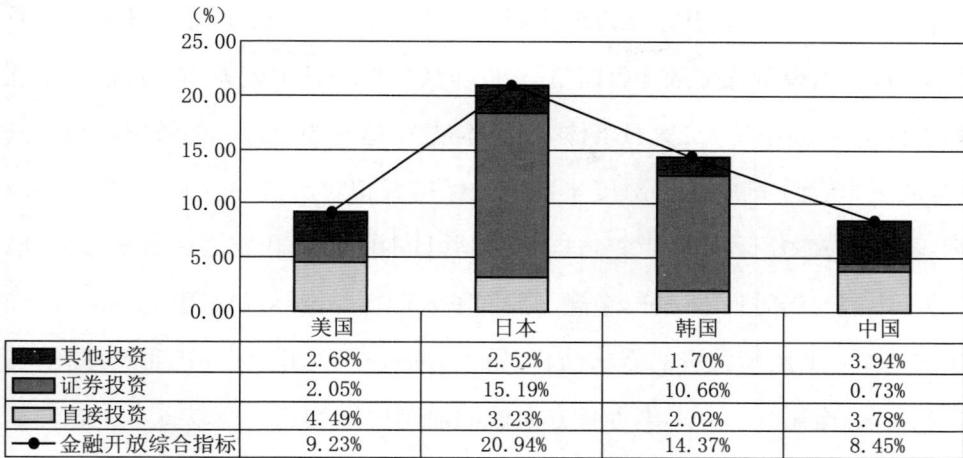

	美国	日本	韩国	中国
■ 其他投资	2.68%	2.52%	1.70%	3.94%
■ 证券投资	2.05%	15.19%	10.66%	0.73%
□ 直接投资	4.49%	3.23%	2.02%	3.78%
——◆—— 金融开放综合指标	9.23%	20.94%	14.37%	8.45%

图 2.6　2015 年四国金融事实开放度指数对比

资料来源:同表 2.4。

由图 2.6 可以看出,中国跨境资本流动规模较美国、日本、韩国仍有一定差距,且主要的差距反映在间接投资上,2015 年中国证券投资开放度仅为 0.73%,远远落后于日韩两国的 15.19% 和 10.66%(美国 2015 年证券投资开放度数据比较异常,往年也维持在 5%—10% 左右)。跨境证券资本流动规模小,与中国法律法规对证券投资账户的管制是密不可分的。2018 年 6 月 12 日,外汇局就合格境外机构投资者(QFII)境内证券投资外汇管理发布规定,同日央行、外汇局关于人民币合格境外机构投资者(RQFII)境内证券投资管理有关问题发布通知,两份文件均自发布之日起实施。外汇局指出,这次政策措施主要包括三个方面,一是取消 QFII 资金汇出 20% 比例要求;二是取消 QFII、RQFII 本金锁定期要求,QFII、RQFII 可根据投资情况汇出本金;三是允许 QFII、RQFII 开展外汇套期保值,对冲境内投资的汇率风险。这些政策的实施,必将使跨境证券投资更加便利,同时,随着国际社会对中国资本市场的认可度越来越高,未来中国证券投资开放度必将显著提高。[1]

从表 2.4 可以看到,日本 2015 年金融开放综合指数高达 20.94%,说明日

---

① 参见邱海峰:《中国资本市场开放出大招》,《人民日报海外版》2018 年 6 月 19 日。

本自 20 世纪 60 年代开始推进的金融改革开放,现在已经取得积极成果。总体来看,中国现阶段金融开放国情与 80 年代初期的日本较为相似:首先,中国作为仅次于美国的第二大经济体,经济体量大,这与当时日本的情况相似。其次,从法律层面来讲,中国对资本账户还保持着相对严格的管制,改革开放以来,金融开放的历程比较审慎,这与二战后日本的金融开放之路有相似之处。另外,中国与当时日本一样,金融开放面临着国内与国际双重压力,一方面,经济快速增长对跨境融资的需求凸显;另一方面,外部国际环境也正在恶化,美国从贸易、金融、汇率、军事等各方面试图遏制中国崛起。所以日本金融开放的经验与教训对中国有很大的借鉴意义。

日本的金融开放历程以 1984 年为节点可以大致分为两个阶段。在第一阶段,日本资本账户审慎、渐进地开放,金融服务业开放比较缓慢。二战后,日本对外汇实施严格管控,1955 年到 1973 年,通过人为维持低利率,日本开启了高速发展模式,这时日本央行仍然高度管控资本流动,企业融资高度依赖银行体系。从 1967 年开始,由于经济的发展对于放松外汇管制的需求凸显,日本遵循了先开放流入后开放流出的顺序,陆续开放资本账户。在这一阶段,资本项目可兑换程度不断提高,但金融服务业开放主要局限在银行业,利率市场化进程也较为缓慢。日本金融开放的第二阶段为 1984—1996 年,这一时期日本内外部压力聚集,开放节奏加快。60 年代末,日本成为仅次于美国的世界第二大经济体,而美国正面临着滞胀的危机。为走出困境,美国将矛头指向了日本,在贸易和金融层面对日本提出要求,包括签订一系列出口限制协议、要求日本金融开放等,同时,随着经济的增长,国内对于要求金融开放的呼声也越来越大。在国内外双重压力下,日本与美国于 1984 年签订《日元美元委员会协议》,这一年成为日本金融开放加速的转折点。自 1984 年起,日本政府开始了以去监管化为核心的金融开放,在资本账户方面,推进利率自由化,取消或放宽资本项目限制;在金融服务方面,允许外国金融机构自由进入日本金融市场;在货币市场方面,创设自由的海外日元交易市场,放开欧洲日元市场。

到 1996 年,日本已经基本形成了今天所看到的高度金融开放局面。

日本的快速开放,也存在许多问题。受到外部环境压力的影响,日本第二阶段金融开放节奏错乱,这带来了三方面的负面影响:一是日元快速升值,给国内经济带来了衰退的压力;二是由于利率市场化及国内金融体制改革滞后于资本账户开放,融资主体为绕开监管,通过境外债券市场融资,无论是价格型货币政策还是数量型货币政策均不能有效调控经济行为;三是大型企业金融脱实,金融机构丧失优质客户,转而将信贷资金投向房地产和股市,推高资产价格,泡沫经济危机四伏。进入 90 年代,日本政府在经济泡沫高位选择主动挤泡沫,调整了税收和货币政策,导致了股票泡沫和房地产泡沫先后破灭。泡沫破灭后日本陷入了近二十年的长期衰退,被称作日本"失去的二十年"。

所以,中国应该充分吸收国际经验,全面统筹协调资本账户开放顺序,不能走入"揠苗助长"式开放的误区,防止汇率、利率及资本账户开放节奏的不匹配。考虑到中美贸易摩擦具有长期性,中国应该在加快国内金融体制改革的同时,也要谨防外部环境恶化给国内尚不健全的金融体系带来冲击的可能性。

2.3　中国金融开放度指数的实证分析

2.3.1　金融开放、市场开放与实体经济

金融开放的最终目的是为了促进一国经济增长,这种目的主要是通过以下三个途径实现的:第一,金融开放促进资本在全球范围内的流动,使资本缺乏而投资潜力强的发展中国家得到发展资本,同时资本富裕而国内投资机会比较饱和的发达国家获得更高的投资回报率;第二,跨国的资产组合可分散风险,降低资本成本,从而吸引更多投资;第三,开放也是引入竞争的过程,更多的竞争可以推动国内金融中介的发展。然而,这只是金融开放在理论层面上

带来的正面结果。实际上,金融开放给许多金融体系尚不成熟的发展中国家带来了影响经济稳定的诸多风险,甚至导致了严重的金融危机。比如 1994 年墨西哥金融危机、1997 年的东亚金融危机和 2008 年全球金融危机等。所以,金融开放如何影响一国经济增长,在学界尚无定论。

本节使用 1984—2017 年的时间序列数据,采用针对非平稳时间序列的协整分析方法和最小二乘法,实证研究金融开放和市场开放对中国实体经济的影响。

1. 变量定义

本节选取的被解释变量、被解释变量和控制变量如表 2.5 所示。解释变量为金融开放和市场开放,金融开放数据均来自上一节发布的指数,市场开放用对外贸易总额与 GDP 之比来衡量,对外贸易总额来自国泰安数据库,GDP 数据来自世界银行 WDI 数据库。在新古典经济增长理论框架下,人口增长和物质资本积累都会影响经济增长的外生因素,故将这些变量作为控制变量,人口增长率来自国家统计局数据库,人均物质资本存量数据参照张军、章元(2003)的估算方法,以 1978 年为基期,利用上海统计年鉴和中国统计年鉴的数据采用永续盘存法计算物质资本存量,再用对应的全国总人口数据进行平均得出人均物质资本存量,全国总人口数来自国家统计局官方网站。

表 2.5　变量定义

	变量名称	定　　义	意　　义
被解释变量	$\ln y$	人均 GDP 取对数	经济增长情况
解释变量	ffo	资本流动规模指数	金融开放事实测度
	flo	KAOPEN 指数	金融开放法定测度
	t	贸易总额与 GDP 之比	市场开放度
控制变量	$\ln k$	人均物质资本存量取对数	影响经济增长的外生因素
	pop	人口增长率	

2. 单位根检验

经典的回归分析模型有一个重要的前提假设:数据是平稳的。但是在现实经济生活中,多数时间序列数据是非平稳的,一些重要的经济变量往往表现出一致的上升或下降趋势。为防止变化趋势的存在带来的"伪回归"问题,在进行计量分析前,要对时间序列数据进行平稳性检验,也称作单位根检验。本节采用 ADF(Augment Dickey-Fuller)方法进行检验,ADF 法的原假设为 $H_0:r=0$,备选假设为 $H_1:r=1$,如果 ADF 检验值大于临界值,则接受 H_0,序列存在单位根,反之拒绝 H_0。结果显示 $\ln y$,ffo,t,$\ln k$ 四个变量均不平稳,故运用差分法处理这些变量并检验差分项的平稳性。对样本数据和差分项的检验结果如表 2.6。经过差分后,各变量均为平稳的。

表 2.6　单位根检验结果

检验变量	ADF 检验值	临界值(5%显著水平)	检验结论
$\ln y$	4.551	-2.980	不平稳
$\Delta \ln y$	-1.610	-2.983	不平稳
$\Delta^2 \ln y$	-5.342	-2.986	平　稳
ffo	-1.805	-2.980	不平稳
Δffo	-5.128	-2.983	平　稳
flo	-1.852	-2.980	平　稳
t	-1.807	-2.980	不平稳
Δt	-3.551	-2.983	平　稳
$\ln k$	4.126	-2.980	不平稳
$\Delta \ln k$	-1.581	-2.983	不平稳
$\Delta^2 \ln k$	-3.578	-2.986	平　稳
pop	-0.721	-2.980	平　稳

3. 协整检验

协整检验主要有 Engle-Granger 两步检验法和 Johansen 检验。前者主要针对两变量模型,后者则主要用于多变量模型。本节使用 Johansen 方法对各个变量进行协整检验,结果如表 2.7。

表 2.7　协整检验结果

迹统计量	临界值（5%显著水平）	最大协整向量的零假设
94.15	39.37	0
68.52	33.46	1
47.21	27.07	2
29.68	20.97	3
15.41	14.07	4
3.76	3.76	5

协整结果显示变量间存在五个协整方程，即变量之间存在长期协整关系，可以直接回归。

4. 回归结果

本节构建模型如下：

$$\ln y_t = c_0 + \alpha_1 * \ln k_t + \alpha_2 * pop_t + \alpha_3 * ffo_t + \varepsilon_t \qquad （模型1）$$

$$\ln y_t = c_0 + \alpha_1 * \ln k_t + \alpha_2 * pop_t + \alpha_3 * flo_t + \varepsilon_t \qquad （模型2）$$

$$\ln y_t = c_0 + \alpha_1 * \ln k_t + \alpha_2 * pop_t + \alpha_3 * T_t + \varepsilon_t \qquad （模型3）$$

其中，α_1，α_2，α_3 均为系数，c_0 为常数项，T、flo_t 和 ffo_t 为解释变量，每个模型中只引入一个解释变量，ε_t 为扰动项。回归结果如表 2.8 所示。

表 2.8　回归结果

变量名称	模型 1	模型 2	模型 3
c_0	2 172.83**	1 528.48***	3 704.97***
	(2.55)	(2.66)	(4.30)
pop	489.31***	634.57***	417.71***
	(6.33)	(8.07)	(6.00)
$\ln k$	4 325.78***	4 461.30***	4 081.94***
	(16.73)	(16.49)	(17.38)
ffo	93.48*		
	(1.79)		
flo		921.85*	
		(1.74)	
T			4 411.52***
			(3.66)
R^2	0.946 8	0.946 5	0.959 6

注：*、**、*** 分别表示在 10%、5%、1%水平上显著，括号内为 t 检验值。

5. 结论与建议

根据以上的回归结果,可以初步得出以下结论:

第一,贸易开放度指数、金融法定开放度指数、金融事实开放度指数都与人均产出呈正相关关系,说明改革开放 40 年以来,开放程度的扩大是推动经济增长的重要因素。

第二,市场实际开放度的产出弹性(4 411.52)高于金融实际开放度的产出弹性(93.48),且回归结果更加显著,这意味着市场开放对中国经济增长的推动作用比金融开放更大。这也有可能是由于门槛效应的存在,中国现阶段跨境资本流动暂时没有达到显著促进经济发展需要的规模。

第三,人均物质资本存量和人口增长速度都与人均产出正相关,说明人口增长和物质资本积累仍是中国促进经济增长的要素。

基于以上结论,从保持经济增长、防控金融风险和参与国际金融治理的角度出发,中国金融业应该进一步开放,以开放促改革、以改革助开放。中国改革开放以来取得的巨大成就充分证明了对外开放的必要性,中国金融四十人论坛发布的《2018·径山报告》指出,在改革的 40 年中,金融改革策略不但帮助中国维持了金融稳定,还创造了增长奇迹。凡是对外开放比较彻底、积极参与全球资源配置的领域,都是发展较好、竞争力强的领域;相比之下,开放相对滞后的行业发展速度较慢,保护和限制政策的结果只能是保护落后和垄断。金融开放是实现经济可持续增长的重要条件,有利于促进金融创新;金融开放是防控系统性金融风险的重要手段;金融开放也是积极参与国际经济治理的重要途径。无论是对积极维持经济全球化的方向,还是对推动人民币国际化和落实"一带一路"倡议,都要求中国与国际金融体系接轨。[1]

诚然,金融开放曾给许多国家带来了重大金融危机,但需要指出的是,中国金融改革的市场化是必然且必要的大方向,因为开放风险的存在就否定金

---

[1]　参见中国金融四十人论坛:《两万字直陈中国金融改革得与失,〈2018·径山报告〉综合报告全文发布》,https://www.sohu.com/a/254197250_257448,2018 年 9 月 16 日。

融开放完全是因噎废食。欧美金融体系确实一度出现过过度自由化的问题，这个倾向值得警惕。但无论从何种角度衡量，目前中国金融体系的主要矛盾都是开放不足，而不是开放过度。金融危机给中国金融开放带来的主要教训是，在进行金融市场化改革的同时，政府必须构建起有效的金融监管框架。

总之，在未来金融开放的道路上，中国要处理好市场与政府的关系。把金融决策权交给市场，建立金融机构的准入和退出规则，打破刚性兑付，减少甚至消除资本价格和投资行为的扭曲，完善资本的定价与配置机制。将把政府的职能限制在宏观调控、维护秩序、支撑稳定、弥补市场失灵等方面。

2.3.2 金融开放与对外贸易

图 2.7 显示了 1982—2016 年中国金融开放指数，贸易开放指数以及中美贸易开放指数（由中美贸易总额与当年中国 GDP 之比计算得出，中美贸易总额 1992 年之前的数据暂时缺失）的变化趋势。表 2.9 是计算三个指数的相关性得出的相关系数矩阵。

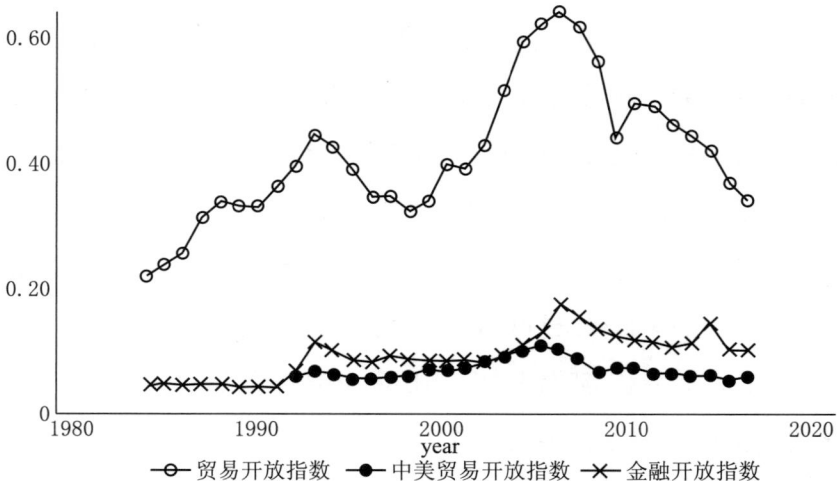

图 2.7　中国金融开放度指数、贸易开放度指数及中美贸易开放度指数比较

资料来源：中美贸易总额来自联合国商品贸易数据库（UN Comtrade Database），其他数据同图 2.2。

表 2.9　相关系数矩阵

	T	TUS	ffo
T	1.000 0		
TUS	0.835 9	1.000 0	
ffo	0.825 8	0.483 9	1.000 0

资料来源:同图 2.7。

　　从图中数据可以注意到,中国金融开放度与贸易开放度显示出较为明显的共同波动的趋势,通过计算相关性,也得到了高达 0.825 8 的相关系数。这说明金融开放和贸易开放作为一个经济体对外开放的两个层面,具有明显的正相关关系。经济全球化推动了贸易自由化、生产国际化、金融国际化及资本流动国际化等,这些载体之间势必相互影响,相互依赖。一方面,贸易开放会促进全球各国间的货币贸易、服务贸易和技术贸易的紧密联系,而这种联系必定伴随着资本的流动;另一方面,金融开放也会为各国的贸易提供融资便利,提高了外国直接投资的水平,促进生产专业化的发展,进而推动各国间的贸易往来。贸易开放与金融开放最终都将作用于资本积累,促进储蓄向投资有效转化,提高生产率,推动实体经济增长。因此金融开放与贸易开放之间相互独立却又相互促进的互动关系是符合经济学直觉的。

　　从图 2.7 也可以看到,自 1992 年到 2016 年,中美贸易总额占中国当年GDP 的比重变化一直不大。中美贸易开放度在 2005 年之前呈现稳步上升趋势,从 3.98% 增长到历史最高值 8.92%,2005 年之后开始下滑并经历了一段时间波动,2010 年开始基本稳定在 4% 左右。这种波动趋势与中美贸易关系的发展进程是密不可分的。

　　中国和美国作为世界上最大的发展中国家和发达国家,自 1979 年重新建交以来,政治关系跌宕起伏,但是中美经贸关系一直是稳定中美关系的基石,也是对当今世界影响较大、最具发展潜力的经贸关系之一。中美贸易兴起和发展于 20 世纪 80 年代,随着信息时代的到来,当时的美国开始了由市场机制主导,在全球范围内配置资源的产业结构调整,而此时适逢中国改革开放。这些因素促使中美两国逐渐形成了广泛的双边国际分工合作,使两国比较优势得以发挥。随着中、美、苏三国关系的缓和乃至 1991 年苏联解体,中美两国重心日益回归到经济发展上来,两国都从国家利益出发,推动经贸领域的发展合作。中美贸易关系的健康发展,除了对两国经济的推动作用,对于维护世界经济、贸易和金融体系的正常运行也有着重要的意义。2001 年中国正式加入世界贸易组织后,中美经贸关系进入了新的阶段。中国快速增长的经济总量和不断上升的国际竞争力使美国开始把中国当成真正的竞争对手,而不是一个潜在市场。从此,中美两国在纺织品、知识产权、反补贴、反倾销等领域冲突层出不穷,对中美经贸合作进一步深化带来巨大负面影响,这是中美经贸关系迅速发展的必然结果,也是预计未来很长一段时间内难以解决的矛盾。

2018 年以来,美国采取单边主义措施,挑起贸易摩擦。2018 年 3 月,美国实施 301 调查报告,同年 7 月 6 日,美国对中国 340 亿美元输美产品加征 25% 关税。8 月 23 日,美国对另外 160 亿美元中国输美产品加征关税。贸易摩擦不仅严重威胁中美双边经贸关系,而且对世界经济也有负面影响。BBC 指出,虽然中国仍然稳居美国头号贸易伙伴的地位,但是中国对美国的贸易在 2018 年下滑了 9%,显示中美贸易摩擦的威力已经开始显现。2019 年上半年,中国对美国的进出口贸易额为 2 583 亿美元,同比下降 14.2%;其中,中国从美国的进口保持在 589 亿美元,同比大幅度下降 29.9%;同期,中国对美国的出口额为 1 994 亿美元,同比也下降 8.1%,可见关税之争带来的负面影响正在持续扩大。中美双边贸易持续萎缩,进而影响了中美两国乃至世界的经济增长。国际货币基金组织指出,中美贸易冲突正在拖累全球经济发展。

中美贸易摩擦不仅对贸易开放带来了负面影响,也要求中国以更加审慎的态度对待金融开放。2019 年,特朗普政府使贸易摩擦升级,造成贸易市场动荡不确定,同时有转向金融、经济领域冲突的趋势,比如美联储正在实施的货币政策调整,以及指控中国为汇率操纵国,这些因素都增大了中国金融开放的风险。纵观历史,每一次美国货币政策逆转回调、收紧银根都会连带出一些新兴市场或发展中国家的货币危机乃至金融危机。因为美国货币政策收紧,流入股市的资金也会收紧,从而使新兴市场资本外流、债务负担加重,货币面临贬值压力。在强势美元调整窗口期内,面临美联储不断加息带来的资本流出冲击,如果中国不予以高度警惕,盲目扩大金融市场开放度将遭受来自资本回流向美国带来的巨大金融冲击危险。

因此,在中美贸易摩擦和美联储货币政策调整的背景下,需要认识到金融开放可能会增大的金融风险敞口,同时也要坚持推动全面对外开放新格局的立场不动摇。这就对中国金融对外开放的未来路径选择提出了更高要求。

第 3 章

中美贸易摩擦背景下中国金融
对外开放的未来路径

国务院金融稳定发展委员会办公室 2019 年 7 月 20 日对外宣布,为贯彻落实党中央、国务院关于进一步扩大对外开放的决策部署,按照"宜快不宜慢、宜早不宜迟"的原则,在深入研究评估的基础上,推出 11 条金融业对外开放措施。金融开放是中国金融业发展的必然选择的道路,在中美贸易摩擦背景下的中国金融业应该如何选择,如何前行呢?

3.1 主要国家金融开放

3.1.1 美国

美国金融开放进程呈现长期性、渐进性的特点,具体金融开放进程如表 3.1 所示。

美国的金融开放无疑是极具代表性和可借鉴性的,整体改革花费近百年时光,始终以达到最大经济利益为原则,尽管在过程中也存在一些问题,甚至触发过经济危机,影响到实体经济的稳定,但其稳中求进、科学有序、成果显著的改革路径被各国普遍认为是最成功、也是最值得效仿的金融自由化案例之一。时至今日,金融业已经成为美国的支柱产业,为美国经济增长带来源源不断的动力。

表 3.1　美国 20 世纪 40 年代以来的金融开放进程

时　间	金融开放进程	细　则
20 世纪 40—50 年代	美元国际化	1944 年,布雷顿森林体系的建立确立了以美元为核心的国际货币体系; 1947 年,借助马歇尔计划,美元成为国际结算货币; 50 年代末,以伦敦为中心的欧洲美元市场建立
20 世纪 70 年代	资本账户开放	1974 年,废除资本管制措施
	汇率自由化	1976 年,牙买加协议; 1978 年,实行浮动汇率制度
	美元国际化 继续推进	70 年代,石油美元计价协议
	金融创新	70 年代,金融创新发展迅速,自动转账服务(ATS)、可转账支付账户命令、外汇期货等金融创新产品大量出现
	利率市场化	1970 年,放松 10 万美元以上、90 天以内的大额存单的利率管制; 1971 年,允许证券公司引入货币市场基金
20 世纪 80—90 年代	金融创新推进	80 年代起,货币互换、利率互换、期权交易、零息债券、远期利率协议等金融创新产品出现
	进一步利率 市场化	1980 年,《解除存款机构和货币管理方案》颁布,分阶段废除"Q 条例"; 1982 年,《加恩-圣杰曼吸收存款机构法》颁布,存款机构可提供货币市场存款,商业银行可发行按市场利率水平付息的超级可转让存单
	混业经营	1999 年《金融服务现代化法》颁布,废除金融业的分业经营制度
	金融市场 双向开放	1981 年美元本币离岸金融市场设立; 《里格洲际银行分业经营和管理变革条例》颁布,美国商业银行可设立海外分支机构,跨洲开展商业银行业务
21 世纪 以来	金融监管加强	2010 年,《金融监管改革法》颁布,成立防范系统性风险的金融稳定监督委员会,对金融机构从事相应业务提出了一系列限制性法规

资料来源:根据《剑桥美国经济史》《美国货币史》等资料整理。

3.1.2　欧盟

欧盟的金融开放是独特的,是以区域内金融一体化为目标的金融国际化。同时,受欧盟政治模式的影响,欧盟的金融开放具有内向国际化和外向国际化并行但差异显著的特点,其中银行业与证券业尤为突出。由于欧盟模式自身的特点,无法总结出统一的金融开放时间线,谨在此简述欧盟整体金融开放的主要特点。

其一,坚持对等开放原则:该原则降低外国金融机构挤占本国金融市场的风险,保证了欧盟国家的金融安全,同时也使得欧盟的金融机构在进入对方国家时拥有与其国内金融机构同等的竞争机会。但这也在无形中提高了金融开放门槛,使得欧盟国家的银行证券业开放度远低于其他发达国家。在此原则性形成的欧盟模式是一种开放程度不高,范围较窄,安全性较高的金融开放模式。

其二,长期实行混业经营:欧盟长期实行混业经营和全能银行制,使得金融机构中间并没有明显的分工和严格的行业界限,相比于外来金融机构,欧盟本土的金融机构有更强的竞争力。

其三,保持庞大的公法金融体系:欧盟金融市场中有大量的公共金融机构,它们普遍享受国家优惠待遇,甚至是政策倾斜。大量种类繁多的公共金融机构的存在为外资金融机构的进入和发展带来了很大的障碍。

其四,限制外资并购:虽然有力地保护了本国的金融机构,但却不利于其他外国投资者的利益,也严重影响了欧盟的金融开放程度。

其五,内向国际化水平高于外向国际化水平。

3.1.3　英国

英国金融开放是激进性与长期性并存的金融改革。

表 3.2　英国 20 世纪 70 年代以来的金融开放进程

时　间	金融开放进程	细　　　则
20 世纪 70 年代	初步利率 市场化	1971 年,《竞争与信用监管规则》颁布,放宽银行存贷款数量及利率限制; 1979 年,放松利率管制
20 世纪 80 年代	完全利率 市场化	1981 年,英格兰银行取消每周公布最低贷款利率的制度; 1986 年,取消对抵押贷款的指导,商业银行可根据市场供求情况自主决定利率
	金融市场 双向开放	1983 年,英国政府和伦敦证券交易所签订 Parkinson-Goodison 改革协议; 1986 年,撒切尔政府进行金融改革,对内改革与对外开放并举
21 世纪以来	金融监管	2009 年,构建以英格兰银行为核心,金融政策委员会、审慎监管局、金融行为局为辅助的金融监管体系,进入功能性监管阶段 2016 年,"监管沙盒"项目启动

资料来源:根据《金融开放的内涵——国际经验及启示》等资料整理。

就利率市场化而言,英国存贷款利率同时放开具有一定的激进性,但整体改革近 20 年的长时间线又给予了金融市场一定的缓冲,具有长期性;就金融服务业改革而言,英国形成了良好的行业环境和健全的监管体系,为各国金融机构提供了同等的竞争平台,成功吸引大量外资流入;就资本账户开放而言,英国以伦敦作为国际金融中心所积累的丰富经验和充足的外汇储备为依靠,选择激进式资本账户开放,也取得了良好的成效。同时,改革后英国金融业的混业经营也获得了一定的发展。此外,值得一提的是英国金融监管的创新"监管沙盒"项目,其监管理念在美国等国家得到了迅速的传播与发展。

3.1.4　澳大利亚

20 世纪 80 年代澳大利亚在经济衰退中开始寻找新的路径。

1984 年澳大利亚开始进行金融开放。同大多数发达国家类似,其政策从弱化政府控制、放松外资金融机构进入门槛逐步走向汇率自由化、外汇市场、证券市场放松管制等,但澳大利亚的改革力度之大,规模之广,成效之快,十分少见,几乎旦夕之间使得澳大利亚从发达国家中金融管制最为严苛的国家变为最放松的国家之一,成功带动了澳大利亚经济的增长。但与此同时,过于猛烈的金融自由化改革也带来了一些负面影响,如股票市场产生泡沫、信用扩张、债务增加、银行坏账率上升等,进而引发了 1987 年股票市场大崩溃,最终导致金融危机。

基于 80 年代后期的乱象,澳大利亚于 90 年代加强了金融监管,成立金融体系调查组,推进金融监管市场化,提高监管效率。在此情况下,澳大利亚金融业优化重组,金融市场呈现良性竞争,资源配置效率提高,金融机构的竞争力增强,对外扩张步伐加快,为经济发展提供有力的金融支持,同时也提高了金融抗风险能力。

3.1.5 日本

整体上,日本金融改革呈现渐进性的特点,但又以 20 世纪 90 年代泡沫经济的破灭为界呈现明显的阶段性。

表 3.3 日本 20 世纪 60 年代以来的金融开放进程

时 间	金融开放进程	细 则
20 世纪 60 年代	日元初步国际化	1963 年,日本加入国际货币基金组织,实现日元在经常项目下的自由兑换
	初步对外开放	第一笔武士债券在日本发行,允许信托公司投资外国证券
20 世纪 70—80 年代	放松外汇管制	1980 年,修改外汇法律,实现日元在资本项目下的自由兑换,外汇交易采取"原则自由"方针;1984 年,废除"按实际需要原则"和个人持汇的最高限额标准;1986 年,东京离岸金融市场形成
	汇率制度改革	1971 年,实行有管理的浮动汇率制度
	放松利率管制	1985 年,放松利率管制
	进一步金融开放	《外国公司证券法颁布》,允许外国证券公司、银行参与日本国内相关业务;《外汇管理法》颁布,允许外资进入日本股票市场
20 世纪 90 年代	利率自由化	1994 年 10 月,除结算账户存款外的所有活期存款利率实现自由化
	全面金融开放	1991 年,资本账户开始逐渐开放;1998 年,新银行法和新外汇法正式实施,金融改革全面启动

资料来源:根据《金融开放的内涵、国际经验及启示》《日本渐进式金融自由化改革风险与借鉴》等整理。

62

就改革结果而言,日本渐进式金融开放改革取得了较为良好的成效,在长达 20 年的时间中基本实现利率自由化,资本项目开放;同时金融机构的混业经营,特别是银行业与证券业的互通,也取得了部分成功;最重要的是为日本的经济发展提供了一定的动力,帮助日本逐渐走出"失去的二十年"。

但与此同时,改革也存在一些问题。渐进性的改革力度不够,并没有精确有力地触及金融开放的核心领域,比如银行业和证券业的混业经营的确是日本金融开放的高光之一,但直到今日两者的互通仍是通过设立子公司的形式实现;再比如,日本处理银行业的问题不够果断,改革反复数次耗时十余年才最终完成,其时间成本、人力物力成本难以估量。

3.1.6　韩国

韩国金融开放过程较为曲折,延续了较长时间,具有渐进性、阶段性。

表 3.4　韩国 20 世纪 80 年代以来的金融开放进程

时　间	金融开放进程	细　则
20 世纪 80 年代	金融市场初步开放	80 年代初,放松金融市场准入限制; 1989 年,出台优惠政策吸引各类外资金融机构进入,鼓励韩国本土金融机构拓展海外市场
	利率自由化	1988 年,放宽除政策性贷款、长期定期存款利率之外的银行贷款利率和企业债券收益率(贸然放开利率管制使得国内贷款利率波动较大,进而影响韩国经济形势,此次尝试宣告失败)
20 世纪 90 年代	再次尝试利率自由化	1991 年,启动主要针对短期货币市场工具的利率自由化进程; 1993 年,提出分四个阶段的全面利率自由化计划
	汇率自由化	以市场平均汇率制度代替一篮子货币钉住制,并扩大浮动范围
	外汇市场开放	1994 年,外汇交易法案正式实施,否定清单制度建立
	金融市场开放力度加大	1991 年,金融机构"内出外进"国际化格局初步形成; 90 年代中后期,进一步放松准入限制、业务限制,引进新型金融衍生工具
	资本项目开放	进一步放宽与贸易有关的短期借贷和韩国公司对国外短期信贷的控制
	金融危机	1997 年,爆发金融危机

资料来源:根据《金融开放的内涵、国际经验及启示》等资料整理。

韩国的金融开放曾在 20 世纪末出现了明显的问题,即"1997 年金融危机"。这与政府快速推进金融自由化进程但没有建立相应的监管措施有很大关系。金融危机前夕,短期债务快速扩张,企业背负巨额债务,政府短期外债也快速攀升至外汇储备的 323%。官方与民间债务危机并发导致韩国不得不放弃固定汇率制度,资本大量外流,引发经济危机。

金融危机后韩国进行了一场根本性的金融改革,坚持进一步完成金融开放,以期获取外资支持。在国际货币基金组织的建议下,韩国进一步放松了对外资持有金融机构股份比例的管制,直至完全取消股权上限,同时更大规模地放宽外资投资范围,允许外商投资短期货币市场。但短期内因市场动荡,资本外流反而增加,直至金融市场稳定后跨境投资才有所增加。1994 年 4 月 1 日实行外汇交易法案,建立否定清单制度,2002 年 1 月 1 日,实现外汇交易自由化,进而推动韩元国际化。

3.1.7 阿根廷

阿根廷的金融开放也存在明显的阶段性。

20 世纪 70 年代末至 80 年代末,"内忧外患"是阿根廷经济的主调,国内整体经济形势低迷,国际上英美等发达国家不断施压,在"腹背受敌"情况下,阿根廷兵行险着,实施了极为激进的金融开放政策:在市场准入方面,几乎全面取消外资准入和业务准入限制;在外汇管制方面,直接允许本国银行经营外币业务,大幅度放宽资本账户、经常账户管制;在汇率制度方面,阿根廷以爬行钉住汇率制代替固定汇率制度,在两年内就实现了利率市场化。

但由于阿根廷本身经济基础薄弱,过于迅猛的金融改革反而造成了国内金融经济的混乱:阿根廷经济命脉被外国资本掌控,阿根廷本币贬值,通货膨胀率上升,企业融资成本增加,银行受不良贷款激增影响纷纷倒闭,政府外债迅速增长,国际收支失衡,并引发极具破坏力的债务危机。在此情况下,阿根廷经济陷入负增长的沼泽。

90 年代后,阿根廷对本国金融政策进行了一定的调整,价格管制方面实施"货币局制度"①,一定程度上起到了稳定汇率,提高投资者信心的作用;资本市场方面颁布《兑换法》《新外国投资制度》和《免税法》,鼓励外资进入阿根廷金融市场,短期内大量外资注入使得经济的到一定的恢复,国内生产总值结束负增长状态,但相对僵化的制度设定、力度过大的金融政策削弱了阿根廷央行的调控能力,使得阿根廷金融风险上升,为 2001 年经济、社会、政治危机埋下隐雷。

21 世纪以来,阿根廷吸取教训,加强金融管制:货币局制度被浮动汇率制度所取代,外汇市场关闭,外汇管制加强,同时谢绝 IMF 对其经济金融运行的干涉。此后,阿根廷经济逐渐回温,迎来了美国次贷危机前短暂的黄金复苏期。

3.1.8　东南亚国家

东南亚国家整体金融开放进程较为平缓,主要采取渐进式的自由化改革战略。东南亚国家的金融改革大体上可分为三个时间段:50—60 年代,整体上施行政府主导型金融制度;60 年代末至 70 年代初,马来西亚、新加坡金融改革;80 年代以来,泰国、印度尼西亚、菲律宾三国金融改革。

虽然不同国家开展改革时间略有不同,但其采取的改革方案却大同小异,具体措施与上文提及的国家并无太大差异,在这里不做详细说明。相比于同为发展中国家群体的拉美国家,东南亚国家的金融改革起步较晚,速度较快,成效较好,但仍旧出现了很多问题。20 世纪 80 年代,金融改革伴随着各国经济转型不断开展,但金融自由化进程过快,导致金融资产占 GDP 的比重迅速增长,有些国家甚至与英美等发达国家相当,与相对薄弱且产业层次较低的实体经济发生冲突,此外,金融政策层面也出现了一些问题,最终导致了东南亚金融危机的爆发。

---

① 将基础货币的变动建立在外汇储备变动的基础上,并以法律形式确立了本币与美元 1∶1 的固定汇率。

3.2　金融开放的国际经验

金融开放是金融自由化浪潮下各国的首要选择,20 世纪六七十年代以来,诸多国家进行了金融开放,产生了不同的金融开放路径,也留下了值得中国借鉴的经验与教训,结合以上八个国家与地区的改革方案与成效,现总结以下几点经验。

3.2.1　坚持独立自主原则

首先,金融开放必须坚持独立自主的原则。阿根廷、东南亚五国的经验教训告诉我们,必须根据本国国情自主推进金融开放。阿根廷贸然进行金融开放,使得其丧失金融命脉的控制权,数次金融改革几乎均未产生良好的长期效果。而日本虽然最终彻底放开金融市场与美国的施压有关,但总体而言,日本的利率自由化、放开资本项目等都是日本经济发展到一定阶段后的必然产物,美国的压力只是一定程度上提前了全面金融开放的时间。再比如英国和澳大利亚采取激进的改革措施是建立在内部相对完善的金融体系基础上的大胆尝试,激进中也带着稳定。

在做出金融开放的决策时要综合考虑本国国情,如金融体系是否健全、金融安全与稳定能否保证、是否有利于经济发展等诸多因素,自主选择开放时机、政策力度和方法。

其次,在金融改革中更要正确把握国外资本、本国金融业、本国经济的关系。国外资本是辅助本国金融业发展的重要因素,适度合理的资本流入能够促进本国经济的发展,但经济的发展归根到底是依靠本国扎实的经济金融基础和实体经济的带动,期待外国资本来解决国内问题是不现实且危险的。韩国在深陷金融危机时,虽然银行业全面开放,并出台相关鼓励政策,但也很少有外资愿意进入韩国市场承担其银行结构调整的成本。同时,东南亚金融危机则表明,对外资不加考量地吸收会使经济对外来资本依赖度过高,并带来外资、外债结构的不合理,而短期投资过多、直接投资过少的外资投资结构会加深经济下行时的压力,这些都不利于国内经济持续稳定的发展。

　　总之,独立自主并不仅仅是做出金融开放的选择,更是贯穿于整个金融自由化进程、国家经济发展进程中的重要原则。

3.2.2　合理有序、适度稳健地进行金融开放

　　阿根廷脱离自身经济金融基础和监管能力的快速全面开放,引发了一连串的货币危机、债务危机和金融危机,为经济发展带来不可逆的伤害。这说明,稳步推动金融自由化必须把握好开放的力度和速度,要合理有序,适度稳健。

　　总体上而言,金融改革必须先内后外,澳大利亚、英国、美国等发达经济体都是在自身建立良好经济金融基础上进行外向金融开放的,从某种意义上来说,优先发展内向型的国际化、再考虑外向型的国际化。欧盟也是如此。具体来说,在金融机构方面,降低民营资本进入金融业的门槛,引入竞争机制,倒逼金融机构提升经营能力和抗风险能力;在市场管理方面,淡化行政管理,出台相关政策支持金融机构提高创新能力,促进产品创新、业务模式创新,激发市场内生动力。

　　其次,金融开放若求稳妥则最好选择稳定、渐进的改革。如日本仅放宽存贷款利率一项就出台了多项措施,逐步放宽,逐步提高国内金融业的适应能力;再比如激进式改革的英国,政府和伦敦证券交易所签订 Parkinson-Goodison 改革协议后预留三年时间作为市场缓冲,最著名的"金融大爆炸"也是分阶段逐步实施,无一不体现稳健的改革之风。

　　但是,"适度"二字却需要更加详细的理解。在当前国际社会中,普遍更加推崇渐进式的金融开放路径,但渐进并不意味着一味地拖延,以日本的金融自由化改革为例,其非常明显的一个特点是整体进程速度严重不均:前期速度太

慢,而后期又突然加快。20 世纪 60 年代,日本已经在日元国际化上做出尝试,70 年代进一步进行汇率制度、利率自由化的相关探索,但这种探索却远远落后于整个时代的金融自由化浪潮,与日本经济大国的身份也不匹配。特别地,日本在改革中出于种种原因,选择了暂时缓解矛盾并不彻底解决的迂回战略,严重拖后了整体改革进程,直到经济泡沫破灭后的不利时期出于国内外压力不得不改为激进式改革,一定程度上造成了经济硬着陆,拖后了经济恢复的步伐。日本的教训说明了"适度稳健"也必须留有改革的锋芒与深度。

除此之外,金融开放也有一定的先后顺序,资本账户开放与金融市场开放孰先孰后也应根据实际情况进行详细的考量。

总之,金融自由化不是各细分领域对外开放的简单合集,是一项多层次的系统性工程,需要对内综合考虑国民经济基础、国内金融体系发展水平和国家宏观调控能力,也需要"眼观四路,耳听八方",准确把握国际经济环境动向,在此基础上,合理有序、适度稳健地进行金融开放。

3.2.3 提高金融监管能力,发挥政府作用,防范金融风险

市场经济体制下健康的金融开放不等于自由放任,政府有必要积极参与其中,加强引导与监管。本书认为,金融开放中的金融监管有两种情况,其一是金融自由化进程开始之前监管体系的建立。如阿根廷本身经济基础薄弱,金融配套体系不健全,政府掌控力较差,未能提前建立基础监管制度。再比如韩国在没有实施相应的监管措施的情况下就放松对短期资本流动限制,使得短期负债迅速增加,成为金融危机的诱因之一。而新加坡金融开放力度尽管很大,但其国内金融体系及配套制度健全,政府宏观调控能力较强,能够积极应对金融改革中突发性事件,所以其整体进程较稳。

其二是金融监管的创新能力。必须清楚地认识到,在金融开放过程中不可避免地会出现一些新的情况和问题,如果监管体系仍旧墨守成规,不做改进,则可能留下致命的监管漏洞,带来系统性金融风险。仍旧以韩国为例,其

外资金融机构进入后,金融衍生产品市场发展很快,创新型金融产品也大量出现。尽管韩国已引入新的监管方法和标准并建立金融监管委员会,但其金融监管的能力并未能跟上金融开放与创新的速度,这也是导致韩国金融危机的重要原因之一。而放眼发达国家,无论是进行伞形监管改革的美国,还是特设金融体系调查组的澳大利亚,其监管制度都实时根据金融开放过程中出现的具体情况进行调整,在动态中实现金融开放的稳步推进。

各国金融开放的经验教训表明,全面提高监管能力,健全金融调控和风险管理体制,加快弥补制度短板和监管空白,是保证金融开放平稳进行的必要措施。

3.2.4　在金融开放的同时加强内部的区域合作

欧盟是金融开放分析中的一个特殊主体,相比于外向的国际化,欧盟更加重视内部的一体化进程。以此类比中国,可以发现,中国作为一个幅员辽阔的国家,内部虽然没有明显的贸易壁垒,但仍旧存在着诸多问题,如不同省份国际金融中心的重复建设,金融市场的行政壁垒较高等,无形中为中国金融业发展带来了很多内部的障碍。此外,中国的银行业也可以对欧元区银行业开放模式①进行学习,首先提高本国金融机构在国内的竞争力,然后再扩大对外开放。

区域内部的优先合作也能够在增强金融业实力的同时暴露出一些合作中的问题,以此完善相关法律法规,建设配套金融体系,为金融开放做好充足的准备。

3.2.5　加强金融开放的对等性

阿根廷、东南亚国家等相对经济实力较弱的发展中国家在金融开放中都

---

① 即本土集中—跨境经营—泛欧经营的开放模式。

会出现"引进来"很多但"走出去"很少的不平衡现象。中国在过去 40 年金融开放中也存在类似的问题,整体上偏重于追求本国金融市场对外开放,而相对忽视了本土金融机构在海外市场的开拓,虽然这与本国金融机构国际竞争力较弱有关。基于此,更应该重视金融机构的"走出去",优先提高金融机构竞争力,同时把握好并购、设立分支机构等的机遇。

3.2.6 金融开放要与实体经济需求相匹配

IBF 为美国非居民及企业提供了比之前更加优惠的监管和税收条件,满足了相关需求,受到了本国非居民及企业的支持。而日本实体经济(尤其是进出口企业)不愿使用日元进行进出口结算,使得东京离岸金融市场的日元交易被边缘搁置。概言之,"一个经济体的全面开放"以金融开放和实体经济开放两方面的协调发展为依托。金融业是国民经济的重要组成部分,相当于国民经济的经络与血脉,但实体经济更是国民经济的骨架与脊梁,金融开放必须与实体经济开放向匹配才能更好地服务于国民经济,更好地促进经济的快速、高质量发展。

3.2.7 适度加强对金融行业之外其他产业的保护

金融开放后跨境资本流动的增加可能会给其他产业,特别是幼稚产业带来负面影响。欧盟在金融开放中始终为弱小产业设立外资进入门槛,保障了绝大多数产业的安全,也保护了国民经济安全。相反,阿根廷就未能意识到产业保护的重要性或自身能力不足以保护本国幼稚产业,金融开放后短短几年时间外资就已掌控阿根廷经济命脉,金融危机中阿根廷本国产业更是受到极大的冲击,至今仍未形成具有世界经济效应的国民支柱产业。

就此而论,金融业的开放必须为本国留有回旋的余地,政府需保留一定的外资准入门槛,将本国支柱型产业的本土化水平维持在红线之上,为本国国民经济发展系上安全带。

3.3　中美贸易摩擦概述

3.3.1　中美贸易摩擦的背景

1. 中国经济实力增强,美国经济相对优势缩小

改革开放以来,中国经济迅速发展,在许多领域取得了令世人瞩目的成就。近年来,中国经济发展稳中有进,于 2010 年超越日本成为世界第二大经济体。与此同时,美国经济相对优势缩小,从 1990 年经济体量为中国近 17 倍到 2018 年下降为 1.5 倍,中美经济差距缩小。

表 3.5　1990 年以来中美两国 GDP 情况

	1990	2000	2010	2018
美国 GDP(亿美元)	59 796	102 848	149 644	205 130
中国 GDP(亿美元)	3 590	12 053	60 397	134 572
美国 GDP/中国 GDP	16.66	8.53	2.48	1.52

资料来源:根据 2016 年国际统计年鉴、经济指标网站等资料整理。

2. "反全球化"浪潮的高涨

近年来,英国脱欧、部分国家民粹主义思潮抬头等均体现"反全球化"浪潮的高涨,特别需要注意的是,本次反全球化冲击的主要推动力量是英美两国——以往被认为经济全球化的重要推动力量。因此,本次"反全球化"烈度较强,对中国等支持全球化的国家带来了较大冲击。

3. 中国正处于经济转型时期

随着整体经济实力的增强,中国经济发展也暴露了许多问题,中国制造业以劳动密集型、资本密集型企业为主,大而不强,技术水平相对较低,未能形成大面积的技术突破,利润率较低,此外,高能耗与粗放式的经济发展为环境带来了极大的负担。在此情形下,中国开始进行经济转型,调整经济结构,由追

求经济发展的数量向追求质量转变,并加大技术研发投入,发展高新科技产业,努力由经济大国向经济强国转变,取得了一定的突破,但仍需时间、技术、人才、机遇等多种因素的持续孕育。

3.3.2 中美贸易摩擦的原因

1. 理论分析

在微观理论中,为保护本国核心产业,政府可以通过税收优惠、政府补贴、设置进入壁垒等方式进行贸易保护,推动该产业发展,提高其国际市场竞争力,增强本国综合竞争力。而日本学者通过对国内经济的静态均衡和外部经济的动态均衡研究也证明了这一点,国家提供的政策支持能够让本土企业在竞争中产生更多的优势,占领更多的国际市场份额,进而影响国际贸易的收益分配。但其他国家也会采取相似的措施保护扶持本国产业,这就会引起国际贸易摩擦。

在宏观经济理论中,威廉鲍尔和拉尔夫莫里曾指出,国际贸易中,如果一个国家生产力提高,其他国家的整体利益往往会下降。也就是说,贸易国生产力的变化会影响两国间的贸易摩擦。

2. 经济原因

(1) 中美贸易不平衡现象长期存在。近年来美国贸易逆差尤为突出,而中美贸易逆差占据美国贸易逆差的大部分份额,自 2000 年中国取代日本成为美国最大的贸易伙伴之后,美国逐渐变成中国最大的贸易逆差来源国。2017 年,中美贸易中产生的贸易逆差约占美国贸易差额总额的 53%(图 3.1),严重的不平衡使得美国更加重视中美贸易问题,这也是诱发中美贸易摩擦的导火索。

同时,美方认为,中美贸易不平衡与中国政府有很大关系,如中国政府过度干预市场经济、为本土企业提供税收政策优惠、部分行业仍存在准入限制、人民币升值幅度过低等。基于此,美国认为中国未能履行应有的承诺,在汇率上通过国际力量压迫人民币促使其升值,贸易上要求根据 WTO 关于"关税倾销"的规则对中国产品征收高关税,弥补美国所面临的损失。

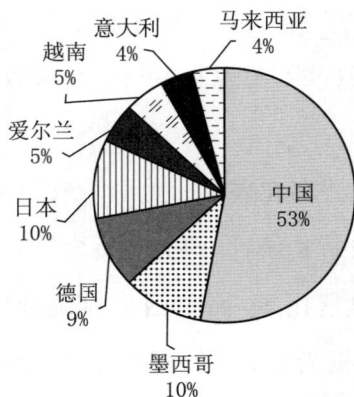

图 3.1　2017 年美国贸易逆差主要来源国家占比

资料来源:中国统计局—国别数据网—贸易报告。

（2）中美双边关税存在差异。在过去 20 年间,在绝大多数行业中,中国对美国进口商品征收的关税高于美国对中国相同行业的商品征收的关税。为了更直观地显示中美双方对对方各行业产品征收关税的差异,特选取 2014 年和 2017 年的各行业进口产品加权关税率的散点图（图 3.2）,其中纵坐标为中国对美国进口产品各行业加权税率,横坐标为美国对中国进口产品各行业加权税率,图中黑色加粗线条为 1∶1 等加权关税率线。

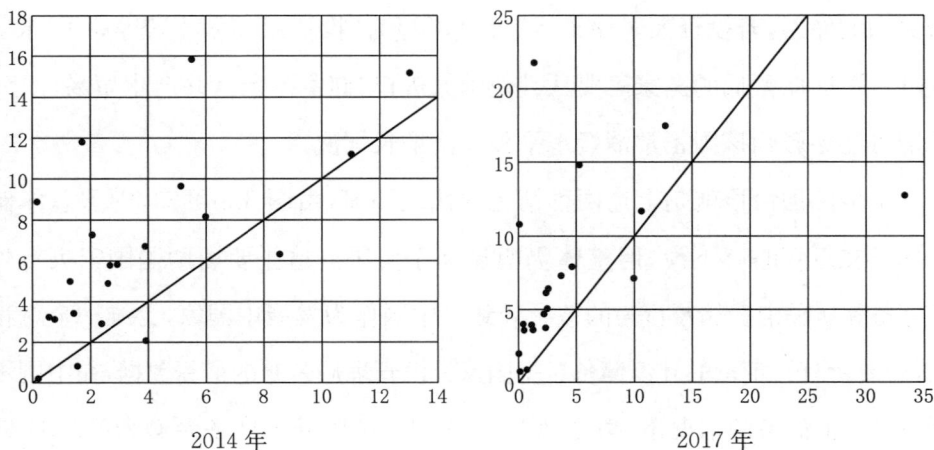

2014 年　　　　　　　　　　　2017 年

图 3.2　2014 年与 2017 年中美双方对对方国家进口产品按行业区分的加权平均关税率

资料来源:WITS。

图 3.2 中绝大部分点都落在 1∶1 等额加权平均关税率线上方,说明中国的关税壁垒高于美国,尽管这一关税水平与绝大多数同等收入水平的发展中国家相比是大体一致的。

（3）中美关税统计方法存在差异。美国采取到岸价进行进口货物统计,中国采用离岸价进行出口货物统计,即美国所统计的进口额中包含了中国至美国长途运输费用、保单费用等,而中国出口统计中并不含这一部分。以 2017 年为例,中国公布数据为自美货物贸易进口额为 1 539 亿美元,出口额为 4 298 亿美元,中国获 2 758 亿美元的贸易顺差;而美国商务部公布的数据为,美对华出口额为 1 304 亿美元,进口额为 5 056 亿美元,美国背负了 3 752 亿美元的贸易逆差,双方统计数据区别主要出现在中国向美国出口额一项（即美国对中国进口额）,其差额为 1 017 亿美元。这很可能与原产地原则①有关,即美国的统计方式并未完全囊括美国对中国的贸易额,美方统计的贸易逆差是在一定程度上放大的。

（4）中美两国储蓄率存在差异。在开放经济中,"储蓄＝投资＋经常账户盈余（出口）",若储蓄大于投资,就可以发挥储蓄对经济增长的正向放大机制——高储蓄带来高资本,高资本带来快增长,快增长带来高收入,高收入带来更高的储蓄;若投资大于储蓄,该等式可写为"投资＝储蓄＋经常账户赤字（进口）",即储蓄低的国家需要从其他国家进口"储蓄盈余",并产生贸易赤字,长期可能会影响该国正常消费水平和经济增长情况。

中美两国恰恰就是上述两种情况的代表国家,由图 3.3 可知,中国总体储蓄率虽在近年略有下滑,但整体仍明显高于美国。这主要由两国国家央行外汇储备和居民消费储蓄行为的差异导致。中国作为发展中国家,为维护金融稳定,需要持有一定量的外汇储备。据国家外汇管理局公布的最新数据,在中国不断下调外汇储备的情况下,截至 2019 年 12 月,中国外汇储备余额为 212 317.26

---

① 即货物必须在出口国经过实质性的加工生产,使货物得到其特有的性质,该出口国才认为是该货物的原产国。

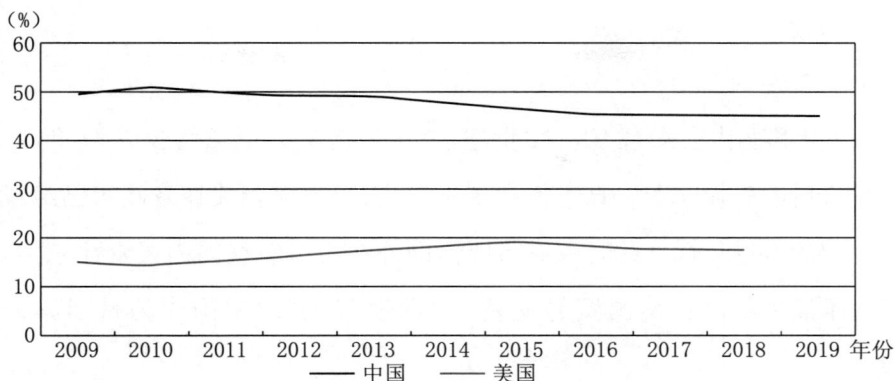

图 3.3　2009—2019 年中美总体储蓄率情况

资料来源：CEIC。

亿元人民币，约占央行资产负债表总额的 57.21%，仍大大超过包括美国在内的大多数国家。而根据世界银行公布的数据，中国国民的储蓄率则高达 25.3%，远超美国的 3.4%。更糟糕的是，特朗普已经签署减税计划，同时增加国会预算开支，这使得美国财政赤字进一步恶化，国内储蓄率进一步降低。

美国挑起贸易争端，与其过低的储蓄率有很大关系。中国人民银行原行长周小川在"第十届陆家嘴论坛"上演讲时也提到了这个观点："在最近一轮贸易摩擦过程当中，美国的贸易赤字不仅是贸易和产业布局的问题，也涉及储蓄率问题。"在此情况下，为了降低经常项目赤字，减少对以中国为代表的外国资本的依赖程度，挑起贸易争端，似乎也是意料之中的事情。

（5）中国进出口产品结构发生转变。

通过对中美两国进出口贸易结构分析发现，随着中国经济结构转型的展开，中国的贸易结构也发生了巨大变化——出口贸易结构已走出以劳动密集型产品为主的构架，资本密集型产品迅速增多，技术密集型产品也占有一定比例，进口结构中资源密集型产品比重不断增加，整体进出口产品结构不断优化，为中国带来了新一轮的贸易机遇。中国产业结构的优化、贸易结构的调整都对美国部分产业带来了影响，美国为维护自身利益，与中国的贸易摩擦不可避免。

3. 政治原因

（1）转移国内公众视线。21 世纪，美国经济进入低速增长时期，2008 年金融危机后的失业问题一直未得到妥善解决，而政府相关经济政策已经成为民众批评的首选目标。此时政府需要借助外在力量转移国内民众注意力，消除民众不满情绪。在美国贸易逆差中"贡献"最多的中国成为首当其冲的对象。

（2）中期选举。2018 年 11 月美国国会进行中期选举。在之前的大选中，美国总统特朗普曾宣称"因贸易失衡，中国偷走了美国人民的工作……执政后将会对中国产品征收 45% 的惩罚性关税"。而为了进一步争取中期选举，提高民众信任度和满意率，保证共和党对国会的控制权，代表工业资本的特朗普毫不迟疑地选择了"履行承诺"，挑起贸易争端。

（3）"反全球化"浪潮下美国民粹主义抬头。2008 年后，美国经济相对衰退、财富分配失衡、传统产业外移和新兴产业财富聚集等使得工人阶级的生存受到一定程度的威胁，其带来的蓝领与白领的对立也是美国国内社会不稳定和政治动荡的表征。在此情形下，"反精英、反建制、反一体化、反既有制度、渴求迅速改变现实"的政治激进态度开始迅速传播。移民政策、签证政策收紧，搁置 TPP 协议，退出《巴黎气候协定》，反复强调中美贸易逆差，推行新贸易保护主义政策，运用各种手段为中国出口产品设置贸易壁垒，甚至在中国并不符合美国"汇率操纵国"认定标准、人民币市场化贬值的前提下，将中国认定为"汇率操纵国"等行为，其背后均有着民粹主义的推手。

（4）美国双重标准的政策惯例。相比于对其他国家实行的关税政策，美国对中国施行更严格的贸易政策管控已是惯例。1998—2017 年，美国对中国产品一直征收相对于其他国家更高的关税，相对于全部进口产品的加权税率约高 1—1.5 个百分点（图 3.4）。

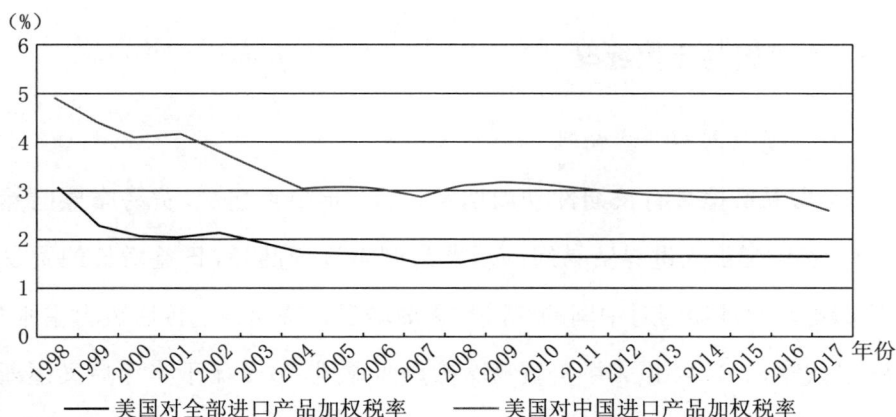

图 3.4　1998—2017 年美国对中国进口产品和全部进口产品的加权平均关税率

资料来源：WITS。

（5）维护超然国际地位的需求。上文在中美贸易摩擦背景中简单罗列了中美近年 GDP 数据，中美经济实力的差距的缩小已是不争的事实，美国逐渐感受到来自中国崛起的压力。

美国精英阶层认为，未来中国会继续坚持走自己的特色道路，并不会向美国发展模式靠拢，这意味着中美关系可能无法由美国单方面、或主导地进行引导控制，中美关系更加具有不确定性。此外，政治制度、意识形态的不同也是造成美国对中国相对敌视看法的重要原因之一。中国的崛起影响了美国对亚太地区的辐射能力，并在长期有可能威胁美国超然的国际地位，基于此，美国进行贸易制裁，重演 20 世纪 80 年代对日本的制裁也就是情理之中的事情了。

中美贸易摩擦爆发的深层次原因来自经济全球化下全球贸易格局、产业格局的长期失衡，以及经济变革中以美国为代表的发达国家与以中国为代表的新崛起的发展中国家利益诉求不同所引起的深刻矛盾。贸易争端是美国作为强国感受到来自中国发展威胁的必然选择，是中美间的博弈，是战略摩擦。换言之，也可以说中美两国的发展与竞争已经上升到战略层面，而战略因素已成为中美两国在政治、经济、外交、文化、军事等诸多领域展开博弈的关键，战略摩擦将会成为中美两国目前及今后较长时间的核心摩擦。

3.3.3 中美贸易摩擦近况

1. 中美贸易摩擦基本情况

中美贸易摩擦具有长期性和周期性，1979年中美建交，贸易摩擦已然出现，2001年中国加入世界贸易组织后贸易摩擦逐渐凸显，日益增长的贸易逆差、低储蓄率使得美国对中国的"敌视"逐渐增强。特朗普上台后极力主张"美国优先"战略，2017年以来中美贸易摩擦愈演愈烈，2019年下半年后又逐渐趋于平稳。为更系统全面地观察贸易摩擦中中美双方的政策交锋，本章以时间线模式对整体贸易摩擦进行梳理（表3.6）。

表3.6 中美贸易摩擦时间线

2017年		
8月14日	美方	特朗普签署行政备忘录，指示对中国发起贸易调查
8月18日	美方	美国贸易代表办公室（USTR）对华正式发起301调查
2018年		
3月8日	美方	对钢铁和铝的进口分别征收25%和10%的重税
3月21日	中方	中国外交部发言人华春莹在例行记者会上表示"中方不想跟任何人打贸易战，但如果有人非逼迫我们打，我们一不会怕，二不会躲"
3月22日	美方	宣布计划对中国600亿美元商品征收关税
3月23日	美方	在世贸组织争端解决机制下向中方提出磋商请求
	中方	中国计划对美国输华的128个税项约30亿美元产品加征关税
4月1日	中方	对原产于美国的7类128项进口商品中止关税减让义务，并在现行适用关税税率基础上加征15%或25%的关税
4月3日	美方	提出向中国1 300个关税项目约500亿美元产品征收关税
4月4日	美方	特朗普签署备忘录，正式提出对中国500亿美元产品加征25%的关税
	中方	对14类106项共计500亿美元商品加征25%的关税
4月5日	美方	特朗普要求美国贸易代表考虑对中国商品追加1 000亿美元关税
	中方	在世贸组织争端解决机制下向美方提出磋商请求

续表

5 月 3 日—4 日		中美双方在北京就经贸问题举行磋商,在部分领域达成共识
5 月 15 日—17 日	美方	美国贸易代表办公室举行针对中国 301 关税清单公众听证会
5 月 17 日—18 日	中方	国务院副总理刘鹤赴华盛顿商讨关税事宜
5 月 19 日		中美发布联合声明,同意继续保持高层沟通,积极寻求解决关注的经贸问题,将在高新科技产品等领域加强贸易合作
5 月 29 日	美方	推翻磋商共识,宣布将继续推进加征关税计划
6 月 2 日—6 月 4 日		中国国务院副总理刘鹤与美国商务部长罗斯在北京钓鱼台国宾馆就两国的贸易问题完成新一轮磋商
6 月 15 日	美方	宣布对中国 500 亿美元商品征收 25% 的关税
6 月 16 日	中方	中国国务院关税税则委员会决定对美国约 500 亿美元加征 25% 关税
6 月 30 日	美方	美国公布对来自中国的投资进行进一步限制
7 月 6 日	美方	美国对 6 月 15 日发布的加征关税商品清单中约 340 亿美元商品开始实施 25% 的关税加征,就其他 160 亿美元商品加征关税开始征求公众意见
	中方	中国对 6 月 16 日发布的加征关税商品清单中 545 项约 340 亿美元商品开始实施关税加征
7 月 11 日	美方	美国政府发布对中国额外 2 000 亿美元商品加征 10% 的关税的措施
7 月 12 日	美方	美国参议院投票通过限制特朗普关税权力
7 月 26 日	美方	美国参议院同意降低进口商品关税
8 月 2 日	美方	美国贸易代表称拟将 2 000 亿美元中国商品加征税率从 10% 提升到 25%
8 月 3 日	中方	国务院关税税则委员会决定对原产于美国的 5 207 个税目约 600 亿美元加征 25%、20%、10%、5% 不等的关税
8 月 7 日	美方	美国贸易代表办公室公布价值 160 亿美元中国商品最终征税清单,税率 25%,于当月 23 日起开始实施
8 月 8 日	中方	国务院关税税则委员会决定对原产于美国约 160 亿美元进口商品加征关税,于当月 23 日正式实施
8 月 22 日—23 日		中美就经贸问题举行副部级磋商;中美双方 160 亿商品清单加征 25% 关税开始实施
9 月 7 日	美方	特朗普表示很快将对中国 2 000 亿美元进口商品加征关税,且准备另对 2 670 亿美元的中国产品加征关税

续表

9 月 12 日	中方	中方向世贸组织申请授权对美实施每年约 70 亿美元的贸易报复
9 月 18 日	美方	从 9 月 24 日起对价值 2 000 亿美元的中国输美商品加征 10％关税
	中方	将对 600 亿美元美国商品加征 10％或 5％的关税
12 月 1 日		中美两国元首在 20 国集团阿根廷峰会期间，就双方经贸问题达成共识，同意停止相互加征新的关税；特朗普同意把决定于 2019 年 1 月 1 日起实施的 2 000 亿美元关税上调至 25％的决定推迟至 3 月 1 日
12 月 5 日		中美第十一轮磋商对话举行
12 月 19 日		中美举行经贸问题副部级通话，就双方关心的问题进行沟通
2019 年		
1 月 7 日—9 日		中美双方在北京举行经贸问题副部级磋商
1 月 30 日—31 日		中美在华盛顿举行高级别磋商
2 月 14 日至 15 日		中美全面经济对话中方牵头人刘鹤在北京与美国贸易代表莱特希泽、财政部长姆努钦举行新一轮中美经贸高级别磋商
2 月 14 日	美方	将推迟提高对华关税税率，并可能计划第二次中美首脑峰会
3 月 28 日—29 日		美国贸易代表团应邀访华，在北京举行第八轮中美经贸高级别磋商
5 月 8 日	美方	美国贸易代表办公室宣布对华 2 000 亿美元商品关税从 10％提升到 25％
	中方	商务部发言人表示，升级贸易摩擦不符合两国人民和世界人民的利益，中方对此深表遗憾，如果美方关税措施付诸实施，中方将不得不采取必要反制措施
5 月 10 日	美方	美国对中国 2 000 亿美元商品开始加征 25％关税
5 月 13 日	美方	拟对 3 000 亿美元中国商品加征 25％的关税
	中方	国务院关税税则委员会决定，自 6 月 1 日起，对已实施加征关税的 600 亿美元清单美国商品中的部分商品，提高加征关税税率
5 月 15 日	美方	特朗普签署行政命令，要求美国进入紧急状态，美国企业不得使用对国家安全构成风险的企业所产生的电信设备；美国商务部表示，将把中国公司华为及其 70 家附属公司列入"实体名单"
6 月 2 日	中方	国务院新闻办公室发布《关于中美经贸磋商的中方立场》白皮书
6 月 29 日		G20 大阪峰会召开，国家主席习近平同美国总统特朗普在日本大阪会晤，两国经贸团队就就具体问题进行讨论；其间，中美双方同意在平等交流、相互尊重的基础上重启经贸磋商，美方表示不再对中国出口产品加征新的关税

续表

7 月 9 日		中美全面经济对话中方牵头人刘鹤应约与美国财政部长姆努钦、贸易代表莱特希泽通话,就落实两国元首大阪会晤共识交换意见
7 月 30 日—31 日		中美全面经济对话中方牵头人刘鹤与美国财政部长姆努钦、贸易代表莱特希泽在上海举行第十二轮中美经贸高级别磋商;双方决定将于 9 月在美举行下一轮经贸高级别磋商
8 月 1 日	美方	宣布将于 9 月 1 日起对华剩余 3 000 亿美元商品加征 10% 的关税,这不包括已加征 25% 关税的 2 500 亿美元商品
8 月 2 日	中方	在外交部例行记者会上,发言人华春莹回答记者问时表示中方对此强烈不满,坚决反对
8 月 6 日	美方	将中国认定为"汇率操纵国"
8 月 13 日		中方就美方拟于 9 月 1 日对中国输美商品加征关税问题进行了严正交涉;双方约定在未来两周内再次通话
8 月 15 日	美方	美国政府宣布,对自中国进口的约 3 000 亿美元商品加征 10% 关税,分两批自 2019 年 9 月 1 日、12 月 15 日起实施
8 月 23 日	中方	国务院关税税则委员会发布公告决定对原产于美国的 5 078 个税目、约 750 亿美元商品,加征 10%、5% 不等关税,分两批自 2019 年 9 月 1 日 12 时 01 分、12 月 15 日 12 时 01 分起实施
8 月 24 日	美方	宣布将提高对约 5 500 亿美元中国商品加征关税的税率
中美沟通、调整阶段		
9 月 5 日		中美全面经济对话中方牵头人刘鹤应约与美国贸易代表莱特希泽、财政部长姆努钦通话,双方同意 10 月初在华盛顿举行第十三轮中美经贸高级别磋商
9 月 11 日	美方	特朗普表示,将对 2 500 亿美元中国输美商品上调关税从 10 月 1 日推迟至 10 月 15 日
9 月 12 日		国务院副总理刘鹤应邀会见美中贸易全国委员会董事会主席林伯格
9 月 25 日	美国	公布了三份对中国加征关税商品的排除清单,涉及 400 多项商品
	中国	支持相关企业继续按照市场化原则和 WTO 规则,自美采购一定数量大豆、猪肉及其制品等农产品,国务院关税税则委员会将继续对上述采购予以加征关税排除
10 月 12 日	美国	特朗普表示,中美经贸磋商取得了第一阶段的实质性成果,美国再次将暂缓 10 月 15 日的对华商品的关税加征
	中国	刘鹤表示,双方在此轮磋商中就共同关心的经贸问题进行了坦诚、高效、建设性的讨论,在农业、知识产权保护、汇率、金融服务、扩大贸易合作、技术转让、争端解决等领域取得实质性进展,并讨论了后续磋商安排

续表

11 月 7 日		外交部发言人透露,中美双方牵头人就妥善解决各自核心关切进行了认真、建设性的讨论,同意随着协议的进展,分阶段取消关税加征
11 月 8 日	美方	美国贸易代表办公室公布新一批 2 000 亿美元加征关税商品清单项下的产品排除公告,本次排除涉及 36 项产品
11 月 27 日	美方	美国贸易代表办公室公布针对中国加征关税商品的第 16 批商品排除清单,主要涉及 2 000 亿美元加征关税商品中的 24 个税号 32 个品项
12 月 15 日	中方	国务院关税税则委员会决定,对原计划于 12 月 15 日 12 时 01 分起加征关税的原产于美国的部分进口商品,暂不征收 10%、5% 关税,对原产于美国的汽车及零部件继续暂停加征关税;除上述措施外,其他对美加征关税措施继续按规定执行,对美加征关税商品排除工作继续开展
12 月 19 日	中方	国务院关税税则委员会公布第一批对美加征关税商品第二次排除清单,2019 年 12 月 26 日至 2020 年 12 月 25 日间不再对清单中商品加征反制性关税,已加征关税不予退还;未列入清单中的商品仍保持反制性关税加增
2020 年		
1 月 15 日		中美第一阶段经贸协议签署仪式在美国白宫举行,双方签署"中华人民共和国政府和美利坚合众国政府经济贸易协议"并致辞
2 月 6 日	中方	国务院关税税则委员会决定,调整对原产于美国约 750 亿美元进口商品的加征关税措施;自 2020 年 2 月 14 日 13 时 01 分起,对 2019 年 9 月 1 日起已加征 10% 关税的商品,加征税率调整为 5%;已加征 5% 关税的商品,加征税率调整为 2.5%
2 月 21 日	中方	国务院关税税则委员会公布第二批对美加征关税商品第一次排除清单,自 2020 年 2 月 28 日起实施

资料来源:根据《中美金融战:情景分析、工具手段及应对》、国务院官方网站、环球网、全球纺织网等新闻网站资料整理。

2. 中美贸易摩擦的特点

(1)涉案商品范围持续扩大。美国从 2018 年 3 月对进口铝和钢铁产品全面征收关税,4 月宣布对涉及通信技术、航空航天等行业约 1 300 种计 500 亿美元商品加征关税,到 2019 年 5 月对 2 000 亿美元商品正式加征关税,再到 8 月宣布提高 5 500 亿美元商品的加增关税税率,涉及商品数量不断增多,价值不断上涨。与此同时,中国也采取了类似的措施针对自美国进口的商品,两年多来中美双方博弈盘内的砝码不断增多,入局的商品范围不断扩大,受制的贸易额不断增加。

(2)贸易摩擦涉及双方产业差异明显,影响领域较广。中美正常贸易中存在很强的互补性,所以在贸易争端中双方针对的产业差异明显。首批 500 亿美元清单中,美国对中国制裁项目主要分布在机械设备、光学仪器及部件、电气设备、专用车辆及部件、运输设备及部件等;中国对美国的制裁项目主要分布在农作物、化工品、复杂聚合物等,双方制裁的很多产品实际上并没有争端。

除经济领域外,贸易摩擦也影响到其他领域。在教育领域,与美国对中国高新技术相关的产品进行重点制裁类似,进修相关专业的中国学生在赴美留学会受到一定阻碍。在社会生活领域,愈演愈烈的贸易摩擦会带来企业发展问题,兼并重组、破产等都会影响社会就业率,关税增加带来的物价上涨也会在一定程度上影响人民的生活水平。

(3)贸易摩擦频率不断加快,模式更趋多样,制裁手段具有针对性。20 世纪 80 年代以来,中美双方贸易摩擦就已存在,但并未发生如此大规模政策性贸易限制,但在此次贸易摩擦中,仅 2017 年一年,美国就对华发起 11 起贸易救济调查和 9 起反补贴调查,2018 年中又出现 24 次中美双方政策的交锋,双方歧视性的贸易制裁愈发频繁。特别地,美国对华的贸易制裁方法逐渐多样,从以关税壁垒为主到非关税壁垒应用愈来愈多,整体手段日益多元化。

同时,美国对中国的制裁手段大多带有歧视性。从历史数据看,在美对华提起的反倾销案件中,WTO 对其中约 66%的案件做出了肯定裁决,而在处理其他国家相似案件中只有约 40%被裁决为反倾销。此外,美曾在商务部中单设"中国办公室",以监督中国对 WTO 判决的执行情况。而此次贸易摩擦中的针对性则更加明显,2018 年初美国宣布将在很长一段时间内对钢铁和铝的进口征收 25%和 10%的重税,但随后即豁免大部分盟友,针对性不言而喻。同时更是"量身定制"以"直击要害",特别设置了专门针对中国的关税障碍,如2018 年 4 月份宣布进行贸易管制的第一批 500 亿美元商品大多是中高端产品、机械工业产品,中国工业发展所处的阶段需要这些产品作支撑,才能研发出更高精尖的产品,进而掌握核心竞争力,美国的贸易制裁本质上是在限制中国制造业、高新技术企业的发展。

(4)中美关系全面趋于紧张。特朗普视中国为"修正主义"国家和"战略竞争对手",如此尖锐的敌视色彩是中美建交40年来从未出现过的,如此严重的贸易摩擦也是从未发生过的,中国此次也不愿全盘妥协,毫不示弱进行反击。中美双方在2017年至2019年进行数十次政策交锋,影响范围由经济领域逐渐向社会、政治领域扩张,贸易摩擦最激烈的时候美方对中国的签证办理也进行了一定的限制,中美双方的经济摩擦使得中美关系全面趋于紧张,时至疫情肆虐,两国政治关系的紧张状态仍不见缓解,反而有愈演愈烈的趋势。

3.3.4 贸易摩擦会使中美两国两败俱伤

贸易保护主义从不是解决问题的根本方法,不仅不会改善一国贸易条件,甚至还会恶化其原有因素,影响国民收入和就业水平,更大范围或更长期条件下还会导致全球经济衰退,中美贸易摩擦也是如此。中美贸易十分密切,美国几乎所有的跨国公司都在中国有一定的发展,中国的诸多企业也都在纽约证券交易所上市。而且,中国是美国第一大进口来源地、第二大贸易伙伴和第三大出口国;美国是中国第一大出口市场、第二大贸易伙伴和第五大进口来源地,中美双方的贸易依存度很高,"合则两利,斗则俱伤",剧烈的贸易摩擦会为两国带来极为糟糕的影响。

1. 对中国的影响

从现有数据看,此次贸易摩擦对中国出口贸易影响约滞后4—5个月[①]反映,负面效应整体上从2019年开始走强(表3.7)。

----

① 2018年7月和8月美国对500亿美元商品加征关税后,中国对美出口企业预期发生变化,通过提前锁定订单、谈判分担成本、绕道出口等方式对冲了部分影响。另外,2018年以来人民币对美元汇率贬值、国家提高出口退税率等因素也减缓了对美出口企业受到的冲击。

表 3.7　中国总体出口增速和对美出口增速

年份	总体出口增速(%)	对美出口增速(%)	对美出口增速－总体出口增速(%)
2017	7.9	11.5	3.6
2018	7.1	8.6	1.5
2019	0.50	－16.2	－16.7

资料来源:《中美贸易摩擦的影响及应对策略》、国家统计局等。

短期来看,不同的企业受到贸易摩擦的影响程度不同。其中,具有利润率低、规模小、产品可替代性强、对美贸易依存度高特征的企业在贸易摩擦中会受到较大影响。此外,对美商品加增关税也可能会导致本土企业成本上升、产品价格上升,而最终会使得消费者负担加重。与此同时,中国也受到美国贸易保护主义诱发的消极示范连锁效应①的影响,2017 年中国钢铁出口产品受到20 起贸易救济调查,而这一数据到了 2018 年就激增为 36 起,几乎翻倍,且共有 18 个国家参与其中。

从中期看,出口导向的企业在利润下降后还可能存在企业金融问题,特别是初期依靠融资设立、产品滞销影响资金回流的企业。随着企业盈利能力下降带来的一个棘手问题就是劳动力需求减小,为社会埋下失业风险。同时,部分产业可能为了规避高关税率与多样的非关税壁垒而向其他国家转移,特别是外资高新技术企业,这对国内相关产业的发展是极为不利的。整体上来看,中国对美出口增速大幅下降直至负值,这使得总体出口增速也受到一定的影响,增速下滑,此外,美方贸易制裁的针对性措施,如以保护知识产权为借口限制对中国航天、能源、军工等高新行业的技术出口等也延滞了中国经济结构优化、产业转型升级的进程。

从长期看,如果贸易摩擦一直保持高位,那么进出口外贸行业的危机可能向产品价值链的上下游扩散,通过价格传导机制为中国经济带来较大的负面影响。通过加强与其他国家的友好经贸合作,这样的负面影响应该能够得到

---

① 美国频繁对中国进行贸易管制,设置贸易壁垒,可能会使得其他国家跟风对中国进行贸易制裁。

一定的控制,但无法消除或取得较大的改善。

此外,尽管本章一直在强调贸易摩擦的负面影响,但贸易摩擦依旧在一定程度上发挥了积极作用,如倒逼中国绕开贸易摩擦进行对外投资;外在压力的存在促进本国产业进行资源整合,优化配置,培养竞争力强的优势企业;倒逼中国降低对美国的出口依存度,推动出口市场向多元化发展等。但总体上效应难以抵消消极效应。

2. 对美国的影响

英国《卫报》指出,"特朗普似乎策划了一个引人注目的案例:他与中国的贸易争端几乎伤害了美国经济的每一个领域,几乎没有产生赢家。"贸易摩擦发生以来,尽管美国贸易差额有所缩小,但这是以整体贸易额下降为代价的不健康的改变。美国贸易总额在经历了 2017—2018 年两年较高增长后重新滑落至负增长状态,这也为美国短期经济增长带来了很大压力。

具体地讲,贸易摩擦已经使得美国多个行业受到重创,小型科技企业因美对华为、中兴等高科技企业制裁的连锁反应受损;啤酒行业因铝成本的上升而被迫减少投资;猪肉、大豆等农副产品净销售额急剧下跌,严重影响农业收益;而有关数据显示,中美双方大面积的贸易打击使得部分商品价格呈现不正常上涨态势,普通家庭生活成本一年或增加 800 多美元,为普通民众的社会生活也带来了不良影响;此外,2018 年 10 月后,美国资本市场也受到负面影响,2018 年 12 月出现深度探底,打破金融危机以来的跌幅纪录,2019 年全年大起大伏,金融市场呈现出不稳定多变动的态势。

此外,不得不提的是美国对华的贸易制裁并不能从根本上解决其贸易赤字过高的问题,反而会"鹬蚌相争,渔翁得利"。如表 3.8 所示,尽管 2019 年美国对中国贸易赤字大幅缩减 17.6%,但对其他国家的贸易赤字却有所增加,特别是越南(上涨 41.3%)、墨西哥(上涨 26.2%),而 2019 年全年贸易赤字下滑约 2.5%,远低于对华贸易赤字的下降幅度,此举对美国而言无疑是扬汤止沸。

表 3.8　2017—2019 年美国贸易逆差主要来源　　　　　（百万美元）

	2019 年	同比%	2018 年	同比%	2017 年	同比%
总　值	−853 228	−2.5	−878 678	10.4	−795 690	8.1
中　国	−345 617	−17.6	−419 162	11.6	−375 576	8.1
墨西哥	−101 752	26.2	−81 517	14.9	−70 953	10.4
德　国	−67 166	−1.4	−68 250	7.2	−63 678	−0.8
日　本	−68 984	2.7	−67 630	−1.8	−68 876	0.1
爱尔兰	−52 736	12.9	−46 782	22.8	−38 089	6
越　南	−55 797	41.3	−39 528	3.1	−38 355	19.8
意大利	−33 370	4.5	−31 569	0.2	−31 513	10.8
马来西亚	−27 447	4.2	−26 519	8.6	−24 431	−0.9

资料来源:中国统计局—国别数据网—贸易报告。

　　值得一提的是,首先,贸易摩擦无疑是双输的结果,但中国作为相对弱势一方在其中受损程度更高(从双方公布关税清单商品金额的大小也可以看出)。其次,从产业损害来看,机电产品是美国受损最大的行业,中国受影响最大的则是信息和汽车行业。再次,尽管中国的反制措施能够在一定程度上恶化美国的贸易条件,使美国被迫减少对华出口额,进而影响到美国整体出口情况,但同时中国的经济也会受到二次伤害。最后,由于短时间内中美双方很难找到完全替代的贸易伙伴,很有可能出现贸易转移效应①,本质上增加了贸易成本,为双方经济发展增加了负重。

　　其实,任意两个国家之间的贸易摩擦都是其经济发展中不可避免的问题,但过于激烈的贸易制裁是只能是"伤敌一千,自损八百",是不明智的行为。作为"利益攸关体",双方都应保持冷静,尽量通过双边会谈探讨贸易摩擦产生的原因,并对双方政策措施进行协商,以尽量减少摩擦。2019 年下半年至今,中美双方在经过激烈的"添砝码"阶段后进入调解、沟通状态,中美经贸高级别磋商后,双方相继延迟、降低或取消关税壁垒,中美不断向贸易合作的新平衡前行。此亦可见,在共同利益、国际准则和双边协议基础上,通过双边对话、合

---

① 中美两国间的直接贸易会大幅减少,但间接贸易会明显增加。

作、第三方辅助等方式合理解决相关贸易争端是最好的方案,这样才能促进两
国各项关系共同发展,实现真正的互利共赢。

3.3.5 贸易摩擦对中国金融业的影响

1. 人民币汇率

2018 年 4 月以来,受美联储加息预期、贸易摩擦对中国贸易情况带来负
面效果等的影响,美元持续走强,人民币汇率逐渐走弱,2019 年前半年短暂升
值后再次大幅度下滑,于 8 月份破 7(图 3.5),人民币的单向贬值将加大中国金
融市场资本外流风险。

2. 股票市场

2018 年,上证指数暴跌 1 000 余点,跌幅约 30%,于 2018 年末 2019 年初
触底反弹,小幅回升,后基本维持在 3000 点左右(图 3.6)。

股市下行使得部分股票质押账户达到止损线,被强制清盘。强制清盘增
加了股市抛售压力,进一步加剧股市的下跌趋势。同时,强制清盘也影响了部
分企业的正常融资,可能会出现流动性风险与信用违约风险,对实体经济带来
二次负面影响。

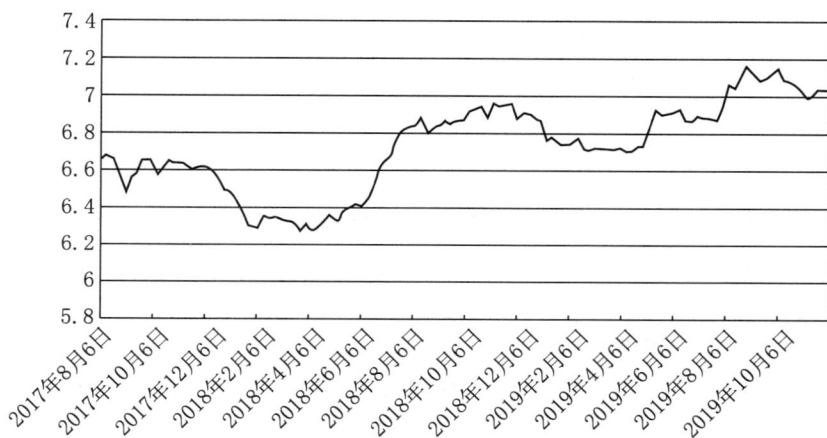

图 3.5　2017 年 8 月 1 日至 2019 年 12 月 30 日人民币汇率情况(收盘价)

资料来源:英为财情。

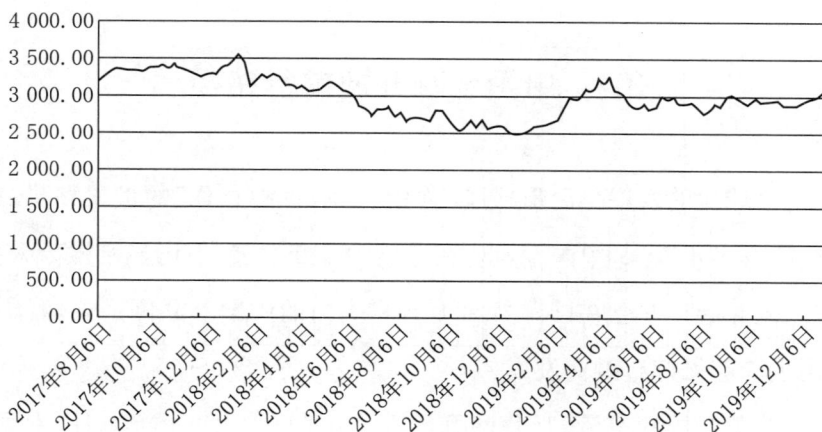

图 3.6　2017 年 8 月 1 日至 2019 年 12 月 30 日上证指数走势

资料来源:英为财情。

3. 债券市场

贸易摩擦对中国经济的负面影响已初步显现,出口严重受挫,而出于对中国未来经济形势的担忧,投资者避险情绪上升,更倾向于投资风险较小的债券。此外,央行为保证流动性,不排除会增发国债,整体上债券市场向好。但企业债券可能会面临更糟糕的情况,投资者同样出于避险情绪可能会减少企业债券的投资,也会对企业流动性带来压力,同样会给实体经济带来二次伤害。

4. 积极因素

从长期来看,贸易摩擦也蕴含着一些积极因素。其中最重要的一点,是能够让中国金融业参与者更加深刻地认识到,加快金融业的改革,不仅是基于自身的需要,更是国际竞争的需要,是外部环境发展到一定阶段必须做出的积极改变。同时,也可以变相认为,贸易摩擦使得中国被动直面经济金融的对外开放,虽然伴有巨大疼痛,但对经济结构调整、产业转型升级和金融业改革开放都有一定的有利影响。

3.4 中国金融开放前行路径

经济全球化的发展早已形成了"你中有我,我中有你"的世界格局;同时,改革开放 40 多年以来,中国金融业在摸索中不断发展,但仍显稚嫩令人担忧。反观与之同时起步并已在国际舞台上崭露头角的中国互联网产业,我们要相信,中国也能够做好金融业发展。

乘着改革开放的东风,互联网开始在中国萌芽。1994 年 4 月,中国接入第一条 TCP/IP 全功能的互联网连接,正式加入了世界互联网大家庭。同时,一些走在时代前沿的人凭着敏锐的商业嗅觉和坚实的能力基础,奋勇地投入中国互联网第一次发展的浪潮中。开放不仅创造了百度、阿里、腾讯等如今的世界级互联网企业,搜狐、新浪、网易在美国纳斯达克的成功上市也吸引了海外私募与风投机构的进驻,带动了跨境资本流动的自由,拉动了更多互联网企业蓬勃发展,也为金融服务业的开放打下基础。而加入 WTO 后迎来第二次互联网大浪潮,越来越多的中小企业不再愁于资金问题,从搜索转向社交,电商崛起,在线支付起步,推动互联网产业纵深向前,并在金融开放中体现了其社会价值与商业价值。

3.4.1 正确认识金融开放

1. 了解金融开放的风险与收益

前文中列举诸多国家金融开放的历史进程,美、英、日等发达国家普遍取得了较好的成效,新加坡、韩国等上世纪中叶尚未跨入发达国家行列的发展中国家也在金融开放中获益良多,但阿根廷与东南亚国家却在金融开放后陷入了新的经济危机中。这说明,金融开放对相应国家的基础经济实力、政府协调能力、配套制度等都有较高的要求,单纯强调金融开放不利于保护金融稳定的观点是欠妥的,单纯支持认为其能够推动一国经济发展而忽略客观困难的论调也是不客观的。

金融开放是双向的,它既是因也是果,实体经济繁荣为金融开放提供基础,而适宜的金融开放也能助力经济体整体经济实力的进一步腾飞。吸收借鉴他国经验与教训,了解金融开放的风险与收益,是正确认识金融开放的前提。

2. 中国进行金融开放的原因

(1) 金融开放在中国收效显著。本书第 2 章节中通过实证检验证明了金融开放程度的扩大是 1978 年以来经济增长的重要推手。"以开放促改革、以改革促开放",这是改革开放实践中重要的中国经验。

(2) 整体上中国金融开放程度较低。中国与发达经济体在金融业上的差距是显著的、多方面的:一是人民币国际化程度不高,被纳入储备体系的比重仍然有限;二是资本进出管制较严,除香港外的外汇交易中心量级相对较低;三是金融业尚未与国际完全接轨,相关国际约束标准在中国的更新存在时滞;四是仍处于模仿追逐阶段,创新性较弱;五是资本市场的韧性不足,与经济活动存在一定程度上的脱节;六是尚未为中小微企业提供良好的金融环境。

环顾全球,金融从来都是世界大国的争抢高地之一,金融不开放或开放深度不足的国家都难以成为世界强国(关浣非,2019)。所以,无论从哪一个角度考虑,中国金融业最主要的问题都是供给不优、开放不足。

(3) 当前形势下,金融业的进一步开放是中国发展的需要。从国际上看,近年来世界经济增速放缓,形势低迷,发展不均,逆全球化势头再起,全球经济面临较大挑战。特朗普上台后强调"美国优先",主张贸易保护主义,中美贸易摩擦白热化,对现行国际贸易秩序带来了巨大的冲击。而中国作为经济全球化的受益者,未来的发展仍需要开放公平的国际经济环境,应该以身作则,积极推动多边体制的发展。同时,推动人民币国际化、加强"一带一路"合作、积极参与全球经济治理体系,都离不开与国际接轨的金融体系,都需要积极进行金融开放。从国内看,中国经济发展进入新常态,产业结构转型升级进入攻坚期,供给侧结构性改革急需金融业提供进一步支持,各种潜在的风险也不容忽视,为了寻求新的经济增长点,弥补自身与其他发达经济体的差距,中国亟须进一步扩大金融业开放,提升金融体系的稳健性。

(4)国家大政方针的要求。开放是国家繁荣发展的必由之路。习近平总书记在党的十九大报告中提出"中国坚持打开国门搞建设",强调"发展更高层次的开放型经济模式",这是对中国 40 余年改革开放经验的科学总结,也是金融业改革发展的指路灯——坚定不移地推进金融开放。

3.4.2 有序进行金融开放

近年来,金融开放成为中国政府的工作重心。自 2016 年 10 月 1 日人民币正式加入 SDR 起,中国进入新一轮金融开放,本轮开放也是中国加入 WTO 后开放力度最大、措施落地较快的一轮开放。金融开放是一个多层次的系统工程:一方面是金融服务业开放,包括对国内外金融机构、投资者从事银行、保险、证券、期货等金融服务的放开;另一方面是资本账户开放,包括人民币国际化、汇率政策、外汇交易、跨境资本交易等。这两个层次的开放应该区别对待。开放金融服务业的潜在风险相对较少,在大范围的划分上,应先放开金融服务业,再逐步实现资本项目的开放。

当前中国面临中美贸易摩擦、宏观杠杆率高、经济增速下行的巨大压力,经济对金融、地产的依赖度较强,在此情况下,开放是必须的,也是谨慎的,要把握好开放的主动权,掌握好开放的优先顺序,尽力减少开放带来的经济波动与国内金融风险叠加,降低整体经济的系统性风险。

1. 首先进行金融服务业开放

深化中国金融服务业开放,不应仅聚焦于外国资本规模扩大、金融机构数量增多,也要关注整个行业供给水平的提高和整体服务质量的改善(关浣非,2019)。中国不缺金融企业,缺的是优秀、创新能力强、生命力强的金融企业。本土金融企业能力的增强也是金融服务业开放的重要一环。除开金融市场上的企业主体,金融市场运行机制本身也值得关注,加强金融体系基础设施建设,完善金融制度环境,这是最基本的,也是最为重要的。毕竟,只有在金融体系自身基础设施和体制建设到一定程度时,扩大开放才会产生积极作用,即金融开放对经济发展的积极影响具有"门槛效应",金融企业才能够更好地成长,更好地实现对实体经济的反哺。

(1) 降低金融机构进入门槛,倒逼中国金融企业改革前进。

中国人民银行原行长周小川曾说:"当年中国引入外资银行,最开始期望引入资本,回头来看,国内商业银行从竞争中学到了很多内容,为中国金融业带来产品演变、市场建设、业务模式、管理经验等一系列变化。"从具体实践来看,外资机构为中国银行、证券、保险业带来了新的变革,在放贷、风控、风险定价方面,外资企业也为中国相关业务提供了丰富的国际经验(陈靖、徐建国、曾振灏,2019)。

同时,优秀外资金融企业的进入也发挥"鲶鱼效应",倒逼中国金融企业,特别是国有金融控股企业不断提高企业实力,逐渐形成在提供高品质产品和服务上与国际先进同业对标,在完善企业内部治理结构上与国际先进同业对标,在将先进技术和金融服务管理融合应用上与国际先进同业对标,在利用境内外资源效率上与国际先进同业对标的对标机制(关浣非,2019),有利于本国金融企业竞争力的提高。

所以,降低外资金融机构进入门槛,放宽对其在设立形式、股东资质、持股比例、业务范围等方面的限制(《径山报告》课题组,2018),对中国金融业开放有很重要的意义。本阶段部分门槛已逐渐降低,下一阶段,需要进一步对金融机构解绑,按照内外资同等对待的原则,负面清单与持牌经营相结合,同时逐步放开对金融机构产品价格以及产品利益结构设置上的限制,为外资金融机构进入并深扎中国市场提供公平公正的市场环境。

此外,中国不妨也借鉴欧盟的对等开放原则,若对方国家对中国开放态度友好、提供政策支持,中国也可适当为该国的金融机构提供一定的业务支持;若对方国家对中国企业执行超出标准的严苛监管,中国对其外资机构也可采取一定的限制。总之,金融开放不仅是让外资金融机构"走进来",更是要让本土金融机构"走出去",使得中资金融机构在海外获得更多的发展空间。当然,最重要是提高中资机构的自身竞争力,提升其综合化金融服务水平,让中资机构稳稳当当地"站起来",坦坦荡荡地"走出去"。

(2)加大各类金融市场开放力度。

近年来,中国已逐步开放股票市场、债券市场、期货市场、支付清算市场等,取得了一定的成绩,金融市场的国际认可程度逐渐提高。彭博巴克莱全球综合指数也在近年将中国国债和政策性银行债券纳入其中,PayPal 以并购中资支付机构的方式正式进入中国市场等。总体上,多层次、多元化的金融市场初具规模。下一阶段,就是继续稳步加大开放力度。

以股票市场为例,中国需要在经济金融稳定发展的前提下进一步开放股票市场:逐渐放开股票市场的融资限制,提高入市、退市机制效率,提高涨停板限制幅度,放开流动性限制(由"T+1"制度逐渐向"T+0"制度过渡)等,使得股价成为真正有代表性和影响力的价格信号,才能留住本国企业、吸引外国优质企业在中国上市,让民间资本更好地搭上经济发展的快车。

2. 逐步完成资本账户开放

资本账户开放要更加谨慎。国际货币基金组织 2018 年公布的报告中显示,没有任何一个成员经济体是完全放开资本项目的。在 IMF 成员经济体中,约 80% 设有专用于商业银行和机构投资者的特别条款,对证券交易、直接投资、不动产交易有管制;约 60% 对货币市场工具和金融信贷有管制,约 50% 对于个人资本流动存在管制(陈靖、徐建国、曾振灏,2019)。即使是被称为金融自由化代表国家的美国,其资本账户也存在一定的限制。前文中曾提及,中美贸易摩擦导致出口导向型企业短期内容易出现资金断裂的情况,金融对实体经济的资金供给相对不足,相应更需要外资的流入,而如果外资过度注入实体经济可能使实体经济的高杠杆率状况进一步恶化,可能带来金融风险。与此同时,人民币贬值压力又可能导致外资流出,跨境资本大量流入后又快速抽离极容易带来国际收支危机。韩国、阿根廷等新兴经济体曾经历的国际收支危机的窘境还历历在目。而作为发展中国家,过快、无序地开放资本项目可能会带来货币政策独立性的丧失。在此情况下,对资本账户的开放更要慎之又慎,必要的监管体系更必不可少。

根据"三元悖论",在开放经济下,货币政策的独立性、固定汇率制、资本自由流动不能同时实现,最多只能通过舍弃一个目标而实现另外两个。实证结果显示,对于中国而言,首先要保证货币政策独立性,其次是汇率市场化改革,最次是资本项目开放,这样可以更好地减少因开放而带来的冲击和风险(谭小芬、梁雅慧,2019)。对中国而言,由当前有管制的浮动汇率、资本项目有限开放和一定程度的货币政策自主性,逐步向放开汇率管制并扩大资本项目开放的方向发展是相对合理的举措。

(1) 进一步推动人民币国际化,带动汇率、利率机制改革。2016 年,人民币成功加入 SDR 货币篮子,实现了国际化的重要一步。下一阶段,中国应把握此有利时机,提高人民币的支付和定价货币地位和储备货币地位,推动人民币的"走出去"。具体来说,可以推动中国与相邻国家及关系紧密的贸易伙伴之间的人民币结算,可以通过放开个人经常项目限制推动民间人民币结算,可以加强中国与其他国家货币局的合作,切实推动人民币储备货币的地位,同时也可以支持离岸人民币市场健康发展,拓宽离岸市场人民币回流渠道,建立在岸、离岸市场的良性循环(《径山报告》课题组,2018)。

在汇率方面,政府应逐步减少对汇率形成的干预,让市场发挥更大的作用,同时丰富外汇市场交易产品和主体以拓展外汇市场的深度和广度。但也要注意的是,正如国家外汇管理局国际收支司原司长管涛所说,"汇率波动的风险管理是中国进一步扩大开放要面临的挑战"。针对这样的潜在风险,政府对应出台相应的政策措施,鼓励银行为企业提供汇率避险的服务,而企业自身也要加强货币风险管理,利用金融工具降低汇率风险。

在利率方面,要引导市场在基准利率形成过程中发挥真正作用,打通各市场间的监管和制度屏障,以促进资产合理定价。

(2) 不断放开资本流动限制,有序实现资本项目可兑换。继续按照"先境内后境外、先流入后流出、先长期后短期、先直接投资后证券投资、先机构后个人"的原则审慎推进。拓展投融资渠道,加快《外汇管理条例》修订工作,提高并逐步取消资金流动的限制额度,参照"负面清单制度+国民待遇"方式,走向真正的负面清单管理。但是在引入外资的同时,也要重视对股东资质的筛选,着重挑选稳健长期持有的海外战略投资者,规避海外短期性、投机类机构进入。此外,在资本项目开放的进程中有很多措施无法真正推出,是因为这些措施还没有对内开放,基于此,放松内资限制是首要的,尽快放宽国内个人对外投资的过度管制是当务之急。

(3) 理性看待资本账户的开放进程。最终资本项目开放的程度,需要综合经济发展水平、宏观经济环境和市场经济制度完善程度,也需要同时参考东南亚金融危机、日本金融危机的教训。综合来看,资本账户开放是一个长期过程,循序渐进即可,不用操之过急(陈靖、徐建国、曾振灏,2019)。

3.4.3　加强金融监管体系建设

1. 加强金融体系基础设施建设,完善金融制度环境,打造风险预警机制

虽然中国金融市场开放已经取得了一定的成效,但市场基础设施建设、金融监管水平、制度规则与国际接轨程度距离满足更大范围的开放还有较大的差距。所以,在未来的一段时间都要仔细梳理,尽早部署完善。

过去 40 年,中国金融业开放是循序渐进的过程,监管体系也随着金融业变化而不断调整。初期中国整体开放面较窄,风险的传染性并不强,采取简单管制措施就能够遏制本就较小的金融风险。但在金融业充分对外开放的情况下,必须同时考虑国内外两种环境多种情况,难度更大,以往的分业监管模式无法满足现行金融发展的监管需求。要想守住不发生系统性金融风险底线,就必须进行改革,建立新的金融监管体系,提高监管能力,切实做好金融数据

综合统计、风险波动实时监测等各项工作,减少监管的灰色地带,尽快提高中国金融开放的国际接受度。

宏观上,传统的分业监管制度无法适应金融控股公司大批量出现的新金融环境,容易出现监管漏洞与监管重复的问题。同时,"三会"作为平级机构,在具体监察过程中很难相互协调,监管效率较低。2018 年的金融监管制度改革开始着手优化中国监管体系,从分业监管逐步向功能监管过渡。"见贤思齐焉,见不贤而内自省也。"未来,可以进一步借鉴学习英国、澳大利亚等统一监管模式的优点,丰富监管手段,补齐监管短板,加强监管协调,积极与国际金融监管制度接轨,建立完善的监管体系使其成为应对金融风险的核心力量。

微观上,就外部监管而言,在降低外资金融机构的准入门槛的同时,相关部门要做好事前甄别和事中监控。在外资金融机构经营过程中,要对其杠杆率、流动性和盈利性等指标进行监控,同时基于外资机构在海外分支机构众多的特点,应当对其资金的跨境调动进行适当的监控。动态上,风险部门要密切跟踪贸易摩擦等重要事件,开展常态化压力测试,未雨绸缪,设置风险预警机制和配套措施,尽量降低未知风险对中国金融业的冲击。就内部监管而言,当前部分金融机构尚未建立科学有效的管理体系,金融机构内部往往容易出现问题,完善的行业自律机制也未形成。基于此,可以选择建立内部监察委员会,使得内部监管成为金融监管体系的重要一环。

总之,金融开放并不意味着监管的松懈,反而应该采取更为谨慎全面的监管措施,使监管效力与开放程度相匹配。

2. 提高应对跨境资本流动的能力

监管体系方面,加强国际收支监测、增强跨境资本流动的监管是重中之重。国家外汇管理局国际收支司司长王春英表示,下一步,将不断健全跨境资金流动的"宏观审慎"和"微观管理"双支柱跨境资本流动的管理框架。

宏观审慎方面,要增强机构间的信息共享和监管合作,强化对跨境融资交易和资本流动等相关信息的披露,提高金融体系的透明度。同时,建立监控资本流动的预警机制,从跨境交易的信息采集、资本流动的趋势分析以及市场异常波动的监测管理三方面入手,建立长效预警机制和响应机制,并提前有针对性地制定冲击发生时的应对措施,丰富政策工具箱。

在微观管理方面,要坚持政策跨周期的稳定性、一致性和可预期性。在市场繁荣时期,实施更为严格的资本管控,减少危险因素的累计;而在金融市场出现危机、资本外逃风险加剧的时期,可适当放宽对金融机构监管标准,为市场预留一定的缓冲空间(汪子旭,2019)。同时,微观管理要区分监管与调控,监管要去"宏观调控功能",保持监管体系的基本稳定。

短期内构建相应的监管体系能够迅速有力地进行资本流动控制,但从长期来看,在成熟市场经济体制下,充分利用宏观政策工具是更佳的选择。IMF发布的《资本流动——机构观点经验回顾》报告也建议各国面对跨境资本流动冲击时采取宏观调控政策更为稳妥。

3.4.4　中美贸易摩擦下对金融开放的再认识

首先,需要明确的是,中国的金融开放是自发、自主的选择,并不是中美贸易摩擦下的被动选择。尽管中国本轮金融改革时间线(表 3.9)与中美贸易摩擦时间线(表 3.6)有一定的重叠,但中国做出金融开放的选择时中美贸易摩擦尚未开始。从中国自身角度来讲,最初金融开放是中国经济发展的需求,但中美贸易摩擦压力却直接影响到了金融开放进程,是需要警惕并做好防范的。

从 2017 年 8 月的 301 调查到 2020 年初《中华人民共和国政府和美利坚合众国政府经济贸易协议》的签署,中美贸易摩擦历时近三年,为中美两国乃至世界经济带来了巨大的影响。未来,美国仍极有可能在金融开放领域对中国施压。当前,中国要争分夺秒地寻找自身薄弱之处并加紧强化,调整完善未来战略部署,更系统地做好应对更大挑战的准备。而在面对外来压力时,国家也要始终保持控制力,自主把握开放节奏和速度,对于国际社会对中国提出的关于金融开放的要求,接受与否必须以中国自身可承受的限度为依据,确保金

表 3.9　中国本轮金融改革的进程

时　　间	内　　容
2016 年 1 月 1 日	人民币正式加入 SDR
2017 年初	非官方组织 CF40 组织在 2017 年初撰写了以金融业对外开放为主题的《径山报告》,受到业界的极大关注
2017 年 5 月	中美之间制定了经济合作"百日计划",共达成 10 条共识,其中有 5 条涉及金融业
2017 年 7 月	中央财经领导小组召开第 16 次会议,对下一步金融业开放做了重要部署
2018 年 4 月	习近平主席在博鳌亚洲论坛发表主旨演讲,确定了金融业要进一步扩大开放的总基调,随后中国人民银行行长易纲公布了扩大金融开放的具体举措和时间表
2019 年 7 月 20 日	国务院金融稳定发展委员会办公室推出 11 条金融业对外开放措施
2019 年 9 月	证监会在京召开全面深化资本市场改革工作座谈会,全面深化资本市场改革的路线图出炉

资料来源:国务院官方网站等新闻网站。

融开放的进程与配套制度建设协调匹配。具体来说,国家可以从如下角度确保对宏观金融的控制力:第一,确保对外负债水平在国内经济的可承受范围内;第二,强化对资本流动的监控,当国际资本的短期大量流动已产生较大冲击时,不放弃采取资本管制的权利;第三,保障国内金融资产在本土市场上的份额,防范境外资本过度"反客为主";第四,改革进程中,央行要保证持有适当充足的外汇储备以备不时之需(谭小芬、梁雅慧,2019)。

贸易和金融是现代经济活动博杀的基本武器,金融业的位置尤为重要。对当下市场经济体制尚未成熟的中国来讲,金融对外开放要伴随着金融供给侧改革同时进行,要抱有"改革与开放只有进行时,没有完成时,永远在路上"的信念继续前行,积极寻求突破各方面瓶颈的出路,独立自主,不断前行,争取立于不败之地。

3.4.5　结语

自由贸易可以帮助国家更好地积累财富、获取利益,贸易双方分别用各自有优势的产品进行交换，双方都会从中获利。贸易开放直接推动了参与国的经济发展，提高了生产效率。然而，金融开放和贸易开放却有所不同。金融开放不是经济发展的必要条件，实际上，金融开放是经济发展的必然结果和现实需求。中国经济发展到目前，在从量向质的转变阶段，需要金融开放来提供转型的动力。

理论上来说，金融开放会降低融资成本，提高风险规避能力，并且使得宏观政策更有纪律性，但是实际上金融开放并不一定能保证经济的增长。如果经济体存在着一些问题，那么就会一定程度上影响金融开放的效果，甚至带来负面的作用。比如当本国金融制度在资源配置方面不够完善时，资金流向的是效率较低的行业，而效率较高的行业得不到资金。在这种情况下，金融开放会加剧资源错配的程度，会增大金融风险。在金融开放的同时，我们也要采取配套的政策辅佐，包括降低国内金融市场的资源错配程度，提高资金的利用效率，防范国外金融风险向国内金融市场传递，改革国内生产要素市场以及提高政府部门的治理能力，依法治国，防止腐败，这样才能让金融开放成为推动经济发展的燃料。

中国金融开放前行，需要金融机构和金融监管部门共同参与进来，积极应对挑战，把握机会，有效应对，稳健前行。首先，政府需要做好政策计划，合理安排开放的层次、环节和顺序，要在保证国家金融安全的前提下实现金融开放，完善人民币汇率的形成机制，防止人民币汇率出现不合理的波动。其次，监管部门不仅要加强监管力度，还要提高监管能力。随着外资的进入，中国的金融市场将变得更加复杂，监管难度加大。一定要防止出现监管漏洞，尤其是要加强对跨境流动资本的监管。然后，金融机构要积极主动地参与到金融开放的潮流中来，不断提高自身的竞争力，学习国外同行优秀的经验。要明确自己的定位，发挥比较优势。不仅要竞争，还要学会与国外金融机构合作，利用优势互补，实现互利共赢。最后，金融开放政策是双向的，国内的金融机构应该把握住机会，积极地谋求海外发展，实现双向开放的格局，为中国在全球金融治理中争取更多的话语权。

　　借鉴与反思外国金融开放的主要做法,中国金融开放发展过程中还存在一些没有重视的他国经验。横向来看,金融开放与金融监管的相互作用是相辅相成的,中国政府在金融自由化"小步慢跑"的过程中还可以进一步缩短二者之间的时间差;同时转变每一步仅仅局限于点的小格局,向大局观发展,完善配套措施,整体改善金融开放的生态环境,将金融、法律、价格机制、会计、审计等多方面有机结合,与国际接轨,加速金融信息等金融基础设施建设。纵向来看,中国在过去 40 年金融开放中存在着"引进来"多于"走出去"的不平衡问题,偏重于追求本国金融市场对外资的开放,而忽视了本国金融机构在海外市场的开拓,未来应该重视提高金融机构竞争力,把握好并购、设立分支机构等机遇,让投资与回报相匹配;另外,中国也已经意识到金融结构优化升级的必要性,及时推动金融供给侧结构性改革,完善资本市场,提高有效竞争。

　　具体到如今中美贸易摩擦背景下的金融开放,从 1929 年斯姆特—霍利关税法案的相互报复,到美日广场协议导致的日本二十年萧条,再到美欧贸易战,其他国家与美国贸易摩擦的应对经验告诉我们,一味迁就退让绝不可取,但是反制措施也只能在短期内保护本国贸易,却不能从根源上解决贸易摩擦问题,贸易保护主义对双方经济都将产生长期负面影响。在中国互联网发展的过程中,入世引进的私募与风投机构推动了当时还处于萌芽状态的中国几大互联网巨头成长。腾讯、阿里、京东,这些当时的中小企业乘着金融开放的东风迅速成长起来。中国金融市场在借鉴中不断开放,数千家私募风投机构如雨后春笋般涌现,又带动了新一轮互联网企业的蓬勃发展,形成了很好的良性循环。面对新一轮的贸易摩擦,中国将内修改革开放、外领自由贸易来应对特普效应带来的挑战,同时积极应对风险管控,将金融创新与金融监管有机结合。

　　深化改革与进一步的金融开放都肯定不是简单的重复,在之前的经验教训基础上结合发展趋势,才能更快、更好地发展。互联网发展借力金融开放的成功案例已经成为新一代技术的基石,物联网技术的应用,不管是在智能家居和车联网,还是在数据中心、医疗以及工业控制等方面,均已慢慢渗透到我们生活的方方面面;由于 4G 本身的技术限制,一直无法实现真正的"万物互联",到了 5G 时代,更多的可能性被赋予,更多的投资机会被孕育;人工智能、VR 等数字化的应用孕育着新一轮独角兽企业,这给了中国金融机构新一轮的机会。当然,打铁还须自身硬,改革开放是改革与开放的结合,改革自身,对外开放,中国金融自然会向上发展。

挑战是改革创新过程中的必经之路,中国金融业有准备、有潜力、有毅力顺利完成金融自由化进程,"长风破浪会有时,直挂云帆济沧海",终有一日,无论是中国金融业还是中国经济,都将会在世界舞台上绽放出独特的光彩!

第 4 章

中国资本全球布局分析

4.1　中国资本参与全球布局整体概况

得益于国内经济高速发展以及一系列改革推动,中国对外开放事业一直都在稳步前行。近几年,伴随着"一带一路"倡议在全球范围内得到更多国家的响应、"人民币国际化"战略不断推进,中国资本全球布局规模也在持续增强。2018 年,中国以 1 430.40 亿美元的对外直接投资规模成为全球第二大外资流出国,占世界总量的 14.10%。

4.1.1　中国资本参与全球布局主要动因

1. 外部动因与内部动因

著名跨国公司研究专家、英国瑞丁大学教授约翰·邓宁曾在 1993 年将企业对外投资动机归结为四种——资源寻求型、市场寻求型、效率追求型以及战略资产型。与中国对外直接投资的实际国情及案例相结合分析,我们可以得出中国对外投资主要存在以下动机:

(1) 资源寻求。中国经济处于快速发展阶段,国内部分储备资源不能满足当下经济发展需求。相较于进口,直接对外投资能够规避成本波动、供应不稳定,以及出口国政策制约等各种风险,成为中国企业获得稀有资源的良好方式。例如,2006年中信集团投入超过114万亿美元,获取了澳洲最大规模磁铁矿矿山的开采权益;2002年起,云南鸿宇集团持续直接在缅甸投资柠檬种植,取得了当地优越的自然条件、土地资源及较低的劳动力成本。

(2)市场寻求。当国内市场竞争激烈时,一些国内公司为了保持市场份额或者获得更多的利润而选择进入海外市场。例如,2003年新疆德隆集团收购了美国园林机械三大供应商之一缪勒(MURRAY)公司,获得了其丰富的国际市场营销网络资源,赢得了国际市场份额;同时,公司通过持续整合国内外资源,最终形成规模化经营。

(3)技术寻求。对于国内部分技术实力处于起步阶段的企业而言,对科技资源丰富、技术领先的国家或地区进行直接投资,通过在当地设立研发中心或并购当地研发机构的方式,能够有效利用国外先进技术从而实现自身技术进步。例如,2001年浙江华立集团通过收购飞利浦CDMA核心技术和人员,将国外研发的前沿技术变为自有知识产权,从而获得了国际先进的技术和人才资源。

(4)战略寻求。本国货币剧烈的汇率波动会对企业国际贸易产生影响,为规避本国汇率变动的风险,部分企业倾向于增加对外直接投资以替代国际贸易。同时,随着各东道国政府持续出台各项吸引外资进入本国投资的鼓励性政策,企业海外投资在不同程度上能够享受到各种形式的融资便利与优惠政策,进一步助长了企业对外直接投资的热情。

2.国有企业与民营企业

(1)国有企业。

改革开放初期,民营企业规模弱小,中国对外直接投资的主体以国有企业为主(刘建丽,2018)。这一阶段,企业的海外投资行为较大意义上反映了国家资源战略,企业本身缺乏自主跨国经营的经验与动机,它们肩负着国家探索海外市场、寻求外部资源的重任,投资的目的仅限于"开发国内、国外两种资源"。

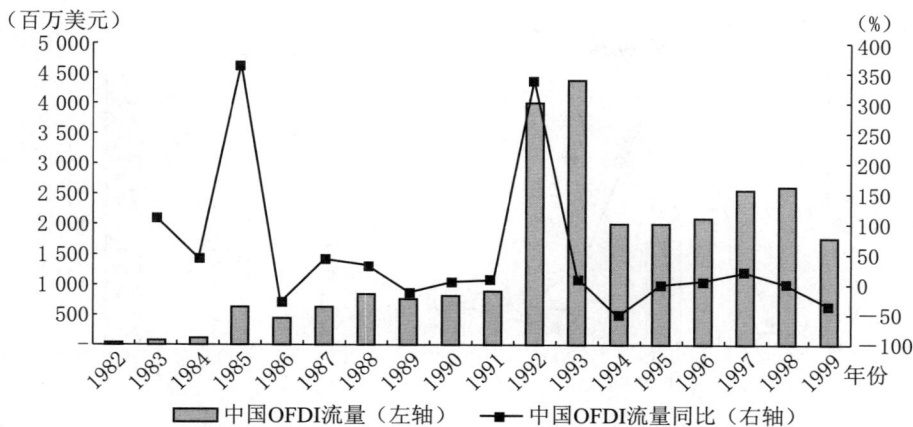

图 4.1　中国对外直接投资 OFDI 流量（1982—1999 年）

资料来源：联合国贸发会议（UNCTAD），Wind 数据库。

进入 20 世纪 90 年代，伴随中国市场经济的逐步发展、经济体制转轨的逐步增强，企业对外投资逐渐从贸易和能源行业拓展至制造业，投资的动因也从单一的市场获取型或资源寻求型，过渡到资源、市场获取和优势对外转移的复合动因（刘建丽，2018）。但总体看，这一时期中国对外投资规模总体较小。

2001 年至 2006 年，在"走出去"战略与"入世"的双重驱动下，国有企业投资迎来高速增长。2004 年修订了《中华人民共和国对外贸易法》，规定所有对外贸易经营者均可以依法从事对外贸易，这一法律修订对国内企业跨国投资起到了关键性的促进作用。2001—2006 年，中国对外直接投资年均复合增长率达到 20.69%，这一时期成为中国国有企业进行全行业海外布局的突破期。

2008 年国际金融危机后，国际上大量企业陷入经营困境，全球对外直接投资几乎同时进入一个震荡期与低潮期。国有企业依靠充裕的资金优势，在金融危机后获得了在海外抄底并购的机会、迎来了跨国经营的良好发展空间。2010—2016 年，国有企业对外投资年均复合增长率19.79%。[①]

---

① 数据来源：根据商务部对外直接投资统计数据计算得到。

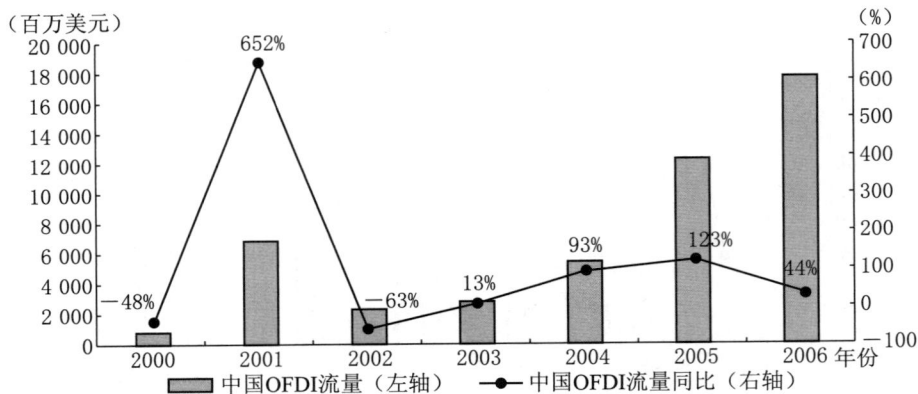

图 4.2 中国对外直接投资 OFDI 流量(2000—2006 年)

资料来源:联合国贸发会议(UNCTAD),Wind 数据库。

为防范金融风险以及对外投资风险,推动境外投资持续合理有序健康发展,2017 年国家出台了《关于进一步引导和规范境外投资方向的指导意见》,加强企业对外直接投资的监管强度,重点审查企业对外直接投资的真实性和合规性,有效地抑制了非理性投资和虚假投资。

(2)民营企业。

相较之下,民营企业的对外直接投资进程体现出了起步晚但发展快的特点。

1998 年底以前,由于法规限制,几乎没有一家民营企业从事直接进出口

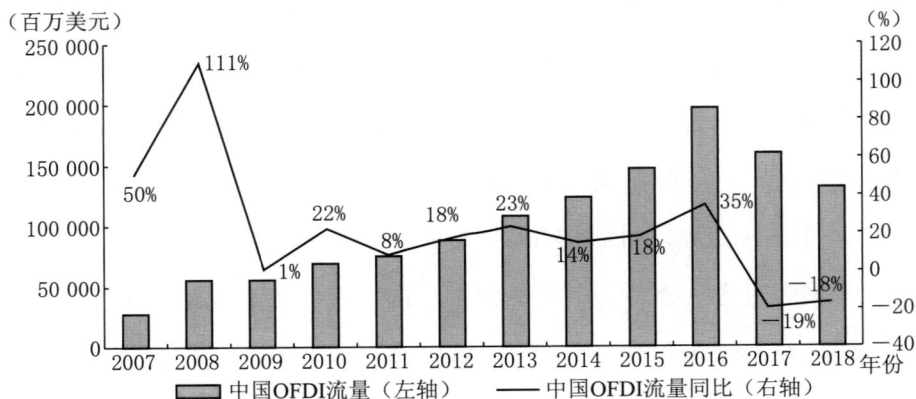

图 4.3 中国对外直接投资 OFDI 流量(2007—2018 年)

资料来源:联合国贸发会议(UNCTAD),Wind 数据库。

贸易;1999 年共有 20 家民营企业首次被外经贸部赋予自营出口权,2000 年获得外贸经营权的民营企业数量达到 1.27 万家;2002 年底,将近 4 万家民营企业获得外贸经营权。

2004 年国家颁布《对外投资国别产业导向目录(一)》,从政策上给予民营企业在内的中国企业对外投资的指导;同时各地政府也制定了各类鼓励民营企业国际化经营的政策,为民营企业获得平等参与市场竞争、参与国际分工与合作提供了极大的机遇,民营企业正式获得国际化经营资格。

随着民营企业的日益壮大以及海外战略的兴起,国有企业对外投资比重呈现下降趋势,民营企业对外直接投资逐渐占据主导地位。根据《中国对外直接投资统计公报》,按照企业数量计算,2003 年国有企业占境外投资主体比重为 43%,然而到了 2016 年该比重已大幅下滑至 20% 附近。

民营企业进入到国际市场的动机呈现多样化,诸如为避免国内激烈的竞争市场、寻求更为先进的技术与设备、拓展产品的销售市场以获取更高的利润空间等等,还有一个不可排除的重要动机即为少数民营企业以建立专业的中国跨国公司为己任,成为在海外市场上中国优秀企业的代表。

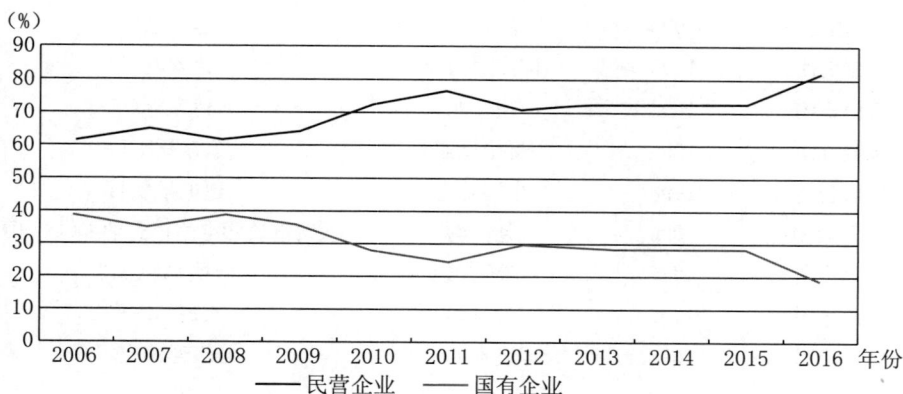

图 4.4　2006—2016 年中国跨国并购主体特征(按企业数量)

资料来源:商务部、国家统计局、国家外汇管理局历年《中国对外直接投资统计公报》数据整理。

4.1.2 中国资本参与全球布局的主要形式与发展趋势

随着技术水平与经营能力的提升,作为中国资本输出的重要渠道,中国企业对外直接投资进入东道国的方式逐渐创新,呈现丰富化与多元化的特征,包括但不限于绿地投资、收购并购、联合投资、实物投资、股权置换、返程投资等形式,而跨境并购是中国现今对外投资的主要手段。

1. 早期对外直接投资以绿地投资为主

在早期的企业"走出去"进程中,大量中国企业采用绿地投资的方式进入到国际市场中,通过在投资目标国建立新企业或者新工厂,增加新的生产设施以形成新的生产能力。此类合资合作通常以单纯的资金入股为主,所涉及的投资领域包括农业、贸易、餐饮旅游、咨询服务、工程承包等,投资地区主要分布于港澳地区和周边发展中国家。

20 世纪 90 年代,能源矿产类企业对外投资占据了中国投资流量的绝大部分。1992 年首钢集团投资 1.2 亿美元收购了秘鲁铁矿公司,成为中国第一

表 4.1 中国企业海外投资的制造业项目(1995—2000 年)

投资主体	投资年份	投资标的国家和地区	投资内容
小天鹅公司	1995	马来西亚	建家电厂
海尔集团	1996	印度尼西亚	建家电厂
海信集团	1996	南 非	建家电厂
金城集团	1996	哥伦比亚	建摩托车厂
华为公司	1996	中国香港	建电讯项目
TCL 集团	1996	越 南	收购港资彩电生产企业 DONACO
万向集团	1997	英 国	收购 AS 公司
华源集团	1997	尼日尔	收购纺织厂
康佳集团	1998	印度尼西亚	合资建家电厂
春兰集团	1999	西班牙、伊朗	建摩托车厂
格力集团	1999	巴 西	建电器厂
长虹集团	2000	印度尼西亚	建家电装配厂

资料来源:根据网络上公开资料整理。

家并购海外公司的国有企业。1993 年中国石油天然气总公司在泰国邦亚区块获得石油开发作业权,实现了中国石油企业首次"走出去",之后 1995 年该公司苏丹项目启动,陆续在当地投入勘探、开发和管道运输等环节,实现中国第一次战略意义上的"对外投资"。

1992 年至 2000 年,制造业企业受到了市场化的驱动,开始对外投资之旅。这一时期,家电制造类企业和摩托车制造企业成为中国对外投资事业的主角,它们基本上都选择了劳动力成本较低的发展中国家作为海外投资的标的国家(地区),以此达到控制成本的目的。

2. 90 年代末海外并购逐渐兴起

1995 年起全球范围内掀起了第五次并购的浪潮,跨国并购规模超过绿地投资规模,成为企业对外直接投资的主要方式。受到时代大背景的影响,1997 年以后中国企业海外并购活动渐趋频繁,民营企业也开始在海外并购中崭露头角(徐子茹,2014)。

2001 年底中国正式成为 WTO 的成员,企业面临的全球化竞争压力倍增,迫使跨国化经营的进程加快。跨国并购作为对外直接投资的一种方式,拥

表 4.2　2004 年中国企业海外并购案例

并购方	并购月份	被并购方	并购内容	涉及金额
TCL	1 月	法国汤姆逊公司	彩电业务	—
中海油	2 月	英国天然气集团	印尼 Muturi 项目	9 810 万美元
新疆中基实业	3 月	法国普罗旺斯食品公司	股权收购(55%)	700 万欧元
TCL	4 月	法国阿尔卡特公司	移动电话业务	—
温州哈杉鞋业	8 月	意大利威尔逊制鞋公司	股权收购(90%)	
上海汽车	10 月	韩国双龙汽车公司	股权收购(48.9%)	5 900 亿韩元
上工申贝	10 月	德国杜克普公司	股权收购(94.9%)	1 700 万欧元
沈阳机床集团	10 月	德国希斯公司	股权收购(100%)	—
盛大网络	11 月	韩国 Actoz 公司	股权收购(28.9%)	9 170 万美元
联想	12 月	美国 IBM 公司	PC 业务	17.5 亿美元

资料来源:根据网络上公开资料整理。

有帮助企业迅速推进国际化扩张战略的优点,因而迅速成为中国企业重要的对外直接投资方式。

2004 年 7 月 1 日,中国企业外贸经营权完全开放,促进中国企业直接进行跨国价值链布局,成为中国企业对外投资的第一次加速期,国际市场上到处可见中国企业频繁地进行大规模海外投资并购,于 2004 年达到第一个高潮。

3. 跨国并购逐渐成为主流方式

2003 年及之前,中国企业进行跨境并购活动所占对外直接投资比重平均低于 20%,2004 年提高到 31.8%,2005 年及之后一直维持在 50% 以上的比例。

2010 年至 2017 年,中国跨境并购规模整体持续扩大并保持活跃状态。2017 年全球对外直接投资规模持续紧缩、全球跨境并购额大幅回落,在这样的宏观环境下,中国跨境并购投资仍然表现良好,占全球跨境并购总额比重更较上年进一步提升。

4. 投资项目由资源型向科技型转变

Dealogic 数据显示,2018 年中国境内企业跨境并购数量共为 488 单,总交

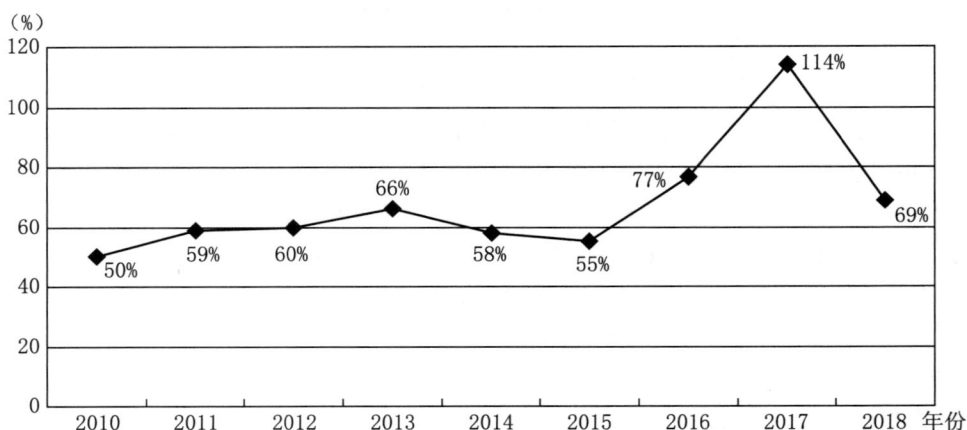

图 4.5　中国企业跨境并购占比直接投资流量(2010—2018 年)

资料来源:商务部、国家统计局、国家外汇管理局历年《中国对外直接投资统计公报》。

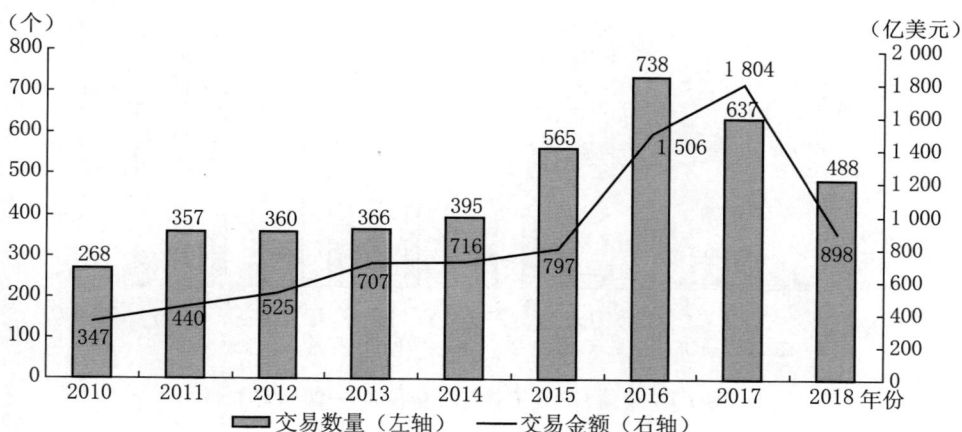

图 4.6　中国境内企业跨境并购情况(2010—2018 年)

资料来源:Dealogic.

易金额达到 898 亿美元,较 2017 年下降约 50.22%。2018 年中国境内企业跨境并购主要地域由北美和欧洲转移至东南亚及北亚,最主要行业为计算机与电子、医药及专业服务等。相较于 2017 年,中国境内企业减少了自然资源合作型行业的并购规模,包括公共事业与能源、采矿业、油气、化工等行业的并购金额同比均有所下滑。

4.1.3　中国资本参与全球布局的代表性指标与数据

1. 对外投资流量:2003 年后快速增长

自 2001 年以来,中国对外直接投资流量持续快速增长 14 年,2016 年中国企业对外直接投资交易规模达到 1 961.49 亿美元,年均复合增长率则达到 25.02%。据联合国贸易和发展会议发布的《2019 年世界投资报告》,2018 年全球外国直接投资总额为 1.01 万亿美元,较 2017 年 1.43 万亿美元减少 28.85%,全球 FDI 连续第三年下降;中国则以 1 298.30 亿美元的对外直接投资规模成为全球第二大外资流出国,占世界总量的 12.80%。

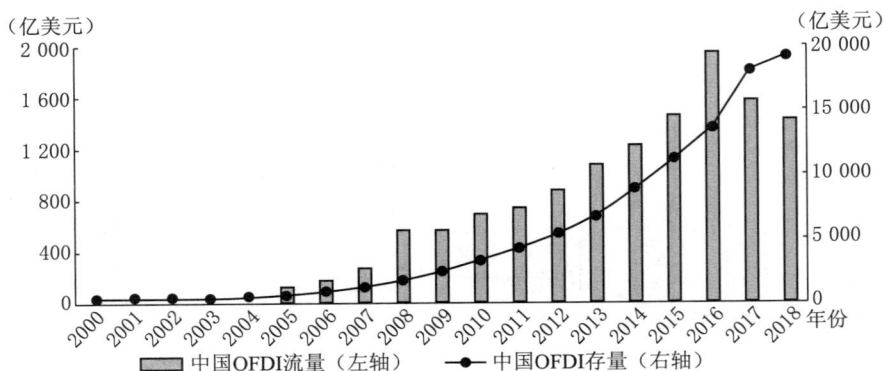

图 4.7 中国 OFDI 流量与存量（2000—2018 年）

资料来源：United Nations Conference on Trade and Development（UNCTAD）.

2017 年开始，中国加强了企业对外直接投资的监管，对海外房地产、酒店、影院、娱乐和体育俱乐部等领域的直接投资受到了诸多限制。2017 年、2018 年中国对外直接投资额连续两年下降，但在全球的影响力不断扩大，对外投资流量占全球比重连续三年超过 10％，同时对外投资行业结构整体更趋于优化，呈现出平稳健康发展的态势。

2. 对外投资存量：仍有很大发展空间

2007 年及以前，中国对外直接投资存量较小，全球占比不到 1％；2018 年

表 4.3 中国、美国对外直接投资流量（2007—2018 年）

年份	全球对外直接 投资流量 （亿美元）	中国对外 直接投资流量 （亿美元）	中国占 全球比重 （％）	美国对外 直接投资流量 （亿美元）	美国占 全球比重 （％）
2007	21 651.90	265	1.22	3 935	18.17
2008	17 036.62	559	3.28	3 083	18.10
2009	10 988.24	565	5.14	2 879	26.20
2010	13 919.17	688	4.94	2 778	19.96
2011	15 638.07	747	4.77	3 966	25.36
2012	12 774.86	878	6.87	3 182	24.91
2013	13 766.42	1 078	7.83	3 034	22.04
2014	12 987.72	1 231	9.48	3 330	25.64
2015	16 825.84	1 457	8.66	2 644	15.71
2016	15 501.29	1 961	12.65	2 893	18.66
2017	14 254.39	1 583	11.10	3 004	21.07
2018	10 141.72	1 298	12.80	－635	－6.27

资料来源：United Nations Conference on Trade and Development（UNCTAD）.

表 4.4　中国、美国对外直接投资存量(2007—2018 年)

年份	全球对外直接 投资流量 (亿美元)	中国对外 直接投资流量 (亿美元)	中国占 全球比重 (%)	美国对外 直接投资流量 (亿美元)	美国占 全球比重 (%)
2007	185 197	1 179	0.64	52 750	28.48
2008	159 001	1 840	1.16	31 024	19.51
2009	189 994	2 458	1.29	43 221	22.75
2010	208 037	3 172	1.52	48 096	23.12
2011	214 245	4 248	1.98	45 143	21.07
2012	226 241	5 319	2.35	52 229	23.09
2013	248 316	6 605	2.66	62 542	25.19
2014	259 944	8 826	3.40	63 201	24.31
2015	262 596	10 979	4.18	60 593	23.07
2016	276 206	13 574	4.91	64 121	23.22
2017	323 830	18 090	5.59	78 287	24.18
2018	309 749	19 389	6.26	64 747	20.90

资料来源:United Nations Conference on Trade and Development(UNCTAD).

底中国对外直接投资存量达到 19 388.70 亿美元,全球占比达到 6.26%,创下历史新高,是 2001 年末的 56 倍。截至 2018 年底,中国对外投资存量排名全球第二;美国则以 64 746.90 亿美元的对外直接投资存量继续位居全球第一。

截至 2018 年底,中国存量 OFDI 占 GDP 比重为 14.25%,相当于欧美国家 20 世纪 90 年代初水平,相当于日本 2010 年左右的水平。我们认为,随着"走出去"战略的推进以及中国企业管理能力的提升,中国对外投资规模还有较大提升空间。

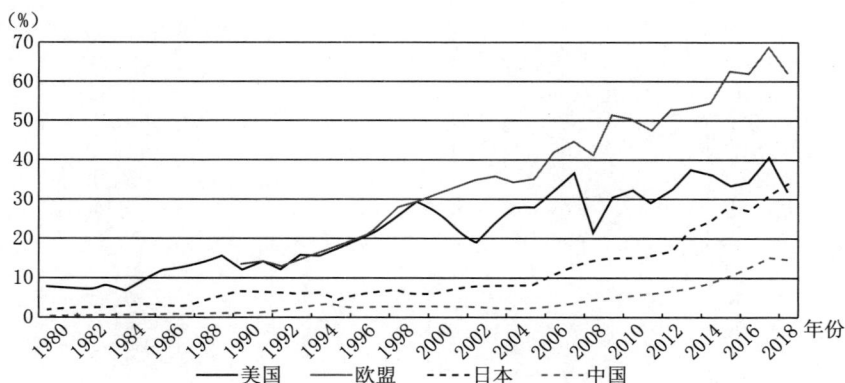

图 4.8　世界主要国家 OFDI 占 GDP 比重

资料来源:联合国贸发会议(UNCTAD),Wind 数据库。

4.2　中国资本全球布局的区域性

商务部、国家统计局和国家外汇管理局联合发布的《2018 年度中国对外直接投资统计公报》显示,2018 年中国对外直接投资流量和存量稳居全球前三。截至 2018 年底,中国 2.7 万家境内投资者在国(境)外共设立对外直接投资企业 4.3 万家,分布在全球 188 个国家(地区),全球 80% 以上国家及地区都有来自中国资本的投资。

4.2.1　中国资本全球布局概况

中国对外直接投资呈现出地域分布高度集中的特点,2018 年存量前 20 位的国家和地区占总额的 91.60%。其中,对中国香港投资存量占比达到 57%。

表 4.5　中国对外直接投资存量按国家与地区分布前二十位(截至 2018 年末)

	存量投资(亿美元)	占存量总额比重(%)
中国香港	11 003.91	56.75
开曼群岛	2 592.24	13.37
英属维尔京群岛	1 304.97	6.73
美　国	755.07	3.89
新加坡	500.94	2.58
澳大利亚	383.79	1.98
英　国	198.83	1.03
俄罗斯	142.08	0.73
德　国	136.89	0.71
加拿大	125.23	0.65
印度尼西亚	128.11	0.66
中国澳门	88.66	0.46
南　非	65.32	0.34
韩　国	67.10	0.35
法　国	65.99	0.34
泰　国	59.47	0.31
越　南	56.05	0.29
日　本	34.91	0.18
尼日利亚	24.53	0.13
新西兰	25.91	0.13

资料来源:商务部、国家统计局、国家外汇管理局 2018 年《中国对外直接投资统计公报》。

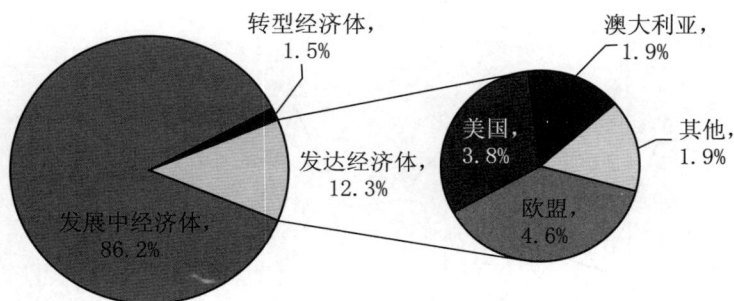

图 4.9　中国对外直接投资存量分布(2018 年末)

资料来源:商务部、国家统计局、国家外汇管理局 2018 年《中国对外直接投资统计公报》。

2018 年末,中国在发展中经济体的投资存量为 17 085.3 亿美元,占比 86.2%,主要投向中国香港及东盟;在发达经济体的直接投资存量为 2 431.7 亿美元,占存量总额的 12.3%,主要投向欧盟及美国;在转型经济体的直接投资存量为 305.7 亿美元,占比 1.5%,主要投向俄罗斯、哈萨克斯坦等。

4.2.2　中国资本在发达经济体的布局情况

1. 中国资本在美国的布局情况

中国对美国直接投资放量始于 2008 年。2008 年之前中国对美投资始终在 2 亿美元/年徘徊,2008 年达到 4.62 亿美元,我们预计与 2008 年美国金融危机有关,金融危机提供了更多的可收购的资产。

2016 年中国对美国直接投资达到 169.81 亿美元的顶峰值,占当年中国对外直接投资总额的 8.66%;由于国内加强对海外投资管理,2017 年中国对美直接投资规模缩水至 64.25 亿美元,同比下降 62.16%,占当年中国对外直接投资总额的 4.06%;2018 年中国对美国的投资稍有回暖,同比上涨 16.37%至 74.77 亿美元,占比提升至 5.76%。

中国对美国直接投资存量持续走高,占中国对外直接投资存量比重在 2017 年达到 4.46%的高点后有所下降。截至 2018 年末,中国对美国直接投资存量达到 755.07 亿美元,占中国对外直接投资存量的 3.81%。

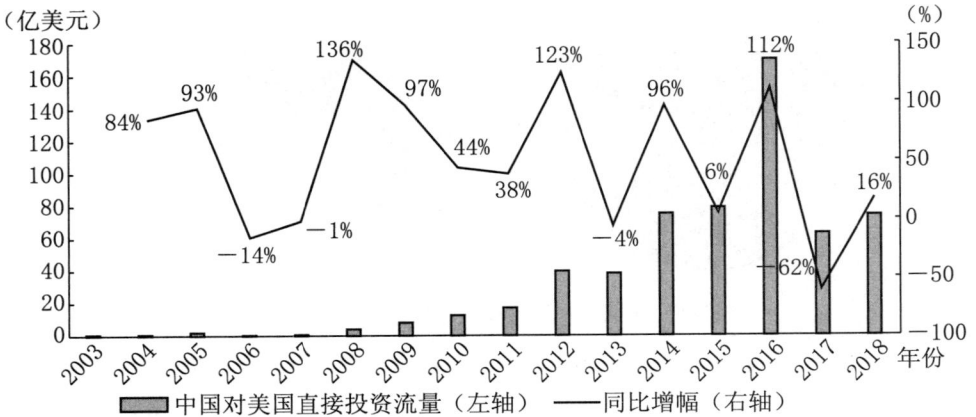

图 4.10　中国对美国直接投资流量（2003—2018 年）

资料来源：商务部、国家统计局、国家外汇管理局历年《中国对外直接投资统计公报》。

　　2018 年中国对美国的直接投资流量主要流向了制造业，对制造业的直接投资占据了对美国直接投资的近半壁江山（41.20％），其他依次为批发和零售业（11.10％）、科学研究技术服务和地质勘查业（8.90％）、租赁和商务服务业（7.89％）、住宿和餐饮业（7.59％）及金融业（6.29％）。

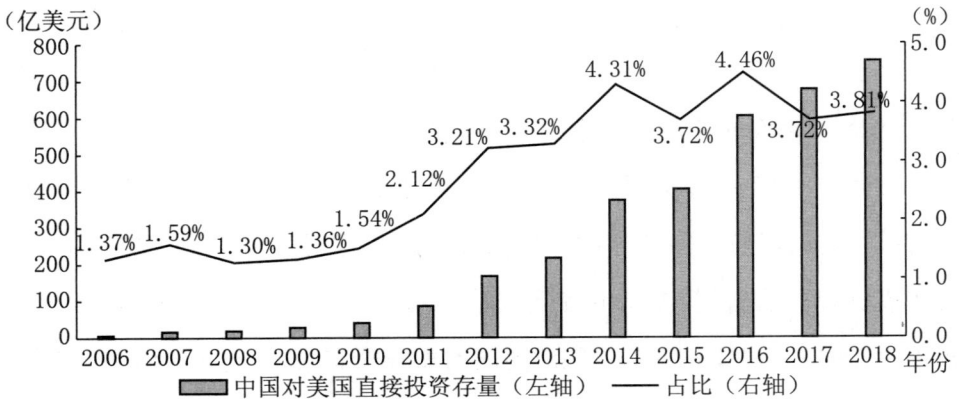

图 4.11　中国对美国直接投资存量（2006—2018 年）

资料来源：商务部、国家统计局、国家外汇管理局历年《中国对外直接投资统计公报》。

表 4.6　中国对美国直接投资流量主要行业分布(2010—2018 年)　　(万美元)

年份	制造业	批发和零售业	租赁和商务服务业	金融业	科学研究、技术服务和地质勘查业	采矿业
2010	0.03	1.13	2.31	1.25	0.48	1.26
2011	0.08	2.22	0.54	2.38	0.38	0.62
2012	0.12	3.43	2.49	4.00	1.08	14.11
2013	0.09	3.60	1.58	−1.37	1.72	15.95
2014	0.18	5.30	5.68	6.54	2.24	13.62
2015	0.40	8.94	22.39	−4.47	12.28	−15.56
2016	0.60	9.58	16.30	−35.48	12.22	5.06
2017	0.36	7.89	12.76	−11.66	4.52	3.10
2018	0.31	8.30	5.90	4.70	6.65	5.18

资料来源:商务部、国家统计局、国家外汇管理局历年《中国对外直接投资统计公报》。

　　传统上,中国对美国的直接投资集中在制造业、批发贸易和金融等领域。进入到 21 世纪,中国在美国的投资领域日益广泛,涉及制造业、能源、农产品、基础设施、金融业、服务业等多个领域。而近年来,中国对美国的投资聚焦高新技术产业以及高端服务业,越来越多的中国企业将投资目标定位于产业链和技术阶梯的高端,在收购品牌及技术、投资于拥有较高附加值行业等领域表现出更高的积极度。[①]

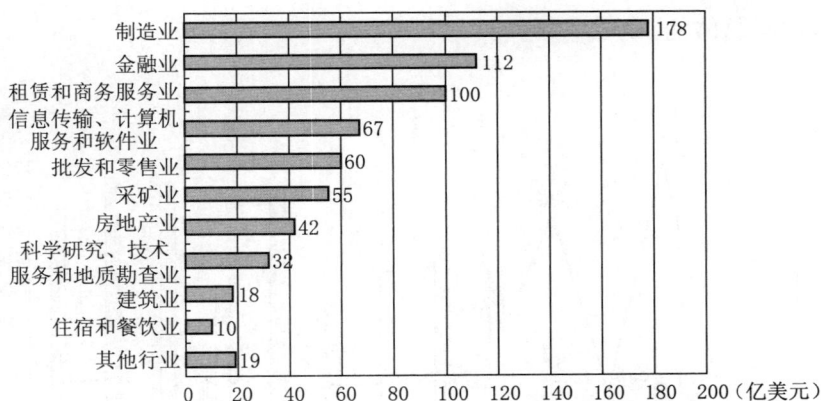

图 4.12　2018 年末中国对美国直接投资存量行业分布

资料来源:商务部、国家统计局、国家外汇管理局 2018 年《中国对外直接投资统计公报》。

---

① 参见中华人民共和国商务部:《中国对外投资发展报告》,2018 年。

2. 中国资本在欧盟的布局情况

中国对欧盟直接投资放量始于 2007 年,2008 年短暂回调后,2009 年又进入高速增长期,2017 年达到高峰。2017 年,中国对欧盟直接投资达到 103 亿美元,占当年中国对外直接投资总额的 6.49%,高于对美国直接投资占比。

2018 年中国对欧盟直接投资 89 亿美元,同比下降 14%,占当年中国对外直接投资总量的比重下降至 6.2%。一份由美国荣鼎咨询(Rhodium Group)和德国柏林智库墨卡托中国研究中心(Mercator Institute for China Studies)联合发布的研究报告认为,中国企业对欧盟直接投资下降的两大主因包括:中国国内对于出海的资本加强管控,以及欧洲各国日益严格的外资审查。

中国对欧盟直接投资存量持续走高,占中国对外直接投资存量比重在 2014 年达到 6.14% 的高点后有所下降。截至 2018 年末,中国对欧盟直接投资存量为 907 亿美元,占中国对外直接投资存量的 4.58%,占比高于美国。

中国企业投资欧盟的区位选择主要集中于传统制造业强国,如英国、荷兰、卢森堡、德国、瑞典、法国等。截至 2018 年末,中国对上述六国的直接投资存量占欧盟总体的 90%。

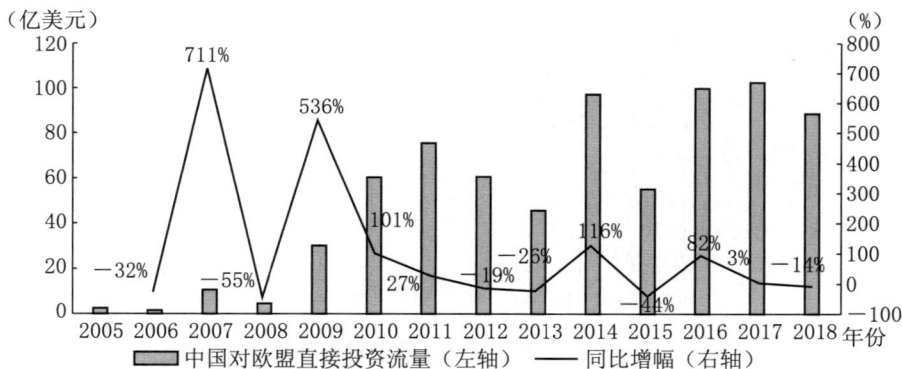

图 4.13　中国对欧盟直接投资流量(2005—2018 年)

资料来源:商务部、国家统计局、国家外汇管理局历年《中国对外直接投资统计公报》。

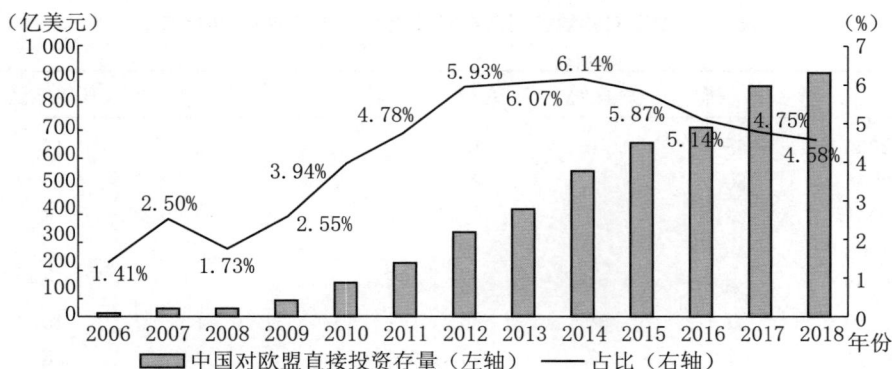

图 4.14　中国对欧盟直接投资存量(2006—2018 年)

资料来源:商务部、国家统计局、国家外汇管理局历年《中国对外直接投资统计公报》。

　　近几年,中国企业对英国、法国投资流量占对欧盟直接投资比重存在下降趋势,对德国、瑞典、荷兰投资流量占比存在上升趋势,对卢森堡投资流量占比有反复但相对较高。

　　在投资产业分布上,制造业、金融业、采矿业、租赁和商务服务业仍是中国企业对欧盟投资的重点领域。

　　从投资流量上看,2016—2017 年中国在欧洲基建领域的投资占据大头,包括对公用事业基础设施以及房地产等产业。2018 年中国企业在欧洲对基建领域的投资额逐渐减少,转而在金融服务、健康和生物科技、消费产品和服务以及汽车领域的投资呈现较大增长。

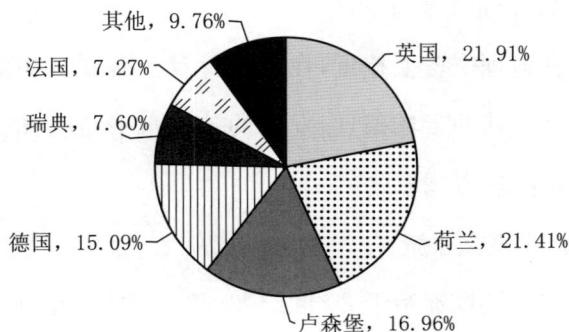

图 4.15　中国对欧盟各国直接投资存量(2018 年)

资料来源:商务部、国家统计局、国家外汇管理局 2018 年《中国对外直接投资统计公报》。

表 4.7　中国对欧盟各国直接投资流量占比(2006—2018 年)　　　　(%)

年份	德　国	卢森堡	英　国	瑞　典	荷　兰	其他地区
2005	68	0	13	1	2	16
2006	60	0	27	4	4	5
2007	23	0	54	7	10	6
2008	39	9	4	2	20	26
2009	6	77	6	0	3	7
2010	7	54	6	23	1	10
2011	7	17	19	1	2	55
2012	13	19	45	5	7	11
2013	20	28	31	4	5	11
2014	15	47	15	1	11	11
2015	7	—209	34	6	246	16
2016	24	16	15	1	12	32
2017	26	13	20	13	—2	30
2018	17	28	12	12	12	20

资料来源:商务部、国家统计局、国家外汇管理局历年《中国对外直接投资统计公报》。

2019 上半年欧洲最大的几宗投资交易分别为:安踏体育收购芬兰体育用品公司亚玛芬体育,涉及交易额 52 亿美元,是芬兰迄今最大的中国企业投资项目;恒大集团旗下恒大健康收购瑞典电动汽车制造商 NEVS 51% 的股份,涉及交易额达 9.3 亿美元;蚂蚁金融收购英国支付公司万里汇 WorldFirst,涉及交易额 7 亿美元;青岛海尔收购意大利家电公司 Candy,涉及交易额 5.47 亿美元。

3. 中国资本在日韩的布局情况

中日韩三国在地理位置上相近,在文化背景上有很多相似的地方。近年来,日本、韩国以其成熟的市场条件、发达的技术水平、宜居的生活环境,成为中国对外直接投资的热点国家之一。

(1) 中国对日本直接投资。

中国对日本的直接投资始于 20 世纪 80 年代,历经近 40 年的发展,从最初的劳务和工业制成品输出,转变为如今的资本输出;同时在投资规模和投资行业类别上也发生了巨大变化。中国对日本的直接投资起步较迟,发展前期

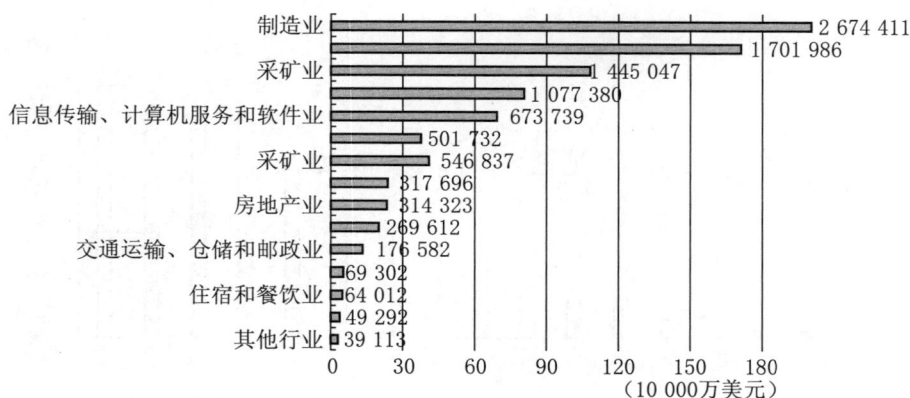

制造业　2 674 411
1 701 986
采矿业　1 445 047
信息传输、计算机服务和软件业　1 077 380
673 739
501 732
采矿业　546 837
317 696
房地产业　314 323
269 612
交通运输、仓储和邮政业　176 582
69 302
住宿和餐饮业　64 012
49 292
其他行业　39 113

（10 000万美元）

图 4.16　2018 年末中国对欧盟直接投资存量行业分布

资料来源：商务部、国家统计局、国家外汇管理局 2018 年《中国对外直接投资统计公报》。

呈现出速度快且规模大的趋势，后期则呈现出较滞缓的增长趋势。

2003 年中国对日本直接投资流量尚不足 1 000 万美元；金融危机后进入高速增长阶段，2010 年该数额首次突破 1 亿美元，2013 年达到 4.34 亿美元。2003—2013 年十年间增长约 59 倍，年均复合增长率高达 50.32%。2014 年、2015 年投资额连续下滑后，2016 年起中国对日本直接投资流量又开始以较缓慢的趋势增长至 2018 年的 4.68 亿美元，仅高出 2013 年直接投资额的不足 8%。

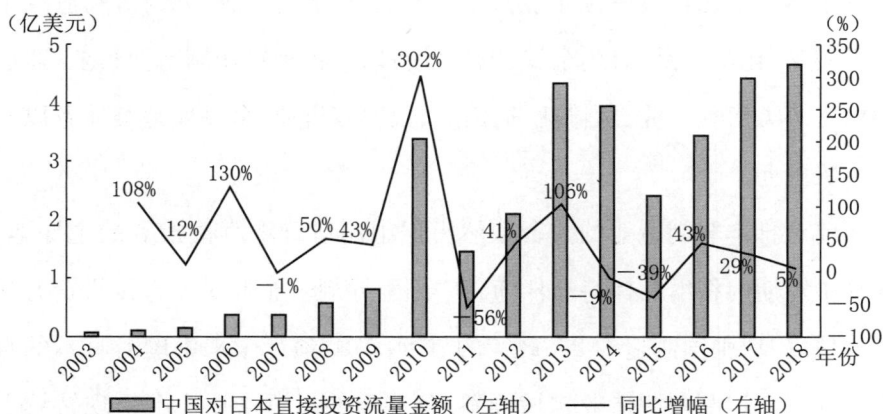

图 4.17　中国对日本直接投资流量(2003—2018 年)

资料来源：商务部、国家统计局、国家外汇管理局历年《中国对外直接投资统计公报》。

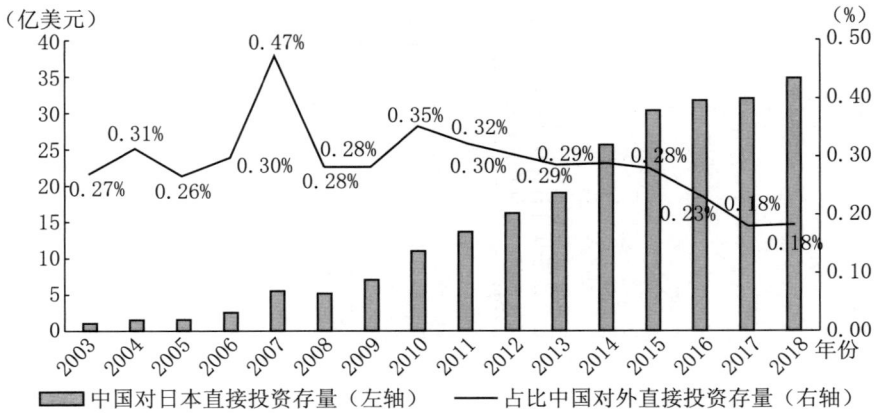

图 4.18　中国对日本直接投资存量(2003—2018 年)

资料来源:商务部、国家统计局、国家外汇管理局 2018 年《中国对外直接投资统计公报》。

截至 2018 年末,中国对日本直接投资存量为 34.91 亿美元,相较于 2003 年扩大了 39 倍。但对日直接投资占中国对外直接投资总存量的比例从 2003 年的 0.27％一路波动,2018 年下降至 0.18％。中国对日本的直接投资在 2010 年以前充满活力,但却没有形成可持续发展力,之后也由于缺乏强劲驱动力,对日本直接投资规模的增长势头显著落后于中国对外直接投资规模的增长。

中国在日本直接投资所涵盖的行业及领域比较广泛,日本官方机构允许的范围基本上都已经被中国企业涉猎。从行业分类中细分来看,制造业中囊括纤维制品、化学制品、有色金属、电气设备以及各种机械制造业行业;非制造业中包含各类房地产业、运输业、通信业、批发零售业、金融保险类业务以及其他各种服务业。

当前对日本非制造业的投资依然占据中国对日本直接投资的主导地位,预计在中短期内将继续保持。伴随着中国引导规范企业对外直接投资方式的逐渐成熟以及"中国制造 2025"政策的贯彻落实,预计未来中国对日本的直接投资天秤将会逐渐向制造业领域倾斜,制造业的投资占比也会呈现持续上升的趋势。

中国对日本直接投资以跨国并购为主,投资主体日趋多元化,非国有企业的投资规模已经超越国有企业,占比超过六成。近几年,富士康集团以 35 亿美元收购夏普公司,美的集团以 4.73 亿美元收购东芝公司白色家电业务等经典投资案例都是非国有企业成为中国对日直接投资主体的表现。

(2)中国对韩国直接投资。

中国企业对韩国直接投资始于 1992 年两国建交之初,然而投资数量及金额并不显著。2008 年金融危机之后,韩国政府制定了《外商投资促进法》,逐步落实经济全面开放,1999 年中国对韩国直接投资项目达 323 项,投资金额达 2 650 万美元,首次突破 1 000 万美元。

2000 年至 2009 年中国对韩国的直接投资整体平稳,年投资规模在百万美元左右,2003 年、2005 年投资额达到上亿美元。其中,2003 年中国对韩国的直接投资额 1.54 亿美元,主要集中投资于电子设备和汽车行业;2005 年中国对韩国直接投资额为 5.89 亿美元,主要原因是 2004 年进行了两项大型并购——上海汽车工业集团并购韩国双龙汽车,北京京东方科技集团并购韩国 TFE-LCD。

2011 年之后中国对韩国直接投资稳步上升,2018 年当年达到 10.34 亿美元,是 2011 年当年对韩投资流量的 3 倍。但总体看,中国企业对韩国投资规模较小。

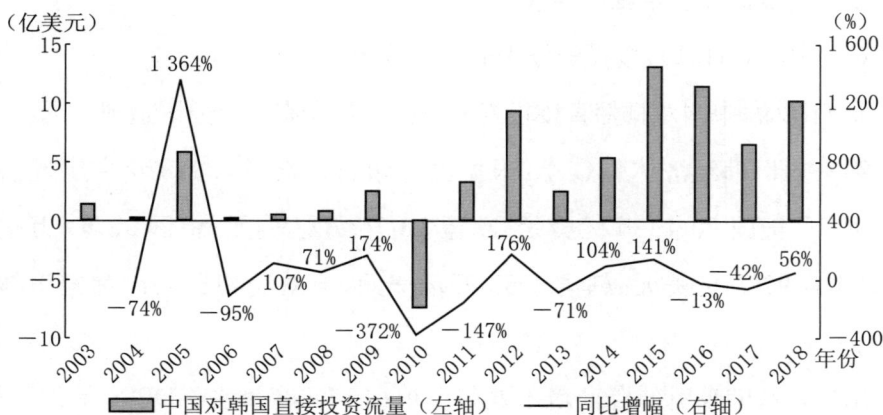

图 4.19　中国对韩国直接投资流量(2003—2018 年)

资料来源:商务部、国家统计局、国家外汇管理局历年《中国对外直接投资统计公报》。

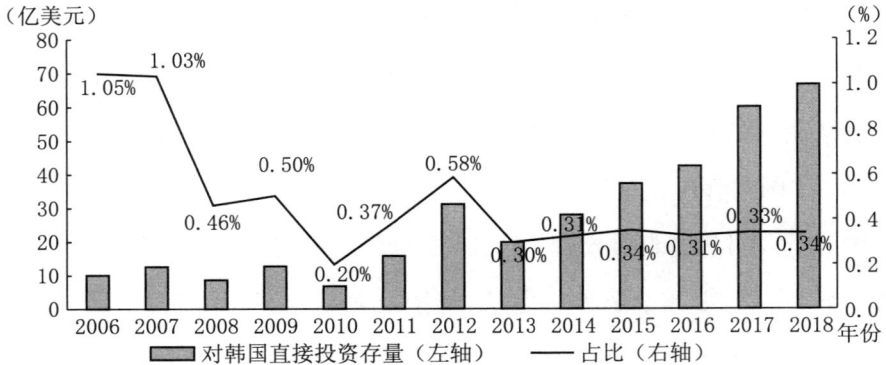

图 4.20　中国对韩国直接投资存量（2006—2018 年）

资料来源：商务部、国家统计局、国家外汇管理局历年《中国对外直接投资统计公报》。

与日本相似，在投资存量上，中国对韩国直接投资存量总体偏小，近 5 年投资存量占比均在 0.3％左右。

韩国产业通商资源部投资政策官李浩准在 2018 年外商直接投资动向记者会上表示："截至 2018 年末，中国企业在韩投资额占韩国外商直接投资总额的 10.2％。中国企业偏向在医疗、保健、旅游相关领域进行投资，也有中国企业利用中韩 FTA 的低关税在汽车零部件、铝行业进行投资，拓展海外市场。最近四五年，中国资本对于电气电子、机械装备、精密仪器、医疗器械、金属、金属加工等行业的投资增幅相当大。"

（3）中国对日韩直接投资较少的原因分析。

我们认为，中国对日韩直接投资存量占比较少有三个原因造成：

第一，日、韩经济体量较小：根据世界银行的统计，2018 年主要经济体 GDP 如下：美国 20.49 万亿美元、欧盟 18.75 万亿美元、中国 13.61 万亿美元、日本 4.97 万亿美元、韩国 1.62 万亿美元，与欧美相比，日、韩经济体量不高。

第二，日、韩吸引外资环境不友好。根据 FDI 存量占 GDP 比重的数据，2018 年日本 FDI 存量/GDP 的比例为 4.29％，韩国为 14.29％，远远低于全球平均水平和发达经济体水平。

表 4.8　全球各地区 FDI 存量占 GDP 比例　　　　　　　　　（%）

年份	全球	欧盟	美国	中国	东南亚	澳大利亚	日本	韩国
2006	27.33	36.80	23.77	10.63	47.62	38.69	2.47	11.44
2007	30.63	40.37	24.53	9.23	52.99	41.40	3.05	10.86
2008	23.92	34.72	16.89	8.28	47.97	29.70	4.19	9.45
2009	30.02	43.80	20.77	9.33	55.68	44.73	3.97	13.52
2010	29.91	40.26	22.68	9.64	57.77	40.68	3.77	12.38
2011	27.75	38.41	22.37	9.40	55.20	35.98	3.67	11.24
2012	30.40	45.37	24.03	9.73	61.08	38.77	3.32	12.91
2013	32.00	45.53	29.30	9.96	63.98	36.99	3.31	13.85
2014	32.82	46.03	30.96	10.35	69.65	39.86	3.54	12.71
2015	35.26	52.77	31.28	11.03	74.03	45.38	3.96	12.98
2016	37.31	52.19	35.01	12.10	74.11	46.47	3.97	13.35
2017	40.60	58.73	40.04	12.16	81.89	48.94	4.11	14.99
2018	37.90	54.06	36.24	11.96	80.62	47.43	4.29	14.29

资料来源：Wind 数据库。

第三，中、日、韩三国产业结构相似，部分高端制造产业上存在竞争关系。全球范围内出现过四次大规模的制造业迁移（周倩，2016）：20 世纪初，英国将部分过剩产能向美国转移；20 世纪 50 年代，美国将钢铁、纺织等传统产业向日本、德国转移；20 世纪 60 至 70 年代，日本、德国向亚洲"四小龙"和部分拉美国家转移轻工、纺织等劳动密集型加工产业；20 世纪 80 年代初，欧美日等发达国家和亚洲"四小龙"等新兴工业化国家，把劳动密集型产业和低技术高消耗产业向中国等发展中国家转移。经过四次产业转移，中日韩三国产业结构相似，在部分高端制造业上存在潜在的竞争关系。

4.2.3　中国资本在新兴市场与发展中经济体的布局情况

1. 中国资本在东盟的布局情况

2006 年中国对东盟十国的直接投资流量仅为 3.36 亿美元，投资存量也仅为 17.63 亿美元，尚处于起步阶段，相较起当年中国对美国、欧盟、俄罗斯等国家与地区的投资相比，对东盟十国的投资尚未形成规模和集聚效应。

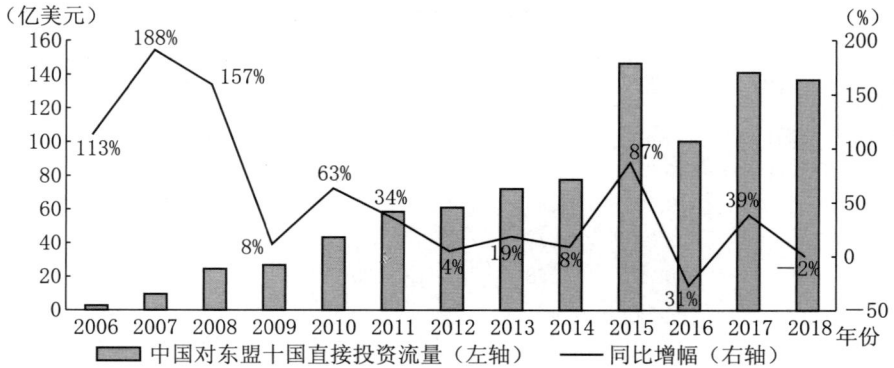

图 4.21　中国对东盟十国直接投资流量（2006—2018 年）

资料来源：商务部、国家统计局、国家外汇管理局历年《中国对外直接投资统计公报》。

2006 年之后中国企业对东盟十国直接投资快速增加，2015 年对东盟十国直接投资存量占比由 1.9％提升到 5.7％，此后虽略有下降，但总体维持在 5％比例。

2018 年，中国对东盟十国的直接投资流量已经达到 137.09 亿美元，占流量总额的 10.56％；投资存量达到了 1 028.58 亿美元，占存量总额的 5.2％；中国对东盟投资流量占对亚洲投资流量总额的 12.99％，投资存量占对亚洲投资存量总额的 8.06％。在整体对外投资额下降的情况下，中国对东盟十国的投资表现算十分亮眼。

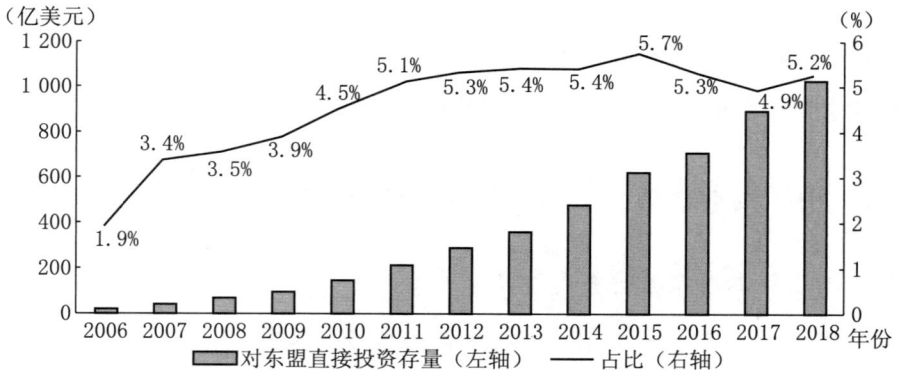

图 4.22　中国对东盟十国直接投资存量（2006—2018 年）

资料来源：商务部、国家统计局、国家外汇管理局历年《中国对外直接投资统计公报》。

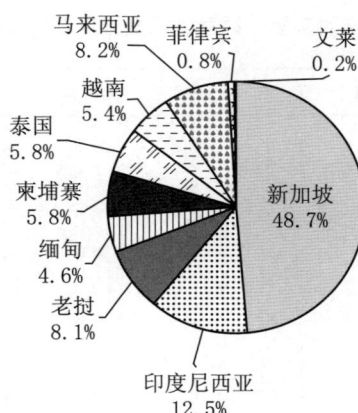

图 4.23　2018 年末中国对东盟十国直接投资存量分布

资料来源：商务部、国家统计局、国家外汇管理局 2018 年《中国对外直接投资统计公报》。

截至 2018 年底，中国对东盟十国投资存量总额最高的几个国家分别是：(1)新加坡，投资存量 500.94 亿美元，占对东盟投资存量的 48.70%。资金主要流向了批发和零售业、租赁和商务服务业等。(2)印度尼西亚，投资存量 128.11 亿美元，占对东盟投资存量的 12.46%。资金主要流向了制造业、建筑业、电力热力燃气及水的生产供应业等领域。(3)马来西亚，投资存量 83.87 亿美元，占对东盟投资存量的 8.15%。资金主要流向了制造业、房地产业、建筑业等领域。(4)老挝，投资存量 83.10 亿美元，占对东盟投资存量的 8.08%。资金主要流向了电力热力燃气及水的生产供应业、采矿业等领域。

近几年，中国企业对东盟十国投资越来越有集中的趋势，如对新加坡、印度尼西亚、马来西亚、老挝、柬埔寨直接投资流量占对东盟直接投资流量比重有提升的趋势，而其他国家则略有下降。

从行业分布角度看，截至 2017 年底中国对东盟投资存量最大的两个行业包括：租赁和商务服务业 174.83 亿美元，占比达 19.6%，主要分布在新加坡；制造业 155.69 亿美元，占比达 17.5%，主要投向印度尼西亚、泰国、越南、马来西亚、新加坡。

表 4.9　中国对东盟十国直接投资流量占比（2018 年末）　　　　　　（%）

年份	新加坡	印度尼西亚	老挝	缅甸	柬埔寨	泰国	越南	马来西亚	菲律宾
2006	39.4	17.0	14.3	3.8	2.9	4.7	13.0	2.2	2.8
2007	41.1	10.2	15.9	9.5	6.7	7.9	11.5	—3.4	0.5
2008	62.4	7.0	3.5	9.4	8.2	1.8	4.8	1.4	1.4
2009	52.4	8.4	7.5	14.0	8.0	1.8	4.2	2.0	1.5
2010	25.4	4.6	7.1	19.9	10.6	15.9	6.9	3.7	5.5
2011	55.4	10.0	7.8	3.7	9.6	3.9	3.2	1.6	4.5
2012	24.9	22.3	13.3	12.3	9.2	7.8	5.7	3.3	1.2
2013	28.0	21.5	10.8	6.5	6.9	10.4	6.6	8.5	0.7
2014	36.0	16.3	13.2	4.4	5.6	10.7	4.3	6.7	2.9
2015	71.6	9.9	3.5	2.3	2.9	2.8	3.8	3.3	—0.2
2016	30.9	14.2	3.2	2.8	6.1	10.9	12.4	17.8	0.3
2017	44.8	11.9	8.6	3.0	5.3	7.5	5.4	12.2	0.8
2018	46.8	13.6	9.1	—1.4	5.7	5.4	8.4	12.1	0.4

资料来源：商务部、国家统计局、国家外汇管理局历年《中国对外直接投资统计公报》。

　　投资存量比重超过 10% 的行业包括：批发和零售业 118.77 亿美元，占比 13.3%，主要投向新加坡、印度尼西亚、泰国、越南、马来西亚等国；采矿业 103.2 亿美元，占比 11.6%，主要分布在新加坡、印度尼西亚、缅甸、老挝、越南、泰国等国；电力热力燃气及水的生产供应业 96.19 亿美元，占比 10.8%，主要分布在缅甸、新加坡、老挝、印度尼西亚、柬埔寨。

　　投资存量占比不足 10% 的行业包括：建筑业 65.6 亿美元，占比 7.4%；金融业 52.4 亿美元，占比 5.9%；农林牧渔业 45.32 亿美元，占比 5.1%；交通仓储和邮政业 25.04 亿美元，占比 2.8%；房地产 22.38 亿美元，占比 2.5%；信息传输软件和信息服务业 9.39 亿美元，占比 1.1%；科学研究和技术服务业 8.39 亿美元，占比 1%。

　　投资存量占比不足 1% 的行业包括：居民服务修理和其他服务业 6.26 亿美元，卫生和社会工作 3.16 亿美元，水利环境和公共设施管理业 1.18 亿美元，住宿和餐饮业 1.12 亿美元，文化体育和娱乐业 1.03 亿美元，教育业 0.22 亿美元。

表 4.10　中国对东盟十国直接投资主要行业存量情况（2017 年）　　（％）

行　　业	存量投资占比	行　　业	存量投资占比
租赁和商务服务业	19.6	金融业	5.9
制造业	17.5	农、林、牧、渔业	5.1
批发和零售业	13.3	交通运输、仓储和邮政业	2.8
采矿业	11.6	房地产业	2.5
电力、热力、燃气及水的生产和供应业	10.8	其他行业	3.5
建筑业	7.4		

资料来源：商务部、国家统计局、国家外汇管理局 2018 年《中国对外直接投资统计公报》。

2. 中国资本在非洲的布局情况

1990 年伊始，中国与非洲的经济逐渐展开了联系。到 1999 年末，中国对非洲累计投资企业数量共计 351 家，涉及的金额仅 4.4 亿美元，投资领域包含轻工、机电、纺织、服装、制药等行业。[1]

进入 21 世纪，中国迅速发展为非洲最重要的外商直接投资来源地之一。中国对非洲的直接投资存量从 2003 年末的 4.91 亿美元增长至 2018 年末的 461.04 亿美元，扩大了近 87 倍的投资规模，年均复合增长率高达 35.36％，占中国对外总投资存量比重也由 1.48％上升至 2.38％。

2010—2014 年间，中国对非洲的直接投资存量年均增速达到 25％，相比同一时期西方国家对非洲的直接投资增速仅为 10％左右，使得中国成为继美国、英国和法国之后的非洲第四大外资来源国。[2]对于部分低收入和贫困国家，中国的直接投资是其主要的外部资本来源，如乍得、民主刚果、埃塞俄比亚和苏丹等国家，中国对其的直接投资占其外资投资存量 70％以上水平。[3]

---

[1]　数据来自《中非经贸发展五十年》，中非合作论坛，https://www.mfa.gov.cn/zflt/chn/zfjmhz/t155757.htm.

[2]　数据来自刘晨、葛顺奇：《中国企业对非洲投资：经济增长与结构变革》，《国际经济评论》2018 年第 5 期，第 9—31 页。

[3]　数据来自 UNCTAD Bilateral FDI Statistics.

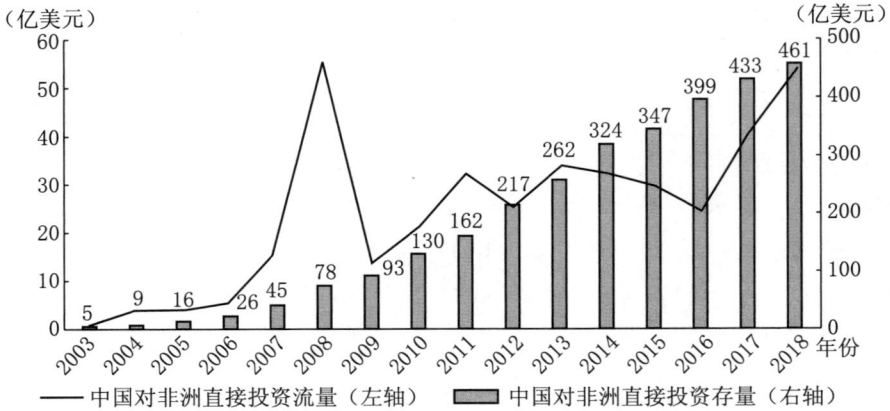

图 4.24 中国对非洲直接投资情况（2003—2018 年）

资料来源：商务部、国家统计局、国家外汇管理局历年《中国对外直接投资统计公报》。

截至 2018 年底，中国投资规模同时覆盖了非洲大陆 52 个国家与地区，覆盖率达 86.7%，设立的各类型企业超过了 3 700 家。中国对非洲进行直接投资的行业分布非常广泛，对不同类型的国家投资也具有不同的特点。[1]

对中等收入国家的直接投资主要集中在南非，投资行业集中于技术密集型和服务行业。2016 年中国对南非直接投资存量为 65 亿美元，占对非洲中等收入国家投资总额的 67.5%，主要涵盖能源矿产、汽车零部件制造、家用电器、金融服务等行业。

对于低收入和贫困国家，中国企业直接投资的产业以制造业为主。例如，肯尼亚约有 400 家中国企业，主要从事建筑、能源、贸易、酒店餐饮等行业，2003—2015 年间中国企业对肯尼亚制造业投资占中国对其总投资额的 64%；中国企业在埃塞俄比亚投资数额占比最高的分别为制造业（65.2%）、建筑业（18.8%）以及服务业（15.9%）。[2]

对于石油出口国，中国企业更倾向于对石油行业进行并购，如 2004 年以

---

① 数据来自 UNCTAD，World Investment Report 2018：Investment and New Industrial Policies，Geneva，2018。

② 数据来自刘晨、葛顺奇：《中国企业对非洲投资：经济增长与结构变革》，《国际经济评论》2018 年第 5 期，第 9—31 页。

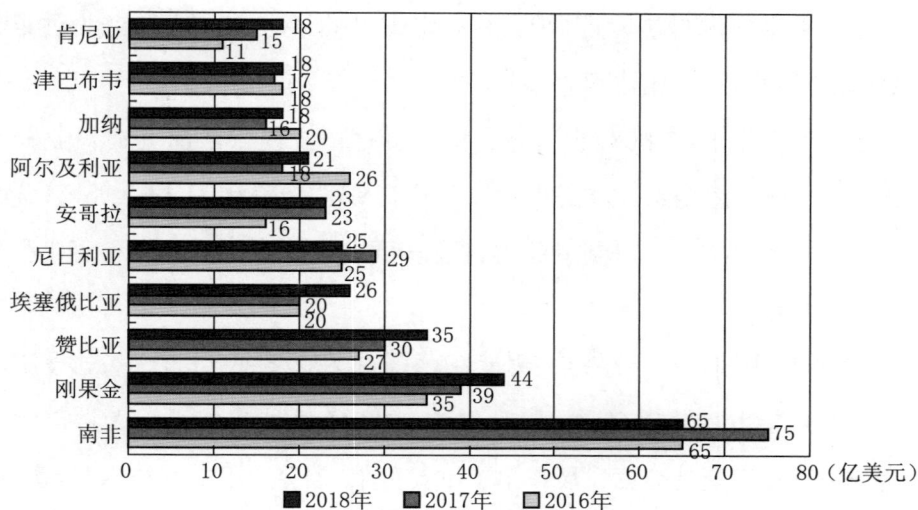

图 4.25 中国对非洲直接投资存量排名前十国家

资料来源:商务部、国家统计局、国家外汇管理局历年《中国对外直接投资统计公报》。

来中国企业对非洲石油行业的并购规模日益扩大,先后收购了道达尔、壳牌等石油公司位于非洲的部分业务。

2017 年中国对非洲的直接投资流量主要流向南非、刚果金、赞比亚、埃塞俄比亚、尼日利亚、安哥拉、阿尔及利亚、加纳、津巴布韦、肯尼亚等国家。

根据麦肯锡集团的调查,在非洲进行投资的中国企业中,约 31% 从事制造业活动,22% 从事贸易及相关行业,15% 从事建筑业和房产业。其中,有

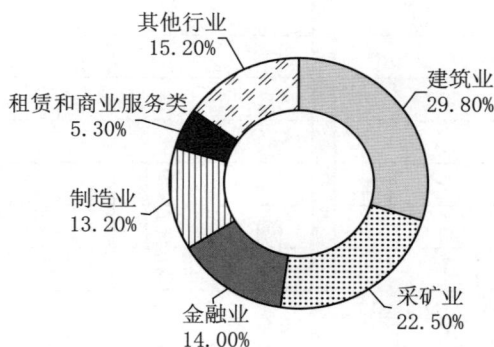

图 4.26 2017 年中国对非洲国家和地区直接投资主要行业存量情况

资料来源:商务部、国家统计局、国家外汇管理局 2018 年《中国对外直接投资统计公报》。

2 029 家企业对资源型国家进行投资,占比 42.1%;共有 4 821 家企业对非资源型国家进行投资,占比达到 57.9%。

截至 2017 年末,中国对非洲的直接投资存量规模排名前五的行业分别为:建筑业 128.8 亿美元,占比 29.8%;采矿业 97.6 亿美元,占比 22.5%;金融业 60.8 亿美元,占比 14%;制造业 57.1 亿美元,占比 13.2%;租赁和商业服务业 23.1 亿美元,占比 5.3%。

为了响应中国的"一带一路"政策,中国企业积极投入到非洲基础设施的建设当中,近年来在轨道交通、港口、航空、电力等领域实施了一大批重大项目,为非洲互联互通的全面发展作出了重要贡献,也促进了中国技术、装备、标准和服务走进非洲的脚步。

3. 中国资本在拉美的布局情况

进入 21 世纪,在中拉整体合作机制、中国企业海外扩张需求的双重驱动下,中国与拉美地区的经济贸易往来日益密切,中国对拉美地区的投资规模也在显著地提升。现阶段,中国大多通过政府间合作拓展中拉之间的投资与合作,其中主要体现在两方面:(1)对拉美国家和地区贷款金额大幅提高;(2)对拉美国家和地区直接投资迅速大规模增长。

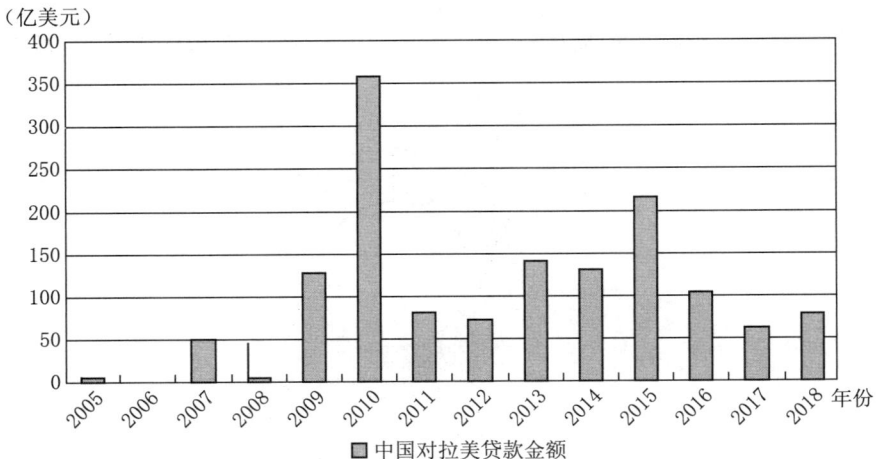

图 4.27　中国对拉美贷款金额(2005—2018 年)

资料来源:The Dialogue. China-Latin America Finance Database.

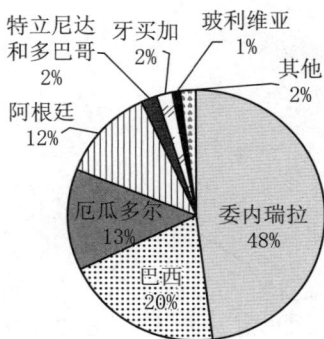

图 4.28　截至 2018 年末中国对拉美贷款存量国别分布

资料来源：The Dialogue. China-Latin America Finance Database.

据美国对话组织数据"中拉金融数据库"显示，自 2005 年以来中国对拉美提供的贷款援助金额呈现高速增长趋势，曾经在 2010 年、2015 年达到高峰，数额分别达到 356 亿美元和 215 亿美元，2018 年中国对拉美贷款额回落至 77 亿美元。

中国对拉美的贷款总体呈现出高度集中的趋势，主要分布于委内瑞拉、巴西、厄瓜多尔和阿根廷等国家与地区。截至 2018 年末，仅委内瑞拉一国就接受达了来自中国高达 672 亿美元贷款，占中国对拉美贷款存量的 48%。

从贷款行业分布角度考虑，中国对拉美的贷款也非常集中，投向拉美能源业的贷款占据了中国总贷款 69%，基础设施建设占据 18%，矿产业占据 2%，其他行业则获得了其余的 11% 贷款总额。

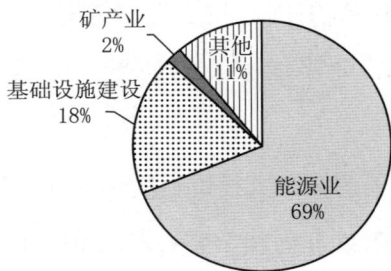

图 4.29　截至 2018 年末中国对拉美贷款存量行业分布

资料来源：The Dialogue. China-Latin America Finance Database.

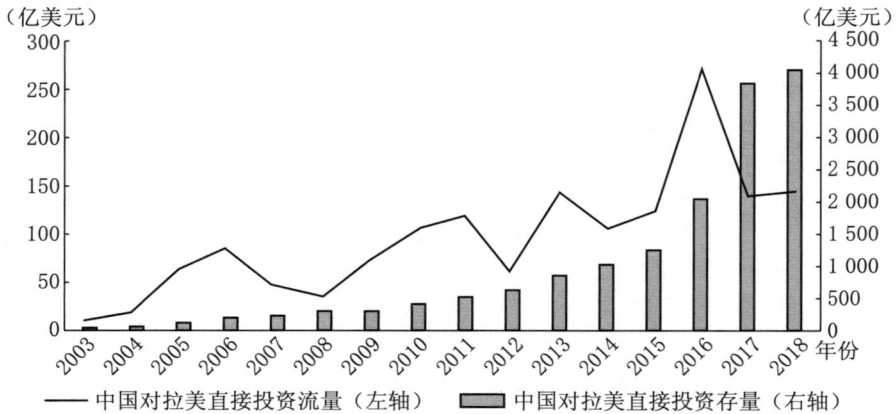

图 4.30　中国对拉美直接投资情况(2003—2018 年)

资料来源:商务部、国家统计局、国家外汇管理局历年《中国对外直接投资统计公报》。

中国除了对拉美提供了大量贷款,还进行了大量的直接投资。截至 2018 年底,中国对拉美进行的直接投资存量达 4 067.72 亿美元,占中国对外直接投资总存量的 20.98%,拉美成为仅次于亚洲的中国第二大对外直接投资目的地。

从流量角度看,中国对拉美的年均直接投资流量自 2010 年开始几乎都突破 100 亿美元,并于 2016 年达到 272.27 亿美元的高峰,2018 年则回落至 146.08 亿美元,占中国对外直接投资总量的 11.25%,总体呈现稳定增长的趋势。

截至 2018 年末,中国 95.81% 的对拉美直接投资存量集中于开曼群岛及英属维尔京群岛,这是由于其具有的离岸避税港属性所导致。排除以上两地,截至 2018 年末,中国对拉美存量超过十亿的国家有巴西、委内瑞拉、阿根廷、厄瓜多尔、牙买加以及墨西哥,合计约占对拉美直接投资存量的 72.91%。

巴西作为中国在拉美的第一大投资目的国,吸收了来自中国最多的投资,排除开曼群岛及英属维尔京群岛两个特殊的投资地区,自 2003 年至今,巴西每年平均占据了 21.29% 中国对拉美的直接投资流量,该占比曾经在 2010 年达到 52.85% 高峰值。

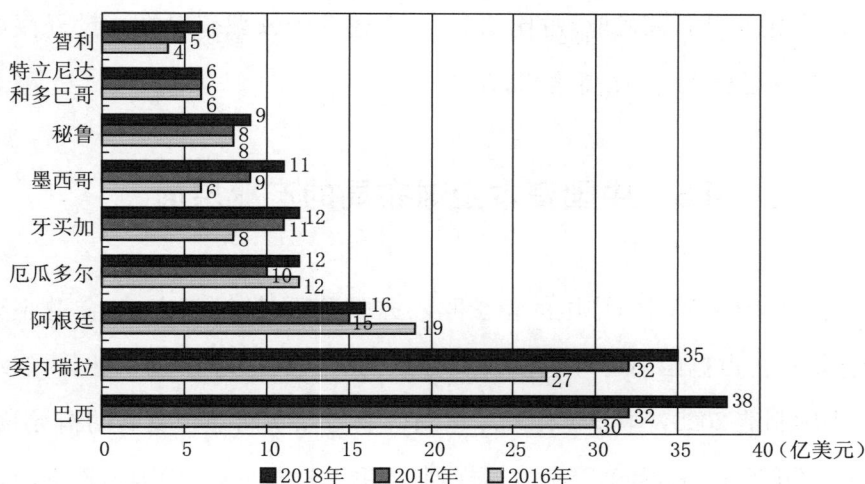

图 4.31　中国对拉美直接投资存量排名前十国家

资料来源:商务部、国家统计局、国航空、电力等领域实施了一大家外汇管理局历年《中国对外直接投资统计公报》。

中国对拉美的直接投资重点主要集中在采掘业,如石油、天然气、铜、铁矿石等,但近年来已有过半的投资进入服务业。同时,中国投资者对交通、金融、发电和输电、信息和通信、面向当地市场的替代能源服务的投资增长也很快,近年来墨西哥也逐渐成为中国制造业投资的目的地。

截至 2017 年末,中国对拉美投资主要集中在信息传输软件和信息技术服务业,占比 48.2%;租赁和商务服务业,占比 19.8%;批发和零售业,占比 15.4%;

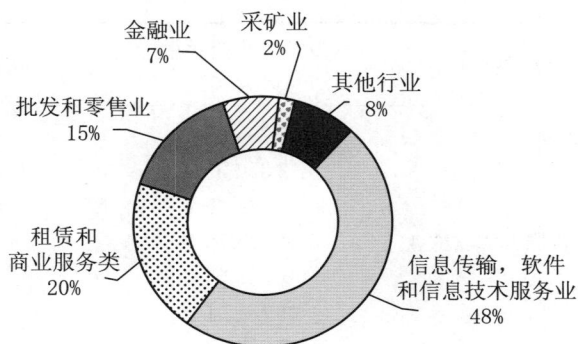

图 4.32　截至 2017 年末中国对拉美投资存量行业分布

资料来源:商务部、国家统计局、国家外汇管理局 2017 年《中国对外直接投资统计公报》。

金融业,占比 6.5％;采矿业,占比 2.3％。上述 5 个领域获得中国投资存量合计为 3564.9 亿美元,占比高达 92.20％。

4.3 中国资本全球布局的产业层面

作为外向型经济体,中国的租赁和商务服务业、批发零售业、金融业对外投资存量一直占据国内对外直接投资存量的大头。2015 年以来,国内陆续出台了《中国制造 2025》《国务院关于深化制造业与互联网融合发展的指导意见》《"十三五"国家战略性新兴产业发展规划》等纲领性文件,引导国内资本向附加值更高、技术含量更高、污染排放更少的高端制造、高新技术产业投资,从 2015 年开始,对外直接投资流量开始快速流入制造业、信息技术等高新技术产业。

4.3.1 整体概况

1. 存量布局情况

2018 年中国对外直接投资已经涵盖国民经济 18 个行业大类。其中,存量规模较大的领域有租赁和商务服务、批发零售、金融、信息传输、制造和采矿等,均超过千亿美元且占中国对外直接投资存量的 84.6％。

表 4.11 中国对外直接投资存量行业分布(截至 2018 年末)

行 业 分 类	2018 年投资存量(亿美元)	结构占比(％)
租赁和商务服务业	6 754.65	34.08
批发和零售业	2 326.93	11.74
金融业	2 178.95	10.99
信息传输、计算机服务和软件业	1 935.75	9.77
制造业	1 823.06	9.20
采矿业	1 734.81	8.75
其他行业	3 068.52	15.48

资料来源:商务部、国家统计局、国家外汇管理局 2018 年《中国对外直接投资统计公报》,Wind 数据库。

2. 流量变化情况

2008—2018 年,中国各行业对外直接投资总体呈现出增长态势。其中,信息传输业、计算机服务和软件业,制造业对外投资占比出现稳定而持续的提升;卫生、社会保障和社会福利业,教育业,文化体育娱乐业等新兴行

表 4.12　中国对外直接投资存量分行业构成(2008—2018 年) 　　　　　(%)

年份	农、林、牧、渔业	采矿业	制造业	电力、燃气及水的生产和供应业	建筑业	交通运输、仓储和邮政业	信息传输、计算机服务和软件业	批发和零售业	住宿和餐饮业
2008	0.80	12.43	5.25	1.00	1.46	7.89	0.91	16.23	0.07
2009	0.83	16.51	5.53	0.92	1.39	6.77	0.80	14.52	0.10
2010	0.82	14.08	5.61	1.08	1.95	7.31	2.65	13.24	0.14
2011	0.80	15.77	6.35	1.68	1.90	5.95	2.25	11.56	0.14
2012	0.93	14.06	6.42	1.69	2.42	5.49	0.91	12.82	0.14
2013	1.09	16.07	6.36	1.70	2.94	4.88	1.12	13.27	0.14
2014	1.10	14.02	5.93	1.70	2.56	3.93	1.40	11.66	0.15
2015	1.05	12.97	7.15	1.43	2.47	3.63	1.91	11.11	0.20
2016	1.10	11.23	7.96	1.68	2.39	3.05	4.77	12.46	0.31
2017	0.92	8.72	7.76	1.38	2.08	3.03	12.10	12.52	0.19
2018	0.95	8.75	9.20	1.70	2.10	3.35	9.77	11.74	0.22

年份	金融业	房地产业	租赁和商务服务业	科学研究、技术服务和地质勘查业	水利、环境和公共设施管理业	居民服务和其他服务业	教育	卫生、社会保障和社会福利业	文化、体育和娱乐业
2008	19.95	2.23	29.67	1.08	0.58	0.39	0.01	0.00	0.06
2009	18.72	2.17	29.68	1.17	0.43	0.39	0.01	0.00	0.06
2010	17.42	2.29	30.66	1.25	0.36	1.02	0.01	0.01	0.11
2011	15.87	2.12	33.50	1.03	0.57	0.38	0.02	0.02	0.13
2012	18.13	1.80	33.03	1.28	0.01	0.67	0.03	0.01	0.15
2013	17.73	2.33	29.64	1.31	0.05	1.16	0.03	0.01	0.17
2014	15.59	2.79	36.53	1.23	0.15	1.02	0.02	0.03	0.18
2015	14.54	3.05	37.31	1.31	0.23	1.30	0.02	0.03	0.30
2016	13.06	3.40	34.92	1.45	0.26	1.25	0.04	0.08	0.58
2017	11.21	2.97	34.04	1.20	0.13	1.05	0.18	0.08	0.45
2018	10.99	2.89	34.08	2.23	0.16	0.84	0.24	0.15	0.64

　　资料来源:商务部、国家统计局、国家外汇管理局历年《中国对外直接投资统计公报》,Wind 数据库。

业对外投资占比近两年提升较快,但总体规模尚小;采矿业,交通运输业和邮政业,金融业等行业对外投资占比持续下降;其他行业对外投资占比总体保持稳定。

我们认为,投资流量结构变化背后的原因在于:为适应国内经济转型与产业升级的需求,中国资本更加注重对于高端制造业、信息传输业等高新技术产业的投资。

4.3.2　中国资本在资源型行业的全球布局

资源型产业是以资源开发利用为基础和依托的产业,农、林、牧、渔业,采矿业,电力、燃气及水的生产和供应业等行业均属于资源型行业。资源型产业的特点是以自然资源的开发和利用为中心,自然资源在该行业的全部生产要素中占据主体核心地位。

1. 中国资本在资源行业的布局情况

本报告以中国在农、林、牧、渔业,采矿业,电力、燃气及水的生产和供应业的对外直接投资情况来说明中国资本在资源行业的布局情况。

2008—2018 年,中国在农、林、牧、渔业的对外直接投资存量持续增长,从 2008 年的 14.68 亿美元增长到 2018 年的 187.73 亿美元,增长 11.8 倍。中国对农、林、牧、渔业的年对外直接投资稳定增长,只在 2017 年、2018 年增速有所下降。

2008—2018 年,中国在电力、燃气及水的生产和供应业的对外直接投资存量增长迅速,从 18.47 亿美元增长到 336.95 亿美元,投资存量翻了近 20 倍。中国在该行业的对外直接投资增速超过了中国在农、林、牧、渔业的对外直接投资增速。我们认为主要原因是电力、燃气及水的生产和供应业为公共事业行业,投资回报稳定。

采矿业一直是中国对外直接投资的重点,2018 年底在中国对外直接投资存量中,采矿业占比第六。2008 年中国采矿业对外直接投资存量 228.69 亿美

表 4.13　中国资本在对农、林、牧、渔业,采矿业以及电力、燃气
及水的生产和供应业的对外投资存量

年份	农、林、牧、渔业		电力、燃气及水的生产和供应业		采矿业	
	金额(亿美元)	增长率(%)	金额(亿美元)	增长率(%)	金额(亿美元)	增长率(%)
2008	14.68	—	18.47	—	228.69	—
2009	20.28	38.1	22.56	22.1	405.80	77.4
2010	26.12	28.8	34.11	51.2	446.61	10.1
2011	34.17	30.8	71.41	109.4	669.95	50.0
2012	49.64	45.3	89.92	25.9	747.84	11.6
2013	71.79	44.6	111.97	24.5	1 061.71	42.0
2014	96.92	35.0	150.41	34.3	1 237.25	16.5
2015	114.76	18.4	156.63	4.1	1 423.81	15.1
2016	148.85	29.7	228.21	45.7	1 523.70	7.0
2017	165.62	11.3	249.91	9.5	1 576.70	3.5
2018	187.73	13.3	336.95	34.8	1 734.81	10.0

　　资料来源:商务部、国家统计局、国家外汇管理局历年《中国对外直接投资统计公报》,Wind数据库。

元,2018 年提升到 1734.81 亿美元,增长 6.6 倍。尽管采矿业的投资增速不如其他两个资源型行业,但其投资存量在资源型行业中一直占据最大份额。主要原因在于中国能源需求较大但资源匮乏,通过开展对外直接投资,可以获得境外战略资源,缓解国内供需矛盾。

　　2. 资源行业对外投资的地区分布

　　中国在农、林、牧、渔行业的对外直接投资集中度不高,目前存量投资占比较多的地区为东盟、俄罗斯。其中,中国对东盟、澳大利亚、美国的农、林、牧、渔业的直接投资占比持续提升,而对俄罗斯、欧盟的直接投资占比有所下降。

　　中国采矿业对外直接投资存量较为集中,主要分布在中国香港、澳大利亚和欧盟。2016 年以来,中国对欧盟、澳大利亚和东盟采矿业的直接投资占比有所缩减,但总体占比仍然较高,高达 50% 以上;虽然对俄罗斯和美国采矿业

表 4.14 中国农林牧渔业对外直接投资存量地区分布(2008—2018 年)　　　　（%）

年　份	欧　盟	美　国	澳大利亚	俄罗斯	东　盟	其他地区
2008	9.44	0.00	0.00	31.94	13.05	45.57
2009	9.70	1.48	0.00	27.03	16.79	45.01
2010	7.95	1.20	0.86	28.63	20.23	41.13
2011	10.46	1.40	1.38	25.87	20.76	40.12
2012	7.32	1.37	3.49	25.79	20.08	41.94
2013	3.31	1.15	3.94	23.44	22.25	45.91
2014	4.16	1.18	3.64	21.66	25.22	44.14
2015	7.20	1.93	4.82	21.46	20.17	44.42
2016	5.42	1.74	4.78	20.20	21.08	46.77
2017	5.51	1.97	4.95	16.31	27.36	43.89
2018	3.69	1.90	5.81	16.13	26.24	46.22

　　资料来源：商务部、国家统计局、国家外汇管理局历年《中国对外直接投资统计公报》，Wind 数据库。

的直接投资占比有所提高，但总体比例不高，只有 7% 左右。

中国对外直接投资集中度较高的行业有电力、煤气及水的生产和供应，密

表 4.15 中国采矿业对外直接投资存量地域分布情况(2008—2018 年)　　　　（%）

年　份	中国香港	欧　盟	美　国	澳大利亚	俄罗斯	东　盟	其他地区
2008	9.61	1.00	0.13	10.71	1.19	1.92	75.44
2009	54.08	0.55	0.07	12.41	0.56	2.26	30.07
2010	45.95	0.80	0.42	14.38	0.62	4.13	33.71
2011	43.41	5.59	0.35	11.49	0.88	3.56	34.71
2012	35.16	5.07	2.15	12.39	1.01	5.39	38.82
2013	36.70	3.84	2.96	10.73	0.76	4.97	40.04
2014	43.92	4.12	3.59	13.44	0.64	4.89	29.39
2015	36.20	10.80	2.04	11.82	3.92	4.39	30.83
2016	31.38	10.07	2.02	12.57	4.06	6.67	33.23
2017	33.99	8.96	2.23	13.06	4.18	6.55	31.03
2018	31.37	8.33	3.15	11.27	3.85	5.63	36.40

　　资料来源：商务部、国家统计局、国家外汇管理局历年《中国对外直接投资统计公报》，Wind 数据库。

表 4.16　中国电力、煤气及水的生产和供应行业对外直接投资存量地区分布(2008—2018 年)

（％）

年　份	中国香港	欧　盟	东　盟	其他地区
2008	18.89	0.00	75.02	6.08
2009	11.73	0.00	82.39	5.87
2010	9.87	1.75	81.41	6.97
2011	15.40	5.06	53.26	26.28
2012	12.62	7.36	56.94	23.08
2013	12.81	6.59	53.94	26.66
2014	17.77	5.00	48.04	29.19
2015	20.92	5.03	50.22	23.84
2016	30.09	7.72	39.97	22.22
2017	29.25	8.36	38.49	23.90
2018	37.56	8.00	29.69	24.75

资料来源:商务部、国家统计局、国家外汇管理局历年《中国对外直接投资统计公报》,Wind 数据库。

集分布在东盟地区和中国香港。其中,对中国香港的直接投资占比快速增长,对欧盟地区的直接投资占比稳步增长,对东盟地区的直接投资占比则逐年缩减。

4.3.3　中国资本在传统制造业的全球布局

1. 中国资本在制造业的布局情况

中国制造业对外投资高速发展始于 2015 年。2015 年中国制造业对外投资流量为 199.9 亿美元,同比上涨 108.5％；2016 年、2017 年,中国制造业对外投资流量均达到 290 亿美元以上；2018 年制造业对外投资流量有所下降,回落到 191 亿美元。

2008—2018 年,中国在制造业对外直接投资存量年复合增速高达 34％。截至 2018 年 12 月底,中国制造业对外直接投资存量位列中国对外直接投资

表 4.17　中国资本在国外的制造业的投资情况

年　份	对外直接投资存量(亿美元)	同比增速(%)
2008	96.62	—
2009	135.92	40.7
2010	178.02	31.0
2011	269.64	51.5
2012	341.40	26.6
2013	419.77	23.0
2014	523.52	24.7
2015	785.28	50.0
2016	1 081.13	37.7
2017	1 403.01	29.8
2018	1 823.06	29.9

资料来源:商务部、国家统计局、国家外汇管理局历年《中国对外直接投资统计公报》,Wind 数据库。

存量第五名,总计 1 823.1 亿美元。

2018 年中国制造业对外直接投资主要流向汽车制造、计算机/通信及其他电子设备制造、电气机械和器材制造、铁路/船舶/航空航天和其他运输设备制造、通用设备制造等。其中,流向装备制造业的投资有 114 亿美元,同比增长 3.4%,占制造业投资的 59.7%。

2. 制造业对外投资的地区分布

截至 2018 年底,中国参与制造业对外直接投资的企业占比 31.5%,共有 8 537 家。这些企业投资了 8 577 家境外企业,占中国所有境外企业的 20.0%。

中国制造业的对外直接投资主要集中于亚洲和欧洲,主要分布在中国香港、欧盟、东盟和美国等国家和地区。截至 2018 年底,中国对亚洲制造业投资存量 1 104.8 亿美元,对欧洲投资存量 334.3 亿美元,合计占中国制造业对外投资存量的 78.94%。

表 4.18　中国制造业对外直接投资存量地区分布(2008—2018 年)　　　(%)

年　份	中国香港	欧　盟	美　国	澳大利亚	俄罗斯	东　盟	其他地区
2008	37.18	8.41	5.82	1.25	2.13	11.81	33.40
2009	37.62	7.38	6.92	1.42	1.99	10.94	33.72
2010	29.45	17.30	7.40	1.59	1.82	10.68	31.76
2011	39.93	14.19	8.63	1.11	1.33	9.52	25.30
2012	30.02	18.46	11.11	1.07	1.79	9.81	27.73
2013	29.05	19.12	10.53	1.48	6.34	11.13	22.33
2014	29.68	16.76	12.49	1.54	5.25	11.71	22.56
2015	31.88	16.19	13.65	1.45	3.96	11.92	20.95
2016	36.16	14.86	14.04	1.17	1.07	12.16	20.53
2017	31.08	17.55	12.32	1.11	1.12	11.10	25.72

资料来源:商务部、国家统计局、国家外汇管理局历年《中国对外直接投资统计公报》,Wind 数据库。

4.3.4　中国资本在新兴与高科技行业的全球布局

1. 中国资本在新兴与高科技行业的布局情况

本报告以中国在信息传输、计算机服务和软件业的对外直接投资情况来说明中国资本在新兴与高科技行业的布局情况。

2008—2018 年,中国信息传输、计算机服务和软件业的对外直接投资存量由 16.67 亿美元增长到 1 935.75 亿美元,年复合增长率高达 61%,发展迅猛。截至 2018 年底,信息传输、计算机服务和软件业对外投资存量跻身至中国对外直接投资存量第四名。

从投资流量上看,2016 年、2017 年中国信息传输、计算机服务和软件业对外直接投资流量出现爆发式增长,两年时间投资存量翻了近十倍。我们认为主要原因在于 2016 年国内出台了两个重要文件——《"十三五"国家战略性新兴产业发展规划》《"十三五"国家科技创新规划》,鼓励国内企业深度融入全球产业链,在全球范围内优化了配置创新资源。

表 4.19 中国资本在国外的信息传输、计算机服务和软件业的存量投资情况

年 份	对外直接投资存量（亿美元）	同比增速（％）
2008	16.67	—
2009	19.67	18.0
2010	84.06	327.4
2011	95.53	13.6
2012	48.20	−49.5
2013	73.84	53.2
2014	123.26	66.9
2015	209.28	69.8
2016	648.02	209.6
2017	2 188.97	237.8
2018	1 935.75	−11.6

资料来源：商务部、国家统计局、国家外汇管理局历年《中国对外直接投资统计公报》，Wind 数据库。

2. 新兴与高科技行业对外投资的地区分布

截至 2018 年底，中国有 1 762 家企业参与信息传输、计算机服务和软件业的对外直接投资，占中国参与对外直接投资企业的 6.5％。这些企业投资了 2 393 家境外企业，占中国所有境外企业的 5.6％。

中国信息传输、计算机服务和软件业对外投资主要分布在拉丁美洲。截至 2018 年底，在信息传输、计算机服务和软件业方面，中国对拉丁美洲投资 1 559.6 亿美元，占中国在世界各国信息传输、计算机服务和软件业对外投资存量的 80.57％。其中的主要原因是全球著名的离岸避税港——拉美地区的开曼群岛和英属维尔京群岛吸引了众多高新技术企业在此注册。

4.3.5 中国资本在金融行业的全球化布局

1. 中国资本在金融行业的布局情况

中国金融业对外直接投资存量稳步上升，中国金融业对外直接投资存量于 2018 年底达到 2 178.95 亿美元，位列中国对外直接投资存量第三名。中国金融业对外直接投资的主力是银行业，具体来看：

2008—2018 年，中国银行业对外直接投资存量稳步增长，由 267.90 亿美元增长到 1 307.70 亿美元,年复合增速 17%。除了 2016 年外,银行业对外投资增速稳定。2006 年之前,中国银行业对外直接投资多为绿地投资,以设立海外分支机构为主;2006 年之后,投资方式转向兼并收购,不再只是设立分支机构的方式,能够更好地整合东道国本地资源。

2008—2018 年,中国保险业对外直接投资存量由 5.1 亿美元增长到 62.70 亿美元,年复合增速 29%。保险业对外投资增速较快但总体规模不大,这与中国保险业起步较晚、发展不成熟有关。中国保险业对外投资波动性较大,2015 年投资存量出现大幅下降,但 2018 年又快速回弹。

2008—2018 年,中国证券业对外直接投资存量逐步增长,由 2.94 亿美元增长到 121.80 亿美元,年复合增速 45%。同保险行业一样,证券业对外投资增速较快但总体规模不大。中国证券业只有 30 年的发展历史,与海外百年投行相比,仍处于发展初级阶段,不适合大规模出海。

2008—2018 年,中国对其他金融活动的对外直接投资存量稳步增长,由 88.60 亿美元增长到 686.80 亿美元,年复合增速 23%,总体增长稳定。

表 4.20　中国资本在国外的金融行业的投资存量

年份	银行业		保险业		证券业		其他金融活动	
	金额(亿美元)	增速(%)	金额(亿美元)	增速(%)	金额(亿美元)	增速(%)	金额(亿美元)	增速(%)
2008	267.90	—	5.10	—	2.94	—	88.60	—
2009	366.00	36.6	5.10	0.0	5.50	87.1	74.40	−16.0
2010	446.50	22.0	8.20	60.8	14.40	161.8	73.10	−1.7
2011	539.60	20.9	11.40	39.0	24.70	71.5	87.70	20.0
2012	629.20	16.6	14.80	29.8	35.20	42.5	277.50	216.4
2013	709.20	12.7	74.40	402.7	43.00	22.2	343.80	23.9
2014	848.00	19.6	99.50	33.7	61.50	43.0	367.20	6.8
2015	971.30	14.5	21.90	−78.0	68.00	10.6	535.40	45.8
2016	1 019.40	5.0	27.90	27.4	74.10	9.0	652.00	21.8
2017	1 182.50	16.0	59.20	112.2	87.20	17.7	699.00	7.2
2018	1 307.70	10.6	62.70	5.9	121.80	39.7	686.80	−1.7

资料来源:商务部、国家统计局、国家外汇管理局历年《中国对外直接投资统计公报》,Wind 数据库。

2. 中国资本在金融行业布局

截至 2018 年底,中国金融业共投资了 587 家境外企业,占中国所有境外企业的 1.4%,其中,金融机构是金融业对外投资的中坚力量。2018 年,中国金融业境内投资者对境外金融类企业的直接投资 296.4 亿美元,占 95%;非金融业境内投资者对境外金融类企业的直接投资 10.8 亿美元,占 5%。

中国金融业对外投资主要集中在亚洲和拉丁美洲,其中对中国香港的金融业投资占比高达 50% 以上。截至 2018 年中国对亚洲金融业投资 1 532.5 亿美元,对拉丁美洲投资 256.9 亿美元,合计占中国金融业对外投资存量的 82.12%。

3. 中资银行业的全球化布局

银行业走在中国金融业海外投资的前沿。2006 年之前,中资银行海外投资的主要方式是设立海外分支机构;2006 年,建设银行收购美国银行(亚洲)、中国银行收购新加坡航空租赁公司后,中资银行海外并购业务开始提速,国开行、民生银行、农业银行、招商银行等金融机构陆续收购海外资产,并购趋于常态化。同时,为弥补经营网点覆盖面不足的缺点,中资银行广泛地开设海外代理行。截至 2015 年末,22 家中资银行开设了 1 298 家海外分支机构,覆盖全球 59 个国家和地区,其中五大行设立境外分行和附属机构合计 136 家。

表 4.21　中国金融业对外直接投资存量地区分布(2008—2018 年)　　　(%)

年　份	中国香港	欧　盟	美　国	澳大利亚	俄罗斯	东　盟	其他地区
2008	25.49	2.43	0.20	0.00	0.15	1.92	69.81
2009	67.80	1.69	0.69	0.19	0.16	0.99	28.49
2010	72.40	1.92	0.88	0.20	0.13	1.21	23.26
2011	66.91	2.15	0.78	0.41	0.12	2.61	27.01
2012	55.45	2.16	1.51	0.41	0.09	2.36	38.02
2013	53.04	5.67	4.98	0.96	0.12	2.20	33.04
2014	55.52	6.27	4.82	0.81	0.19	2.04	30.34
2015	42.27	7.99	9.24	1.09	0.48	3.68	35.26
2016	50.67	8.47	5.82	1.38	0.13	2.46	31.07
2017	51.80	6.93	5.17	1.22	0.15	2.26	32.47
2018	56.53	7.86	4.20	1.12	0.23	2.40	27.66

资料来源:商务部、国家统计局、国家外汇管理局历年《中国对外直接投资统计公报》,Wind 数据库。

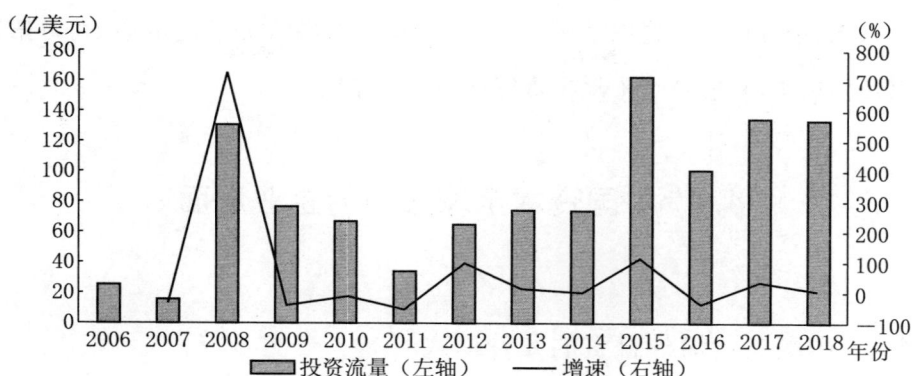

图 4.33　中国银行业对外直接投资流量情况（2006—2018 年）

资料来源：商务部、国家统计局、国家外汇管理局历年《中国对外直接投资统计公报》，Wind
数据库。

2016 年 2 月，中国银保监会出台了《中国银监会办公厅关于 2016 年进一
步提升银行业服务实体经济质效工作的意见》，支持政策性银行、大型银行和
全国性股份制商业银行在风险可控、商业可持续的前提下，稳步推进海外机构
布局。在政策的鼓励下，2016—2018 年中资银行对外直接投资均保持在 100
亿美元/年以上。截至 2018 年末，工行、农行、中行、建行、交行五大国有商业
银行境外资产投资总规模 12.99 万亿元人民币，境外营业收入接近 2 800 亿元
人民币，利润总额达到 1 125 亿元人民币。

表 4.22　中国银行业海外投资情况

	境外机构总资产（万亿元）	营业收入（亿元）	利润总额（亿元）	覆盖国家和地区（个）	海外机构（个）
工商银行	3.10	985.14	332.39	47	426
建设银行	1.69	210.35	79.99	29	215
交通银行	1.07	132.56	55.07	16	66
中国银行	6.21	1 148.55	612.61	56	548
农业银行	0.91	319.95	45.30	17	23
合　　计	12.99	2 796.55	1 125.36	—	1 278

资料来源：各上市公司 2018 年年报，Wind 数据库。

未来,中资银行仍将以港澳台地区为中心,深耕欧美发达市场,大力拓展新兴及发展中市场,持续推动中资银行向海外拓展。

4.4　中国资本全球布局的企业层面

4.4.1　中国企业海外融资的几种模式

由于中国的金融体制建设相对较晚,长期以来,中国企业融资的主要方式就是商业银行贷款这种间接融资方式,但是随着最近几年国有商业银行的改革,信贷政策的改变,部分企业通过银行进行间接融资变得越来越困难,而企业的发展又需要投入更多的资金来支持,因此国内企业从 20 世纪 90 年代就开始将目光转移到国外金融市场,通过在海外融资为企业发展筹集资金。并且随着中国经济的发展,外国投资者对中国企业也有了信心,他们普遍看好中国企业的未来前景,海外的资金也愿意投资中国企业。随着这几年越来越多的中国企业发展壮大,开始走向海外开启国际化发展,海外融资呈增长趋势(周志远、赵小康,2008)。

从类型来看,中国企业目前海外融资的模式包括直接投资、上市融资、境外债券融资和其他一些新的融资模式(表 4.23)。

根据国家外汇管理局公布的国际收支平衡表(BOP),2018 年中国金融账户负债净产生规模达 4 837.86 亿美元,但国际投资头寸表(IIP)公布的 2018 年负债总规模为 51 940.75 亿美元,净增仅 1 459.46 亿美元。国际投资头寸表和国际收支平衡表金融账户下设的项目基本一致,但头寸表的数据不仅体现了交易,也体现了价格和汇率等因素的变化,因此通过这两张表计算的负债净增量尽管在趋势上大体一致,但规模上仍存在较大差异。

分类来看,外商直接投融资仍是中国企业海外融资的主要模式,但证券投资规模近几年在快速增长,其中证券投资包括股权和债券融资,而其他投

表 4.23　中国企业海外融资方式

融资方式	具 体 情 况
外商直接投资融资	外商直接投融资是中国企业早期海外融资的主要方式,改革开放后,各地通过招商引资政策,引入外商投资,大量的资金从境外流入境内。此外,中国企业在海外的发展也展示了中国企业发展的潜力,所以外商愿意到中国来投资合作。引进来的外资缓解了中国企业需要发展资金的问题,同时中国对外商的优惠政策也给他们带来非常乐观的回报。外商直接投资也是中国企业吸引海外资金的主要渠道
直接上市融资	有两种类别,一种是在国内 B 股证券市场发行股票上市融资,另一种是在境外的证券市场发行股票上市融资,或者也可以通过存托凭证发行股票并上市等
间接上市融资	间接上市融资的主要通过壳公司来间接完成。主要方式为:境内企业先在境外通过创立或者购买一个壳公司,然后将境内企业的资产权益注入到境外的壳公司内,最后在境外的证券市场用壳公司名义发行股票上市。这是国内企业较为熟悉的一种融资模式,也已经形成了一定的规模
发行国际债券	指在国际债券市场上以外国货币面值发行的债券,其中债券发行机构涵盖该国政府及其所属机构、企业、私人公司、银行或国际金融机构等
较新出现的融资方式	如 APO(Alternative Public Offering),指的是境外特殊目的公司完成与美国 OTCCB 市场壳公司反向收购交易的同时,也实现了向国际投资者定向募集资金的目的。这种模式也有一定的优点,比如私营公司也可以向股票市场公众投资者销售公司股票;另一方面融资时间也比较短,且消除了在上市过程中涉及的最大风险
其他的海外融资形式	包括海外投资基金融资、项目融资、境外贷款贸易融资等形式

资料来源:周志远、赵小康(2008)。

资波动则相对较大。不过值得注意的是,外管局披露的对外负债规模和中国企业海外融资仍有一定的差异。比如外国来华直接投资不仅包括中国非金融部门吸收的来华直接投资存量,还包括金融部门吸收的投资,以及境内外母子公司间的贷款和其他应收及应付款的存量。再如贸易信贷指的是伴随货物进出口产生的直接商业信用,也不是本报告所考虑的海外融资的概念。后文将对中国利用外商直接投资和企业证券融资(包括股权和债券融资)进行具体介绍。

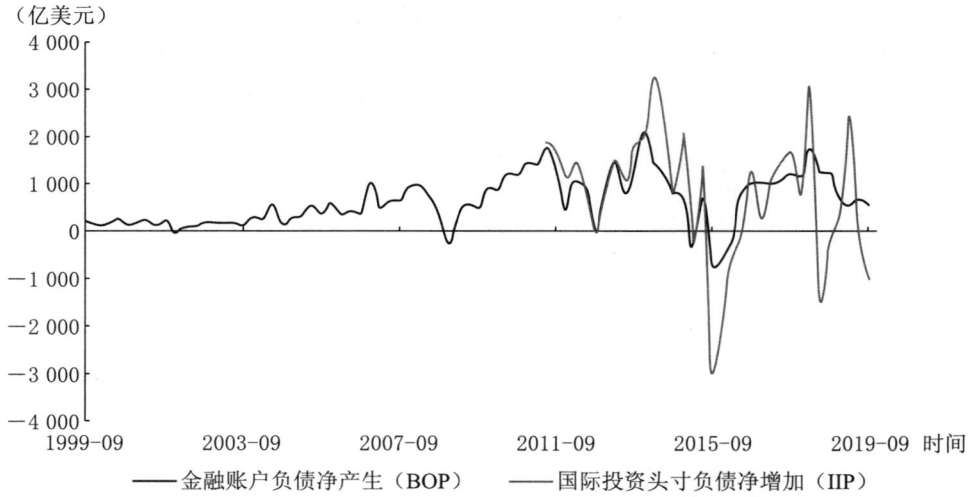

图 4.34 中国金融投资活动外资流入规模

资料来源：国家外汇管理局。

截至 2018 年底，中国对外直接投资累计净额达 19 822.7 亿美元，其中股权投资 9 593.6 亿美元，占比 48.4%；收益再投资 7 236.5 亿美元，占 36.5%；债务工具投资 2 992.6 亿美元，占 15.1%。这三类投资方式相比，新增股权投资

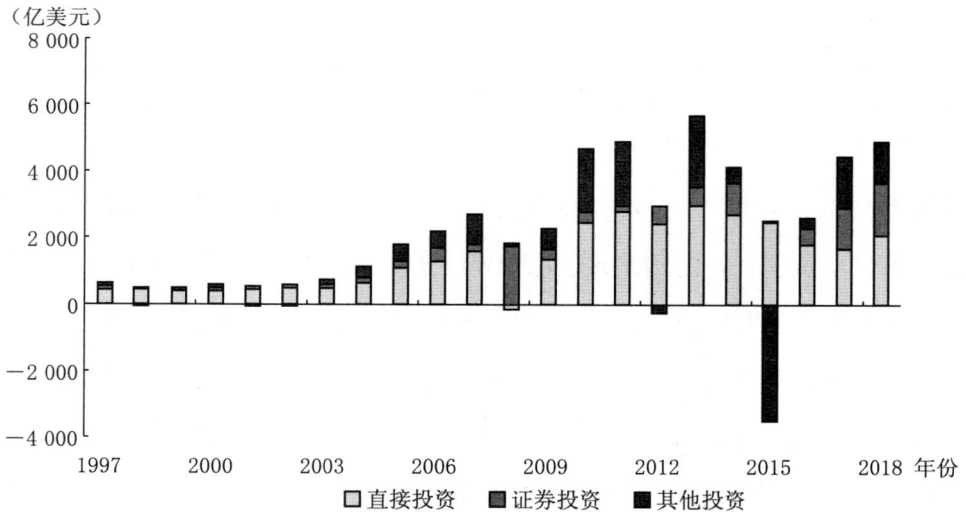

图 4.35 中国各项外资流入规模

资料来源：国家外汇管理局。

表 4.24　2006—2018 年中国对外直接投资流量构成

年份	投资流量 （亿美元）	新增股权		当期收益再投资		债务工具投资	
		金额 （亿美元）	比重 （％）	金额 （亿美元）	比重 （％）	金额 （亿美元）	比重 （％）
2006	211.6	51.7	24.4	66.5	31.4	93.4	44.2
2007	265.1	86.9	32.8	97.9	36.9	80.3	30.3
2008	559.1	283.6	50.7	98.9	17.7	176.6	31.6
2009	565.3	172.5	30.5	161.3	28.5	231.5	41.0
2010	688.1	206.4	30.0	240.1	34.9	241.6	35.1
2011	746.5	313.8	42.0	244.6	32.8	188.1	25.2
2012	878.0	311.4	35.5	224.7	25.6	341.9	38.9
2013	1 078.4	307.3	28.5	383.2	35.5	387.9	36.0
2014	1 231.2	557.3	45.3	444.0	36.1	229.9	18.6
2015	1 456.7	967.1	66.4	379.1	26.0	110.5	7.6
2016	1 961.5	1 141.3	58.2	306.6	15.6	513.6	26.2
2017	1 582.9	679.9	42.9	696.4	44.0	206.6	13.1
2018	1 430.4	704.0	49.2	425.3	29.7	301.1	21.1

　　资料来源：商务部、国家统计局、国家外汇管理局历年《中国对外直接投资统计公报》，Wind 数据库。

占比越来越大，由 2006 年的 24.4％提高到 2015 年的 66.4％；当期收益再投资的比重呈现波动趋势；债务工具投资的比重在波动中呈现明显的下降趋势，由 2006 年的 42.2％下降至 2018 年的 21.2％。

4.4.2　中国企业利用外商直接投资

1. 总体趋势

　　全球来看，近年来对外直接投资总规模呈现回落。根据联合国贸发会议发布的《2019 年世界投资报告》，截至 2018 年全球外商直接投资规模达 1.3 万亿美元，已经连续第三年下滑。一方面体现了全球经贸在放缓，另一方面，欧盟和美国在外商投资方面也在严加审查、增加壁垒。

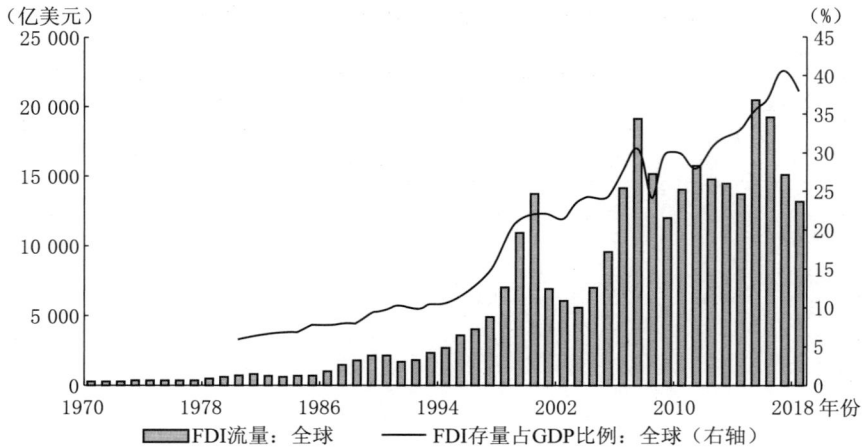

图 4.36　全球对外直接投资规模及占 GDP 的比例

资料来源：Wind 数据库。

　　而在此背景下，中国利用外商直接投资增速在 2016—2017 年间也有所放缓，但 2018 年以来又恢复稳步增长。根据商务部的数据，2018 年中国实际利用外商直接投资规模达 1 350 亿美元（联合国贸发会议统计的 FDI 数据为 1 390 亿美元），创下历史新高。2019 年以来外商直接投资继续平稳增长，前 11 月累计使用外商投资达到 1 243.9 亿美元，同比增长 2.6%。

　　中国外商投资规模稳步增长，和对外开放的政策不无关系。比如中国近

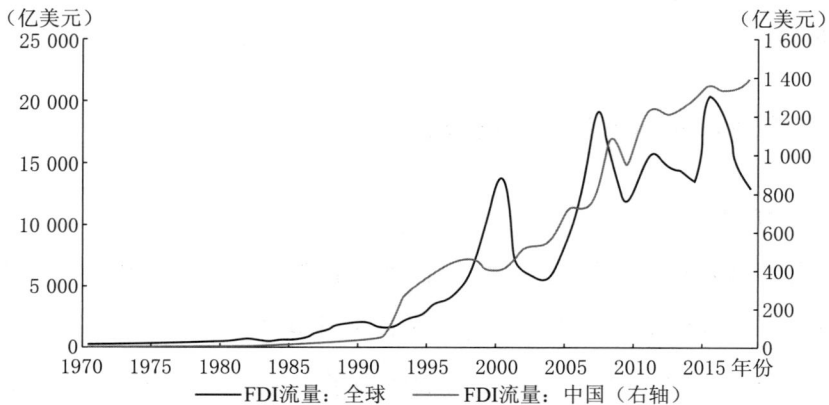

图 4.37　全球和中国 FDI 流量走势

资料来源：Wind 数据库。

图 4.38　中国实际利用外商直接投资规模同比增速

资料来源：Wind 数据库。

年来对外商投资监管的修订愈发频繁，近五年已四次修订产业指导目录。而且，中国对外商投资限制性措施的数量大幅减少，2019 年外商投资准入负面清单规定了 40 条限制性措施，较 2007 年的 125 条已减少近 70%。随着《中华人民共和国外商投资法》的出台和推行，外商投资环境还将进一步改善，也有利于中国外商投资规模的增长。

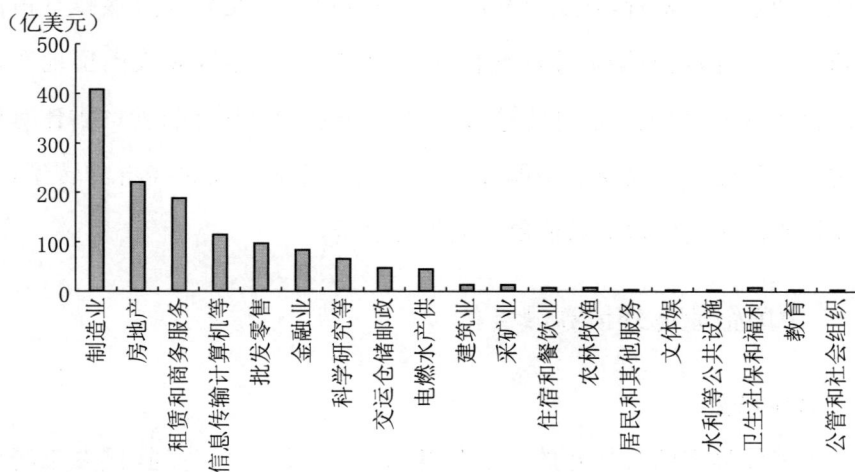

图 4.39　2018 年各行业外商直接投资实际使用资金情况

资料来源：Wind 数据库。

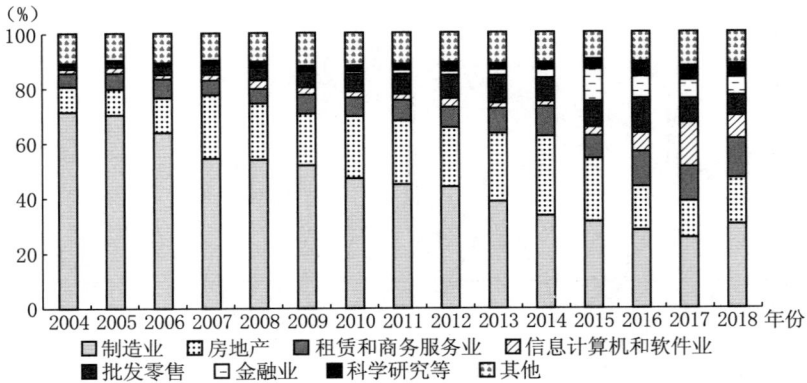

图 4.40　近几年外商直接投资实际使用金额变化

资料来源：Wind 数据库。

2. 行业分布

从 2018 年各行业外商直接投资实际使用资金数据来看，资金主要集中在制造业、房地产、租赁和商务服务业、信息传输计算机服务和软件业、批发与零售业等。前五大行业外商直接投资的金额占了总金额的 77％ 左右。其中制造业以 411.74 亿美元高居第一，占比 30％；而第二名房地产业吸收外商直接投资 224.67 亿美元，占比 16.6％。

从时间趋势上来看，制造业和房地产一直以来都是外商直接投资占比最大的两个行业，但投向制造业的比例逐年递减，2015 年以后投向房地产行业的比例也在减少，而投向信息传输、计算机服务和软件服务行业的占比有所扩张。这一定程度上也反映了中国经济从传统制造业向新兴经济的转型，而新经济在扩张的过程中也会需要更多的外部融资。

4.4.3　中国企业海外债券融资

1. 总体趋势

近年来债券市场对外开放步伐较快，2017 年设立债券通，债券市场外资流入规模快速增长。目前中资企业发行的海外债以美元债券为主，欧元债券和人民币债券发行的规模较小。由于美元目前是国际贸易中主要的交易货

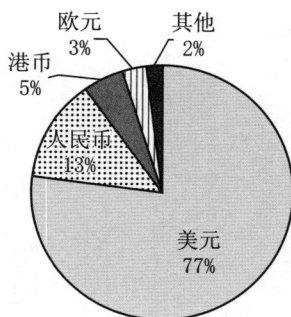

图 4.41　中国非金融企业境外发债币种分布

资料来源:Wind 数据库,Bloomberg 数据库。

币,并且美元目前在国际货币中处于不可撼动的位置,所以,目前发债是以美元债为主体。需要注意的是,2017 年离岸欧元债券的发行额增长迅猛,其主要原因是欧洲央行长期渐进式的货币宽松政策让欧元区几乎成了免费发债地。因此欧元债券的融资成本下降使得欧元债成为中国企业境外融资的又一新选择(胡昊,2019)。由于近期人民币的贬值和离岸人民币的融资成本上升,使用境外人民币债券融资的企业数量呈下降趋势。

尽管 2019 年离岸人民币债券发行规模将近 2 000 亿美元,但实际上无评级债券规模占比达到了 91%,而这部分主要为离岸央票。且剩余发行主体集中在政策性银行和商业银行等,非金融企业发行规模相对较小(贾知青等,2019)。

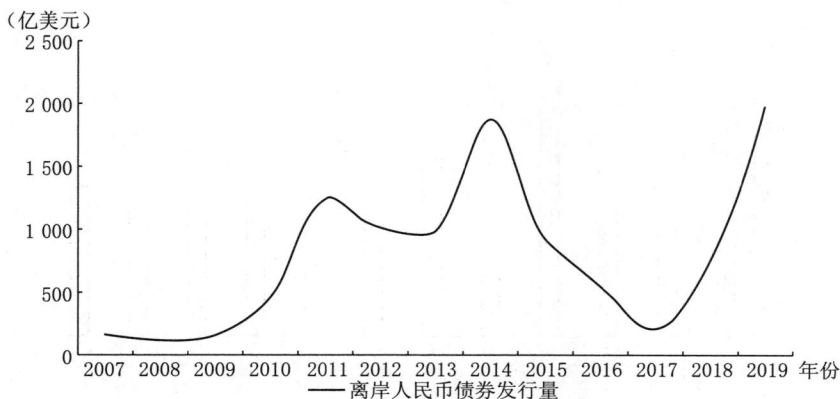

图 4.42　近几年离岸人民币债券发行情况

资料来源:Wind 数据库。

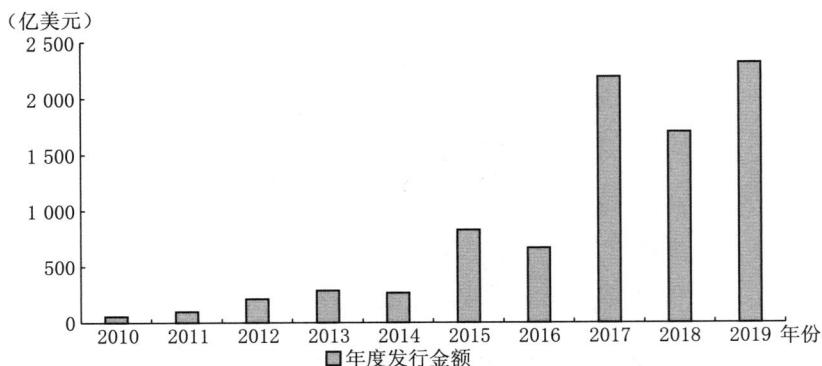

图 4.43 中资美元债近几年发行情况

资料来源:Bloomberg 数据库。

　　2007 年是境内机构境外发债的分水岭,根据国家外汇管理局已披露的数据,2007 年底以前,境内机构发行外币债券总量为 163.38 亿美元,其中中资金融机构发行外债占比为 47.33%,共计 77.32 亿美元;金融机构以外的中资企业发行外债占比为 43.47%,共计 71.03 亿美元。2007 年以后,中资企业境外发行外币债券的规模迅速增长。到 2012 年底,中资企业在境外发行的美元债券达到了 260 亿美元。2013 年规模进一步增大,前三个月,中资企业在境外发行的美元债券超过了 2012 年全年发行 85 亿美元的数量,达到了 100 亿美元左右。到 2013 年底,全国中资企业累计发行美元债券总量突破 400 亿美元(陈明杰,2014)。2017 年达到巅峰,中资美元债发行量超过 2 300 亿美元。

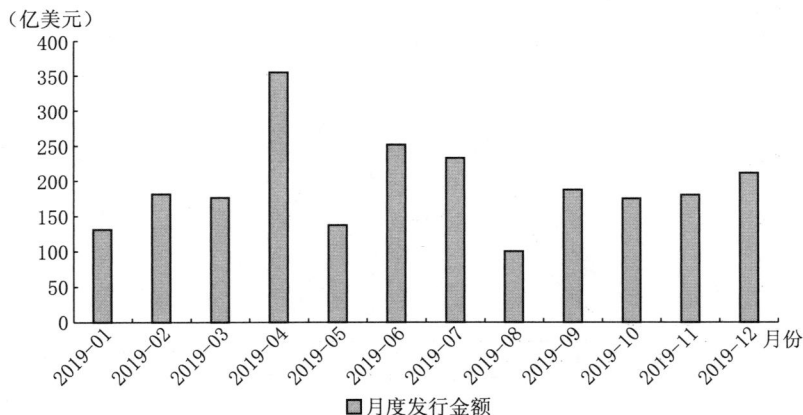

图 4.44 中资美元债 2019 年各月度发行情况

资料来源:Bloomberg 数据库。

　　2019 年中资美元债发行量已超过上年,上半年发债量规模较大,4 月份发行量超过 350 亿美元。根据彭博数据,2019 年前 11 个月中资美元债发行量与净增量分别达到 2 043 亿美元和 1 165 亿美元,发行量已经超过 2018 年全年水平,净增量超过上年同期水平,全年发行量达到 2 318 亿美元,全年发行量超过 2017 年创下历史新高。

　　2. 行业分布

　　从行业分布看,发行美元债的企业以地产、金融和城投这些行业为主。近十年无论是发行数量还是融资金额,房地产行业占比均为最高,约为 30% —60% 左右。这与房地产企业资金周转速度慢、融资需求量大有关,国内信贷政策对房地产行业收紧也是其中重要的原因。其次,石油、化工、钢铁行业的外债融资比例也很高。中国三大石油公司近年来发行境外债券规模不断扩大,融资成本不断降低。这是由于三大石油公司近几年管理水平不断提高、经营业绩持续增长,国家信用评级不断水平提高(陈明杰,2014)。依据优序融资理论,中国企业已开始将境外融资方式的重心由股权融资转向债券融资,为开展海外项目投资和实施"走出去"战略提供资金支持。其他行业如公用事业与计算机、能源、交通行业的占比呈波动上升趋势,近年来在境外债券大规模发展的同时,融资行业种类也在不断丰富。

　　从 2019 年美元债发行的数据看,地产发行量占比为 36%,达到 2011 年以来的最高水平。金融发行量占比为 28%,城投发行量占比为 14%。

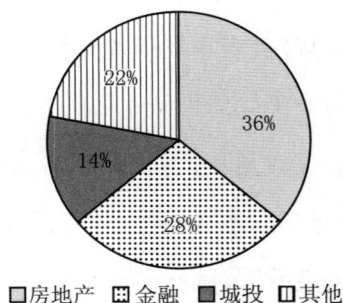

□房地产　□金融　■城投　□其他

图 4.45　中资美元债 2019 年发行量行业分布

资料来源:Wind 数据库,Bloomberg 数据库。

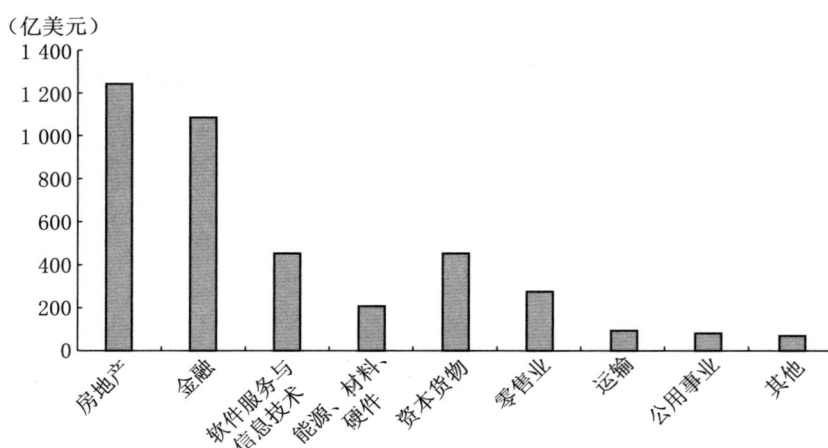

图 4.46　各行业中资美元债余额分布

资料来源：Wind 数据库。

3. 未来走势

由于境外多经济体均采取宽松的货币政策，使得境外资金的使用成本较低，所以企业在境外发债成本较低，美元债的发行量可能仍会保持增长。

从行业分布来看，由于国内银行有进一步补充资本和资产管理业务的资金需求，而且海外的基准利率都处于较低的水平，来自金融行业的中资美元债供给可能会继续增加。2018 年房地产板块的发行与净增占中资美元债整体发行与净增的比例分别为 36％和 51％，是发行中资美元债最主要的行业。但2019 年 7 月发布的《国家发展改革委办公厅关于对房地产企业发行外债申请备案登记有关要求的通知》规定，房企发行境外债券仅能用于偿还一年内到期的中长期境外债务，导致地产美元债供给走弱，而地产周期走弱的背景下房企融资需求和动力也会趋弱，在较紧政策和自身需求不足的情况下，估计地产行业境外发行美元债的数量将延续下降趋势。不过同时该行业面临的偿债压力也不小，并且国内融资的渠道受限，可能还是会有一定的企业寻求海外发债融资，特别是国内融资较困难的中小房企，所以总体来看短期下降的幅度不会很大。其他行业例如石油和互联网，由于一些企业近年来发展迅速，已经成长为规模较大且国际声誉较好的成熟企业,那么这些企业在海外融资的时候就可能更多的选择发债融资而不是股权融资,以保证公司的控制权不会被稀释。

整体来看,伴随着金融开放,会有越来越多的行业和越来越多的企业选择发行海外债券,境外债券融资将成为未来中国企业海外融资的主要途径之一。

4.4.4 中国企业海外融资展望

随着中国经济的发展,金融市场进一步开放,制度进一步完善,中国企业未来的海外融资一定是朝着更大的总体融资规模、更多的融资方式、更创新的融资模式发展。在未来更规范更合理的金融体系下,国内企业对海外资金的吸引将进一步加强,随着更多的企业发展壮大,走出国门寻求国际化发展,海外融资的规模一定会进一步扩大。并且一批有实力的企业寻求资金时,由于自身具有稳定的业务和现金流,可以直接发行债券而不需要通过在海外上市这种方式筹集资金。随着一批国际化的企业在海外成功经营,建立起的良好形象可以帮助企业寻求海外银行信贷资金。一些新兴企业也会吸引海外资金,新兴的企业可以通过在海外上市,募集到成长期所需资金,谋求企业的进一步发展。所以,未来中国企业在海外的融资方式是多样化的,企业可以根据自身的条件选择适合自己发展的融资方式。

金融开放对海外融资既有有利影响也有不利影响。一方面,金融开放会吸引外资进入境内的金融市场,境内资金的成本会下降。在这种情况下,一些企业在权衡融资成本后可能会放弃去海外融资,直接选择在境内融资。另一方面,金融开放之后,海外资金对境内资产的认可度会进一步提高,这样国内企业寻求海外融资的时候可能会更加有利。在这种情况下,更多的企业可能会去海外融资,因为在海外融资有利于提升自己的国际影响力,有利于企业的国际化发展。总体说,中国金融进一步开放对企业进行海外融资是有利的。

从大环境来看,全球化进程或告一段落,可能也会对中国企业海外融资造成一定影响。中国企业海外融资规模的扩大受益于之前经济全球化的发展,然而随着全球化进程陷入瓶颈期,中国企业海外融资可能面临压力。全球化进程始于 20 世纪 80 年代,在美国等西方发达国家的引领下,贸易、资本、人口和技术在世界范围内实现了较高程度的整合发展,为全球经济增长提供了强大动力。但随着全球化的推进与深化,世界经济逐渐出现了不平等、不公平及增长动能缺失等问题。2008 年全球金融危机爆发后,全球化进程逐渐陷入瓶颈,贸易增速显著下滑,关税税率开始提高,新兴市场净资本流入大幅下降。近年来,西方发达国家在贸易、投资和移民等议题中做出越来越保守的政策调整,英国脱欧、美国退出 TPP、全球贸易保护主义情绪明显升温,均凸显了全球化进程的困境。在此国际环境背景下,中国企业海外融资的难度及成本或将上升。

4.4.5　中国企业海外并购

2005 年以来,A 股上市公司合计提出 280 次海外收购,其中完成 153 项、失重组败 27 项,其余项目正在进行中。82％的收购项目于 2014 年之后提出。

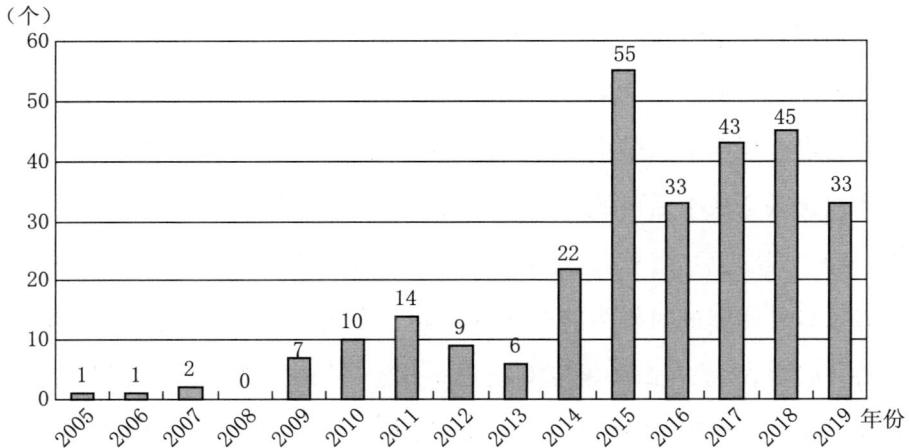

图 4.47　A 股上市公司海外并购预案数量

资料来源:Wind 数据库。

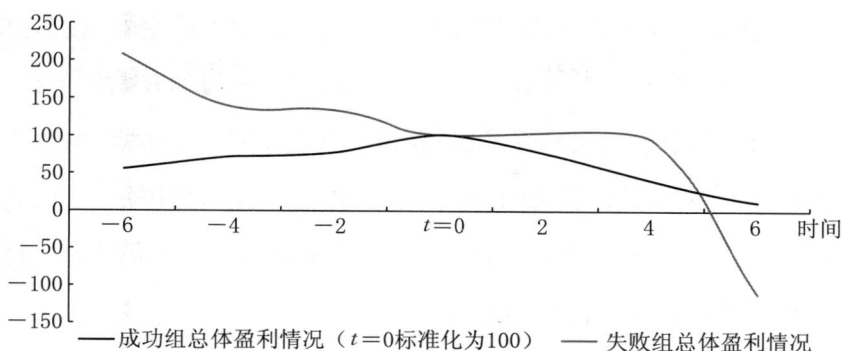

图 4.48　2005—2018 年海外收购样本盈利情况比较

资料来源:Wind 数据库。

注:$t=0$ 为收购披露时间,$t=1$ 为其后 1 个季度,其他时间依次类推。

　　我们将收购成功的案例与失败的案例进行了对比,发现:成功组被收购资产盈利状况大体维持原来的趋势,并没有显著的改善,但是失败组被收购资产盈利下滑得更为快速;同时,成功组被收购资产市盈率有明显的抬升,而失败组被收购资产市盈率则持续下降。

　　我们认为,海外被收购资产大多因为技术优势不再、管理效率低下等多种原因导致竞争优势下降、经营困难,而这种状况在短时间内是无法完全解决的,需要较长的时间才能验证新东家是否能够有能力整合被收购企业、重拾企

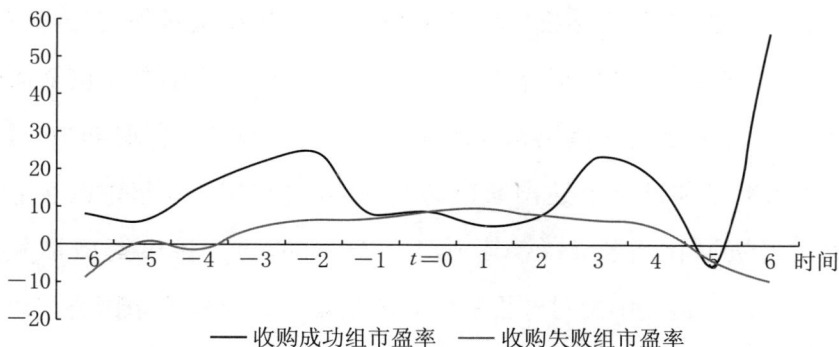

图 4.49　2005—2018 年海外收购样本市盈率情况比较

资料来源:Wind 数据库。

注:$t=0$ 为收购披露时间,$t=1$ 为其后 1 个季度,其他时间依次类推。

业昔日竞争优势。以腾讯、阿里巴巴、海尔等为代表的中国企业,在"走出去"的路径中,借助了资本的力量实现了互利共赢;但以中海油并购优尼科、中国铝业收购力拓、腾中重工收购悍马、华菱集团并购 FMG 公司等,均由于各种原因导致"走出去"失败。著名的"七七定律"指出,全球范围内 70% 的并购没能实现当初期望的商业价值,而当中 70% 失败于并购后的文化整合。跨国的文化差异与碰撞,是整合最大的阻隔之一。

4.5 "一带一路"建设中加强中国资本的全球化布局

当今,全球经济高度互联。"一带一路"贯穿亚欧大陆,将相隔万里的东亚经济圈和欧洲经济体相连通,广袤的腹地沿线国家孕育着经济发展的巨大机遇。"一带一路"沿线各国资源禀赋各异,经济互补性较强,合作潜力很大。中国通过"一带一路"建设,推进全方位对外开放,深度参与构建全球经济新体系。

4.5.1 "一带一路"助力优化中国资本全球布局

1. 中国对外投资依赖欧美市场

根据商务部《对外直接投资统计公报》,2018 年中国对外直接投资存量接近 20 000 亿美元,投资流量全球排名第三。中国对外投资在全面快速增长的同时,也存在着一些结构性的问题——过去较长一段时期内,对外投资增长主要是依靠欧美发达国家市场实现的。如在 2016 年中国企业对发达国家的投资同比增长 94%,其中对北美、欧洲的直接投资增幅分别达 89.9%、50.2%,远超中国对外投资的总体增幅。如果剔除中国香港以及开曼群岛、英属维京群岛两个免税区,存量投资占比前三位分别为欧洲、亚洲、北美洲,2018 年上述地区占比总投资存量(剔除中国香港、开曼群岛、英属维京群岛)的 65%。

表 4.25　2018 年中国对外直接投资存量地区构成情况　　　　（%）

年　份	亚洲:除中国香港地区	非　洲	欧　洲	拉丁美洲:除两免税岛国	北美洲	大洋洲
2006	6.70	8.70	7.72	1.35	5.40	3.20
2007	12.01	17.37	17.35	2.02	12.61	7.12
2008	11.92	20.91	13.76	1.47	9.81	10.23
2009	10.85	17.74	16.49	1.40	9.85	12.20
2010	13.44	16.79	20.23	1.63	10.08	11.08
2011	13.78	14.46	21.77	1.28	12.00	10.69
2012	12.78	13.20	22.46	1.19	15.49	9.18
2013	14.04	12.64	25.66	1.63	13.81	9.18
2014	15.01	11.59	24.86	1.51	17.18	9.26
2015	17.75	10.61	25.60	2.23	15.96	9.82
2016	18.33	10.39	22.73	2.57	19.67	9.97
2017	19.96	9.49	24.31	2.75	19.06	9.16
2018	22.77	9.37	22.92	2.49	19.58	8.96

资料来源:商务部、国家统计局、国家外汇管理局 2018 年《中国对外直接投资统计公报》。

在如今中美经贸摩擦愈演愈烈,美国对华经济遏制空前强化,美欧等发达国家对中国企业资本准入门槛提高、审查趋严的背景下,企业"走出去"对外投资过程中如何有效规避在发达国家遭遇严重的投资保护和投资壁垒,成为中国优化对外开放布局尤其是对外投资布局重要而紧迫的任务。加大"一带一路"投资,能够优化中国对外投资布局,有效规避欧美国家对中国企业的投资壁垒。

2."一带一路"沿线国家经济增长潜力较大

根据国家信息中心出版的《"一带一路"贸易合作大数据报告(2018)》,"一带一路"涵盖了欧亚、中东、非洲等地区在内的 71 个国家,总人口逾 34 亿,占全世界人口的 47%;经济总量 97 万亿元人民币,占全球经济总量的 18%,但人均 GDP 仅为世界平均水平的 42%;对外贸易总额为 9.3 万亿美元,占全球贸易总额的 28%。这些国家大多数为新兴经济体和发展中国家,未来具有巨大的经济增长潜力和消费潜力。

表 4.26　2018 年"一带一路"直接投资行业及增长率情况

行　业	金额(亿美元)	增长率(%)
制造业	58.80	42.60
批发和零售业	37.10	37.70
电力生产和供应业	16.80	87.50
科学研究和技术服务业	6.00	45.10

资料来源:商务部、国家统计局、国家外汇管理局 2018 年《中国对外直接投资统计公报》。

3. "一带一路"沿线国家与中国产业互补性强

在产业结构上,中国与"一带一路"沿线国家上互补性高。中国的人口红利奠定了劳动密集型产业的比较优势,"一带一路"沿线多为发展中国家,人均收入和消费能力不高,生产技术水平较低,中国劳动密集型产业尤其是纺织服装、电子电器等中低端消费品在沿线国家具有广阔的市场需求。另一方面,"一带一路"沿线国家资源较为丰富,可以为中国工业发展提供充足稳定的原料来源,带动沿线国家出口加工,为当地提供更多的就业机会。

4.5.2　中国资本布局"一带一路"的进展

1. 基础设施领域

"一带一路"建设的首要环节和重点领域即是基础设施互联互通。只有保障了基础设施的联通,资源、货物来往才能顺畅,技术、资金、人员才能流动。基础设施建设要构建的是包括铁路、公路、航运等在内"三位一体"的基建网络。

铁路方面,与沿线地区展开合作,相继建成了中老铁路、中泰铁路、雅万高铁等项目。与尼泊尔合作的中尼跨境铁路预可行性研究方案已经完成,中基、中吉乌铁路前期可行性研究已经启动,中欧货运班列常态化、国际协作运作机制正在成型。截至 2019 年,中欧班列已经在亚洲与欧洲的 16 个国家通行,连接超过 108 个城市,累计开行 1.3 万列,运送货物超过 110 万标准箱。中欧班列极大提高了通关便利性,货物平均查验率和通关时间降低了50%以上。

公路方面,中国成为《国际公路运输公约》(TIR 公约)的缔约国,与沿线15 个国家签署了 18 份双多边运输便利化协定。中吉乌国际道路运输实现常态化运行,中越北仑河公路二桥建成通车并开展运行。

港口方面,中国与 47 个沿线国家签署了 38 个双边和区域海运协定。巴基斯坦瓜达尔港的集装箱定期班轮航线已经开通;斯里兰卡汉班托塔港前期定位与规划已经完成;希腊比雷埃夫斯港中转枢纽建成,港口三期建设即将完工;阿联酋哈利法港二期集装箱码头已于 2018 年底正式开港。

航空方面,中国与 126 个国家签署了双边政府间航空运输协定。截至 2019年,中国与沿线国家新增国际航线 1 239 条,占新开通国际航线总量的 69.1%。

2. 经贸领域

2017 年 5 月,中国公布《推进"一带一路"贸易畅通合作倡议》,得到了 83个国家和国际组织的响应。目前,中国设立了面向全球开放的 12 个自由贸易试验区,平均关税从加入 WTO 时的 15.3%降至 7.5%。

2013 年至 2018 年,中国与"一带一路"沿线国家货物贸易总额超 6 万亿美元,占中国货物贸易总额的 27.4%。2018 年,中国与沿线国家货物贸易进出口总额达到 1.3 万亿美元,同比增长 16.4%。

3. 金融领域

"一带一路"沿线基建态势良好、经济发展空间广阔,吸引了包括各国政府投资基金和主权基金在内的各方主体参与其中,并想发挥更大的作用。中国相继与英国、新加坡等 27 国核准了《"一带一路"融资指导原则》,鼓励市场资本服务于"一带一路"沿线地区的实体行业发展,尤其重点加大对基建、双边贸易等方面的资金扶持。

五年来,投融资体系不断推进,金融支持力度加大,相关资本平台发展得以完善,为"一带一路"建设提供了强有力的支撑。

表 4.27 "一带一路"中国和沿线国家金融领域互通

主　体	内　容
主权财富基金	阿联酋阿布扎比投资局、中国投资有限责任公司等主权财富基金对沿线国家主要新兴经济体投资规模显著增加
	丝路基金与欧洲投资基金共同投资的中欧共同投资基金于 2018 年 7 月开始实质性运作
多边金融合作	中国人民银行与世界银行下属的国际金融公司、泛美开发银行、非洲开发银行等多边开发机构进行融资合作,截至 2018 年底,已累计投资 100 多个项目,覆盖 70 多个国家和地区
	2017 年 11 月,中国—中东欧银联体成立,成员包括匈牙利、捷克等 14 个国家的金融机构
	2018 年 7 月、9 月,中国—阿拉伯国家银行联合体、中非金融合作银行联合体成立,建立了中国与阿拉伯国家之间、非洲国家之间的首个多边金融合作机制
保险 & 银行机构	截至 2018 年底,中国出口信用保险公司累计对沿线国家的贸易扶持超过 6 000 亿美元。已有 11 家中资银行在 28 个沿线国家设立 76 家一级机构
债　券	截至 2018 年底,熊猫债发行规模已达 2 000 亿元人民币左右;中国进出口银行面向全球投资者发行 20 亿元人民币"债券通"绿色金融债券,金砖国家新开发银行首单 30 亿元用于绿色丝绸之路建设的人民币绿色金融债成功发行
金融合作	中国先后与 20 多个沿线国家建立了双边本币互换安排,与 7 个沿线国家建立了人民币清算安排,人民币跨境支付系统覆盖 40 个"一带一路"国家的 165 家银行

资料来源:根据《共建"一带一路"倡议:进展、贡献与展望》报告整理。

4. 产业领域

2013 年至 2018 年,中国企业对沿线国家直接投资超过 900 亿美元,在沿线国家完成对外承包工程营业额超过 4000 亿美元,与 40 多个国家签署了产能合作文件,与多个国家搭建了跨境经济合作区和国际边境合作中心。

表 4.28 "一带一路"沿线国家和地区投资情况(2015—2018 年)

年　份	"一带一路"国家投资额（亿美元）	同期总额占比（%）	对外承包工程额（亿美元）	同期占比（%）
2015	148.2	—	926.4	44.1
2016	145.3	8.5	1 260.3	51.6
2017	143.6	12.0	1 443.2	54.4
2018	156.4	13.0	1 257.8	52.0

资料来源:国家信息中心,《"一带一路"贸易合作大数据报告 2018》。

4.5.3　中国资本布局"一带一路"的未来方向

1. 基础建设先行

基础设施是"一带一路"实现互联互通的基石。过去几年,处在"一带一路"的起步阶段,基础设施建设是各国最为急需的,发展也最为迅猛的行业之一。"一带一路"沿线国家大多在铁路、电力、通信、基础设施上的产业、技术方面较为落后,而中国企业在这方面则具有较大优势,在双方合作过程中,可以实现优势互补,同时提高中国对外投资的规模和水平。

中国企业可以以基础建设的互联互通为突破口,利用中国基建方面位于世界领先地位,协助沿线国家建设四通八达的基础设施网络,加大对中亚、西亚等落后地区基础建设的援助,以此逐步实现沿线国家的贸易畅通和民心相通。

2. 能源开发是重点领域

中国油气资源储量不足,经济发展水平的不断提高也加大了能源对外依存度。根据《中国能源发展报告 2018》,2018 年中国能源对外依存度约 21%。其中,原油净进口量达 4.6 亿吨,对外依存度攀升至 71%;天然气净进口量达 1 200 亿立方米,进口量全球第一,对外依存度达 43%。

而"一带一路"沿线地区恰恰能源丰富。根据《"一带一路"建设发展报告(2019)》数据,"一带一路"地区的油气资源、煤炭资源和铀矿,都位列世界第一。截至 2018 年,全世界还剩余的可以采的石油储量 3 311.77 亿吨,其中"一带一路"的 65 个国家储油量是 2 103.7 亿吨。在世界已经发现可采资源的 63% 是在"一带一路"沿线,主要靠近中亚、西亚、俄罗斯和中非。

截至 2018 年底,中国对"一带一路"沿线国家投资的能源项目达到 769 个,包括直接投资 309 个、建设合同 343 个,其中石油项目占比 25%,煤炭项目占比 17%。未来,能源开发仍将是"一带一路"沿线的重点。

3. 跨境并购为主

跨境并购不同于其他投资模式的地方,在于其建设期较短。也正因为这一明显的优势,成为国内公司想要扩张业务版图、扩大市场规模、进入另一国家和市场的首选方式。通过跨境并购,企业关键能力可以得到快速提升,商标、科研开发能力、技术等无形资产也会增大,同时企业业务组合优化的目标也会得以实现。

东道国的市场环境和政府环境对对外投资有着重要的影响。拥有技术优势的企业可重点发展企业核心竞争优势,将非核心技术或普适性业务分包给当地企业,提高当地企业与政府的接纳认可度,加速进入当地市场。

4. 官方与民间协同推进

在目前的"一带一路"建设过程中,呈现出部门、地方、驻外使馆、协会、企业、金融机构协同推进的现象。"一带一路"对于中国企业,尤其是民营企业,不止是赚取利润的方式,更是创造价值与扩大自身影响力的重要途径。如今,民营企业成为了"一带一路"国家的进出口贸易的主力军,是与"一带一路"国家的进出口总额占比最大。

根据《"一带一路"贸易合作大数据报告2018》,2017年民营企业与"一带一路"国家的进出口总额为6 199.8亿美元,占中国与"一带一路"国家贸易额的43%,其次为外商投资企业36.6%、国有企业19.4%、其他企业1.0%。

4.5.4 中国企业"走出去"过程中的建议

1. 提高企业海外投资风险管控能力

随着"一带一路"建设稳步实施,中国比以往时候在沿线国家经济发展当中发挥着更加重要的作用。[1]但在取得优异成绩的同时,"一带一路"沿线建设项目的风险也不容忽视:一些大型基础建设项目盈利前景不容乐观,甚至会出现项目收入在很长时间内难以弥补运营支出的现象(南雪芹,2015)。主要表现在三个方面:(1)产业结构较为单一,经济稳定性有待提高;(2)地缘政治、政

---

[1] 参见德勤、上海市商务委员会:《"一带一路"国家投资指数报告》。

权更迭和宗教冲突所引起的政治环境风险;(3)政府盲目举债、偿债能力较差导致的信用风险。

"一带一路"沿线国家大多经济发展水平有限,中国对该地区的资本投入短期内较难见效,可能会面临投入大、周期长、收益低的局面,中国企业需要提高对投资风险管控的能力,加强投资前的禁止调查,投资安全与利益并重。

2. 改善中国企业海外融资环境

金融在经贸往来中起着举足轻重的作用,"一带一路"沿线的国家以发展中国家为主,国家资本量不足,资金缺口大,无论是基础设施建设、贸易发展还是项目开发,都需要强有力的金融支撑,以满足庞大的资金需求。"一带一路"建设需要全方位的金融服务,涉及投融资、证券和保险等金融领域各类业务。建议鼓励发展创新金融模式,降低国内外金融行业的信息不对称。

同时,"一带一路"建设对跨境人民币结算需求也日益增大。"一带一路"的推进需要完善、安全、稳定的货币支付体系和资金支持体系,美国对华的贸易争端背景下美元支付体系已存在较大风险隐患。建议加快人民币的国际化进程,提升以人民币、双边货币互换等支付方式的比重,创新金融模式,努力改善中国企业的海外金融环境。

3. 关注当地环境问题与文化问题

"一带一路"建设过程中所做的环境与社会影响评估并没有受到应有的重视,这将存在一系列隐患,尤其是在政府对环境标准监管不严格的国家或地区,环境与社会影响评估问题的严重性会在项目后期变得明显。例如,马来西亚东海岸铁路项目甚至在投入运行后也很少被翻译成当地语言并对外公开。中国开发商与当地居民和环保团体很少进行磋商,即使有交流,也是成果甚微。

同时,东道国的社会环境地的宗教、法律制度、人文环境等当地特色文化也是需要考虑的问题。中国并购企业应当尊重当地的大环境,了解并充分考虑到特色文化环境可能给跨国交易所带来的风险和劣势,尽量做到适应当地文化,多与当地国各方沟通,达成互相统一的交流方案。

4. 培养从事海外投资的复合型人才

无论在发达国家还是发展中国家,法律合规对中国企业海外经营都至关重要。"一带一路"相关国家众多,各国经济发展水平、政治制度、意识形态、社会文化习俗等差异较大,使中国海外企业运营管理遇到很大挑战,比如,运营阶段的税收、劳工等小问题很容易引发大的纠纷。

投资企业需要加强对国外相关法律政策和投资环境的了解,如运营阶段的税收缴纳,劳工纠纷等属地化管理问题,废水、废气、废渣等污染治理等环保问题。同时,也要培养能够从事境外投资既有管理技能,又通晓国际贸易惯例的专业型人才。

4.6　中国资本全球布局的主要影响与整体效果

从古代的丝绸之路、茶马古道到如今的"一带一路",中国持续发挥着对世界经济的影响力,从古代对外输出茶、丝绸、瓷器,到现在对外输出商业模式,中国影响世界经济的方式发生了巨变和转换。中国资本全球布局之路,是中国资本全球投资之路,也是中国企业国际化之路。作为一个占全球五分之一人口、经济快速增长的东方大国,带给世界的绝不是所谓的威胁,而是腾飞经验和发展新机遇。

4.6.1　资本全球布局助力实现资源有效配置、提高劳动生产率

1. 资本全球布局助力实现资源有效配置

全球经济资源配置,是指在经济全球化下一个国家或地区在全球配置各种经济资源的能力。这种资源配置能力的大小,既反映了国家或地区对全球经济发展的影响力,也反映了其利用全球资源优化本国或地区资源配置、保障本国或地区经济可持续发展的实力。因此,在如今经济全球化时代中,提高全球经济资源配置能力是各经济大国努力提升国际经济影响力、争夺全球经济

话语权、发展自身经济的重要目标。

15 世纪以来,西方主要国家通过武力征服、贸易倾销、金融资本等手段提高了其配置全球资源能力和水平,使其长期处于绝对主导地位。"一带一路"建设的开展与中国资本加速全球布局等举措,有助于中国企业实现资源的全球有效配置。尤其是对"一带一路"沿线国家的投资,可以实现双赢效果:一方面,中国资本的介入会有效地为当地产业提供宝贵的融资机会,促进当地产业的发展和崛起;另一方面,也会激发当地人民发展生产、改善生活的热情,从而提高生产率,提升资源的配置效率。

2. 资本全球布局提升劳动生产率

资本投资对劳动生产率的影响有以下三个方面。首先,资本投资的增加会直接导致投入到机器设备与技术的资本增加,从而提高工人生产效率和劳动生产率。其次,资本投资的增加会提升员工培训等开支,从而提高人均产出,导致劳动效率提升。最后,资本投资也影响到全生产要素效率。据国际货币基金组织(IMF)的调查,商业投资的下降会使成熟市场生产效率每年下降0.2 个百分点。IMF 认为,在发达国家,私营企业必须保持 40% 的投资用于研发,才能保证整个经济能够达到预期的生产水平。

生产效率增长的停滞将会威胁经济增长的速度和人民生活水平改善;生产效率的提高,可以创造更多的产品和服务,促进产品、技术、服务的创新与发明,带来更多的就业机会。跨国公司对生产、研发、物流等价值链全球布局,可以汲取全球最优质资源要素,从而极大增强企业竞争力。通过价值链全球布局,全球生产要素潜在价值得以提升,全球生产力得以极大释放。

4.6.2　资本全球布局帮助产业优化价值链与实现国家竞争优势

1. 资本全球布局助力优化价值链

全球价值链影响力的核心是具备专业知识、技能和经验的人才,而这只有通过参与全球价值链的合作才能获得。简单的闭门造车只会降低价值链影响力,导致低水平的产出,使得技术、生产和产品各环节都全面落后。

在过去二三十年里,中国企业参与全球价值链的方式是被动的,在产业生产和资源配置过程中缺少自身的地位和话语权。如今,中国企业正在迎来全球产业价值链建设、规则制定和分工布局的新阶段。国内企业要奋发进取,积极培育技术、品牌、服务等新竞争力,积极争取主导产业价值链规则制定,提升企业在价值链中的地位,增强其影响力。

根据商务部的统计,2006—2016 年间的 1 827 宗中国企业跨国并购案例中,65% 的跨国并购项目集中于生产制造类,27% 的跨国并购项目集中于研究开发类,8% 的跨国并购项目集中于市场运营类。欧美等成熟市场拥有先进的技术条件、人才储备、研发制造和运营管理经验,同时东道国政府对外资企业建立研发中心有鼓励政策,通过跨国并购的方式,中国企业可以在全球范围内建立研发中心,更好地为企业研发创新服务,进一步提高自身竞争力。

2. 资本全球布局提升国家竞争优势

科技高度发达的今天,国家间的竞争已经从以往的依靠资源、成本转变为技术优势主导型。很长一段时间以来,西方发达国家利用人才、技术优势大力推动创新以巩固竞争优势,既涵盖了实体经济,也包含了金融业在内的虚拟经济。

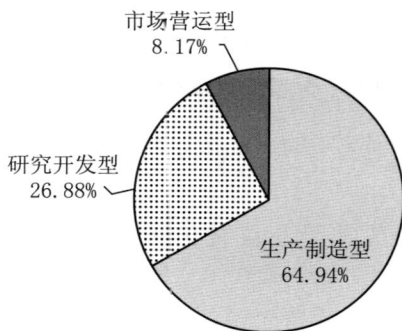

图 4.50 中国企业对海外价值链布局情况

资料来源:商务部、国家统计局、国家外汇管理局 2018 年《中国对外直接投资统计公报》。

中国企业跨国并购的对象主要以欧美国家为主,其次是东亚及东南亚的部分发达国家。传统的发达国家基础设施建设良好且法律与资本市场完善,企业在技术积累、管理经验等方面优势明显,成为中国企业全球价值链布局的重要考量。相比之下,对非洲、南美及亚洲其他发展中国家跨国并购较少,主要原因是这些地区基础设施较为薄弱,资本市场也不够完善,缺乏对企业和资本的吸引力。

4.6.3 资本全球布局帮助改善企业运营效率与全球发展理念

1. 资本全球布局提升企业运营效率

经济全球化的深层次含义是产品、服务、生产要素、数据、信息的全球化,经济全球化推动了企业将原本国内的价值链的各个环节重新投放在全球范围内,从而推动了全球价值链的重构。目前中国企业海外投资规模在进一步增长,同时对欧美国家的技术、知识产权等无形资产投资比重也不断增加,产业结构得以优化,有利于国内经济的转型升级、进一步提升发展的质量和效益。

资本的全球布局将会有效提升企业运营效率,有效的资源整合还会为企业提供全球营业收入。中国企业走向全球,开展全球活动无疑将带来新的商业利益和效率的提升。而且对于中国大多数企业而言,资本全球布局和资源整合将会引进全球先进的经营管理理念,带来管理和运营效率的深层次革命。对于主营业务和运营还在国内的中国企业而言,可以先通过进行全国范围内资本和业务布局来总结经验,为日后在全球范围进行资本布局和资源整合做好铺垫。

2. 资本全球布局夯实企业全球发展理念

近年来,中国企业海外投资、并购热情高涨,投资并购规模不断扩大。投资并购并不集中于企业主营业务领域,也涵盖其他业务领域,反映了企业多元化投资、多领域经营的现象。更为重要的是中国企业在"走出去"过程中国际化经营能力与综合竞争水平得到大幅提升。

　　资本全球布局有助于企业树立全球发展理念。中国企业进行海外投资并购时，通过与国际伙伴的竞争与合作，提升了自身创新能力和全球竞争能力。这也有利于企业经营理念、商业模式、组织结构等方面的创新。需要特别指出的是，现阶段中国企业"走出去"主要目的是为了获取海外的无形资产（先进的研发技术、品牌影响力、人才、管理经验、市场份额等），但中国企业进行海外投资并购，并不是窃取别人的核心技术，而是优势互补、互利共赢，共同发展。

　　随着越来越多的中国企业"走出去"，在全球范围内进行资本布局和资源整合，会加速产业链的成熟和更新迭代，在新形势下增强全球竞争力和议价力。全球化下中国企业对外输出的不仅是传统的劳动密集型产品，更多的还有全产业链上的产品和服务，提供全产业链的优质完善服务，提高企业竞争力。需要注意的是，在"走出去"过程中，中国企业要重视本土化发展战略，契合当地经济情况和市场情况，重视与当地社会的沟通交流。一家企业首先应该是当地的企业，得到当地的支持才能走向全球并持续经营。因此企业需要与当地人民保持密切良好关系，为本地社会提供就业、增加税收，同时赢得本土消费者的口碑和声誉。

第 5 章

中国金融业发展的区域格局

改革开放 40 多年来,中国区域金融演化呈现出倒 U 型的发展趋势。1978—1984 年,区域经济平衡发展且实行"大一统"的银行管理制度,区域金融处于低水平、均等化发展阶段。1984—2008 年,随着改革开放的推进,市场化进程不断加深,国有银行、其他金融机构及资本市场围绕市场竞争机制在逐步发展壮大,金融资源与机构布局更多侧重在东部地区。此阶段,中国三大区域间及东部区域内的金融发展差距不断拉大。2008 年之后,随着国家区域协调发展战略的出台,在东部地区金融发展的同时,中国逐渐培育中西部金融中心与经济增长极,西部金融发展迅速,全国内区域金融差异呈现收敛状态,但仍保持异质性。

区域经济与区域金融的发展,相互依赖和互为支撑。中国区域金融格局的形成,不仅根源于区域经济发展水平的差异,还源于区域内金融创新与开放的内在动力。近些年来,中国大力推进绿色金融、科技金融、普惠金融等政策,全国范围内进行区域试点与推广。试点地区利用政策红利,积极开展政策引导与金融支持,完善金融结构组织架构,形成了具有鲜明特色的区域金融产品与服务创新,谋求推动当地金融与经济的快速发展,实现国民经济的协调均衡发展。

随着区域金融的发展,陆续形成了区域金融中心城市,由核心城市作为区域金融中心由点带面而形成区域的金融市场,区域性金融中心能够集中大量金融资本和其他生产要素,从而有力推动该城市及周边地区的金融经济发展。在此过程中最为突出的,当属中国区域乃至国际金融中心的三大城市群:京津冀、长三角与珠三角。三大城市群在金融行业运行以及支持实体经济发展等方面都取得了值得借鉴的经验,但其也存在区域内非均衡的状态,需要进一步加强金融协同发展,促进国内金融业的全面发展。

5.1　中国金融业发展的区域特点及发展指数比较

5.1.1　中国区域金融的演化进程

1. 1978—1984 年:低水平均等化发展阶段

由于历史原因,新中国呈现区域发展严重失衡状态。第一代领导人制定了区域经济均衡发展战略,强调着力实施产业布局向西部地区倾斜的政策。

改革开放前,人民银行和财政部均接受财政经济委员会的指导。在"强财政、弱金融"的状态下,金融制度首先服务于国家的计划,处于行政性的同步推进状态,以此来最大限度集中全社会的金融资源。人民银行作为唯一的银行向企业输送资金,迅速推动工业化进程。中国形成典型的中央集权式计划金融制度,其基本特征是"大一统"的银行管理制度。财政政策是计划经济体制的内生机制。中国人民银行是全国的信贷中心、货币发行中心以及结算中心,在信贷管理上实行统存统贷制度,信贷资源行政指令化。中国人民银行在行使中央银行职能的同时,也承担着信贷管理及监督的任务,还要面向企业单位和居民个人办理存贷款业务。

在金融机构设置方面,国家银行的分支机构按照行政区划来规划设立,每一级政府行政机构都配置相应的银行机构,货币信贷的配置按照计划进行垂直统一的安排,各地区分支之间不能横向调度。人民银行实际上成为财政体系的补充与附属,丧失了控制信贷和调节货币的功能。通过对金融资源的行政管理,该时期形成了集中型动员式的计划金融体制,这在一定程度上实现了各地区资本存量与产业体系的同步扩张。因此,在改革开放前的接近 30 年中,各地区的金融发展呈现低水平均等化趋势。

1979—1984 年是中国金融制度改革的准备和起步阶段。该时期,中国金融体系开始进行制度调整。银行业是中国金融的基础体系与坚实堡垒,也是改革的重点领域。中国人民银行与财政部分设,逐渐剥离商业金融业务与政策性业务,独立行使中央银行职能。随着改革推进,中国农业银行、中国银行、中国国际信托投资公司等商业性金融机构快速成立与发展,银行业分工细化,体系逐渐完善。除银行业外,其他金融领域的改革也随之发生。距离 1959 年发行债券 20 余年后,中国于 20 世纪 80 年代重新提出发行债券,以应对国家预算出现的小规模赤字。1984 年,中国第一只股票公开发行。中国的金融改革掀开序幕。

2. 1984—2008 年:区域金融差异拉大的阶段

1984 年后,中国的金融体系改革进行市场化探索,金融资源走向市场化配置导向。与其相对应的是产业战略转而实行"效率优先"的非均衡产业布局战略。基于梯度推移理论和增长极理论,中国在实践中采取非均衡发展战略,将产业布局向沿海地区倾斜。由于区域非均衡发展战略的推行,东部的经济增长极持续领先,带动了国民经济整体的快速发展。东、中、西三大经济带的发展差距也逐渐扩大。

随着国民经济的快速发展,中国的收入分配格局发生了变化。在所有部门中,居民收入比例提升,中央政府的财政能力有所下降,最大的储蓄者由政府转变为城乡居民。商业银行顺应需求进行重建与扩张,以获取分散的金融资源。中国从 1986 年起陆续建立了一批新型商业银行,如四家全国性商业银行,即交通银行、中信实业银行、中国光大银行、华夏银行,以及一些区域性商业银行,借以推动中国银行体系的市场化建设。

1992 年,党的十四大提出中国社会主义经济体制改革的目标是建立社会主义市场经济体制。伴随经济发展,中国金融组织机构的形态开始呈现多样化趋势,出现了一批非银行金融机构和地方性金融机构。地方政府既然无法通过国有商业银行满足其经济发展的需求,便转向组建地方控制或能够影响的金融机构体系。1994 年,央行领导的农村信用社、城市信用社和一部分地方性的金融机构进行重组改制,建立城市商业银行体系。从 1996 年 9 月开始,全国 5 万多个农村信用社和 2 400 多个县联社逐步与中国农业银行顺利脱钩,农村信用社的业务管理和金融监管分别由县联社和中国人民银行承担。为防范地方金融风险,在这次金融改革过程中,中央银行规定了地方政府对于城市商业银行的控股地位。此次改革为地方政府自行设立与控制金融资源提供了机会。由于经济的迅速发展,东部沿海地区的地方金融机构数量与金融发展水平迅速提升,与中西部拉开差距。

20 世纪 90 年代中后期,中国金融体系及国有商业银行体制改革不断深化。此前央行为地区信贷均衡,一直采取"大一统"模式,控制信贷额度。中国人民银行编制计划,下发给各地区商业银行执行。信贷额度的计划管理限制了商业银行资金配置的自主性与效率,这也是此前各区域金融发展水平尚且较为平衡的重要原因。1995 年,《中华人民共和国商业银行法》颁布,明确规定商业银行"自主经营、自担风险、自负盈亏、自求平衡",并且以其全部法人财产独立承担民事责任。1997 年 12 月 24 日,中国人民银行决定:从 1998 年 1 月 1 日起,取消对国有银行信贷限额控制,实行"计划指导,自求平衡,比例管理,间接调控"的新管理制度。中国人民银行每年下达指导性计划,但仅供国有商业银行在编制资金报表时参考使用,各商业银行自主实行资产负债管理,对资金的来源和运用寻求平衡。金融管理制度引入了市场竞争机制,强调市场化运作,使得商业银行与其他非银行金融机构倾向于到经济发展迅速的东部开设分支机构,金融资源进一步向东部倾斜。

2003 年以来,中国推动大型商业银行股份制改革,在国家支持下,大型商业银行相继在沪、港两地上市,健全了现代公司治理结构。伴随金融管制的放松,商业银行开始根据市场机制进行运作,将贷款额度从收益低、风险较高的中西部地区转移到了收益高、风险较低的东部地区。至此,无论是在银行信贷还是资本市场运作上,东部地区的优势都逐渐凸显。同时,由于各省市场化改革与经济发展的差异,东部内部也出现了金融发展水平的分化。

该阶段,银行体系在金融机构中依然占据绝对的主导地位,控制着绝大部分社会金融资源,资本市场发展较为缓慢。1990 年底,上海证券交易所和深圳证券交易所正式建立。此时的股票市场规模较小,实行的是上市资源的行政性分配与额度控制,尚未市场化运作。以上海、广东为代表的东部省市凭借"东部优先发展战略"的政策优势,在上市额度争夺中获得了较多的资源,中西部获得的上市资源较为有限。2005 年的股权分置改革解决了长期困扰资本市场发展的问题,结束了上市公司两类股份、两种价格并存的历史,进一步拓宽了国内企业的直接融资渠道,加大了中东西部金融资源的竞争力度。三大区域间以及东部区域内部的金融发展都出现了分化倾向,中西部地区各省份则依旧保持着低水平均齐状态。

3. 2008 年至今:区域金融协调发展阶段

改革开放 40 年后,为缩小东中西部区域间的经济发展差距,实现均衡、共同富裕的发展理念,区域协调发展战略被提上议程。1999 年的中共十五届四中全会上,党中央正式提出西部大开发战略。与此同时,中央先后实施了振兴东北等老工业基地、促进中部地区崛起、鼓励东部率先发展等战略举措,形成以"四大板块"为特征的区域整体发展战略。2003 年,党的十六届三中全会提出了以"五个统筹"为指导的区域协调发展战略。2006 年 3 月,"十一五"规划纲要对区域协调发展作了诠释:"坚持实施推进西部大开发,振兴东北地区等老工业基地,促进中部地区崛起,鼓励东部地区率先发展,健全区域协调互动机制,形成合理的区域发展格局。"至此,区域协调发展战略基本成形。

据统计,截至 2019 年,中国金融业已形成了覆盖银行、证券、保险、基金、期货等领域,种类齐全、竞争充分的金融机构体系。中国银行业金融机构达到 4 588 家,其中政策性银行 2 家、开发性银行 1 家、国有大型商业银行 6 家、全国性股份制商业银行 12 家、城市商业银行 134 家等;证券公司 131 家;保险公司 229 家。全国金融业总资产 300 万亿元,其中银行业总资产 268 万亿元,证券业总资产 7 万亿元,保险业总资产 18 万亿元。

在区域协调发展战略的指导下,中国积极在中部和西部培养新的增长极。2007 年,国务院先后批准成立成渝城乡统筹综合配套改革实验区,武汉城市圈和长株潭配套改革试验区。之后国家又陆续布局了珠江三角洲、长江三角洲、黄河三角洲、天津滨海新区,关中—天水经济区,辽宁和江苏沿海等区域的产业格局。

区域经济是金融发展的基础。在推进产业经济协调布局的背景下,各区域开始培育并完善中心城市的金融功能,形成了京津冀、长三角、长中游、珠三角以及成渝五大城市群。"十五"期间,上海、深圳、南京、重庆、武汉、西安共 6 个特大城市提出要发展国家或区域性的金融中心。"十一五"期间,成都、沈阳、西安等陆续提出建设区域金融中心的目标;"十二五"期间,大连、北京等提出建设金融中心的目标。"十三五"期间陆续有城市提出建设区域金融中心的目标。例如南宁市计划发展为依托广西、立足西南中南、服务中国—东盟自贸区及"一带一路"互联互通的区域性国际金融中心。

从资本市场的发展来看,中国在设立中小板、创业板、新三板后,于 2019 年 6 月在上海证券交易所推出科创板,开始探索股票市场注册制改革,逐步形成了多层次的股权市场体系。目前,沪深两市上市公司近 3 700 家,总市值 54 万亿元,成为全球第二大股票市场,从上市融资、并购重组、再融资等方面促进不同地区的传统企业和创新企业的发展,推动产业转型和经济高质量发展,形成了中国当前的区域金融发展格局。

中国目前逐渐形成了多极化的金融发展布局模式,全国的区域金融差距有所下降。但是由于经济发展以及区域交易效率的差异等影响,区域金融差异是市场机制自然作用形成的结果,不可能完全消除,只能收敛于一定水平。中国现有区域金融布局基本呈现东部>西部>中部的状态,北京、上海、深圳为内陆的主要金融中心。三大区域之间呈现趋同状态,东部区域的内部区域金融差异大,中西部区域的内部金融发展维持差距较小的均衡状态。

5.1.2 区域金融发展水平衡量

为了更全面地考察区域金融的发展水平,下文拟结合中国金融体系特点,分别从金融相关比率、商业银行数量、证券公司数量和保险公司数量的不同纬度做对比分析。

1. 金融相对比率

金融相关比率(financial interrelations ratio,简称 FIR)是由美国经济学家雷蒙德·戈德史密斯(Raymond W.Goldsmith)提出的概念。金融相关比率的定义是一国境内全部金融资产价值与该国经济活动总量的比值。由于中国目前的金融格局以银行业为主,主要融资手段依旧是由金融中介提供贷款的间接融资方式,金融机构的存贷款总额能够反映中国金融资产分布的大致情况。因此在实际应用中,学者多用金融机构的年末存贷款余额与地区 GDP 的比值计算 FIR,来衡量区域金融的发展水平。

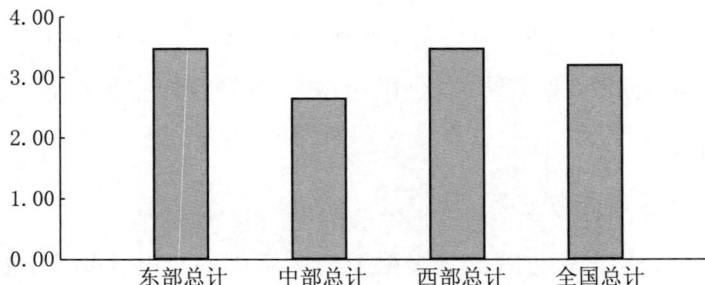

图 5.1 三大区域金融发展水平

资料来源:《中国区域金融运行报告》(2018),《中国统计年鉴》(2018)。

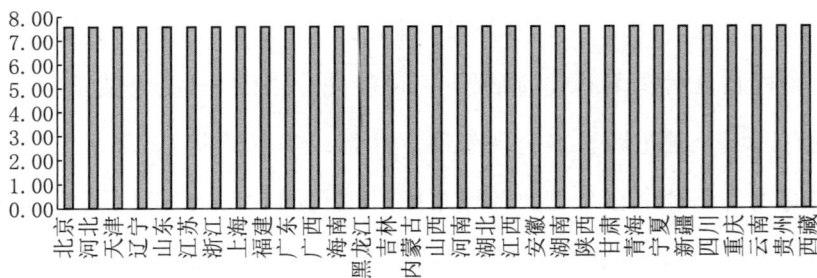

图 5.2　31 个省市自治区金融发展水平总体差异

资料来源:《中国区域金融运行报告》(2018),《中国统计年鉴》(2018)。

　　从三大区域的差异来看,2017 年度,中国区域金融发展水平排序为:东部＞西部＞中部,东部与西部之间的差异并不显著。需要注意的是,西部金融发展水平仅略低于东部,总体高于中部地区。若分析背后具体原因,一是在西部大开发及金融改革试点推进下,中国对西部地区的经济金融政策支持不断增强,广泛开展绿色金融、普惠金融等试点工作,为西部金融的快速发展提供了政策支撑;二是金融相关比率是相对值,相较于中部地区而言,西部省份的金融总量体量较小,但其经济规模也较小,因此从金融相关比率上看,比值反而比中部更高。总体而言,区域间的金融发展水平差异并不显著。

　　分省市而言,中国区域金融发展水平排名前五名的省份是:北京、上海、西藏、甘肃和青海。其中北京、上海经济发达,是中国重要的经济增长极与国际性金融中心,西部地区的西藏、甘肃、青海等地上榜与地区经济规模较小有关。排名后六名的省份为:山东、河南、湖南、湖北、辽宁、吉林。东部地区省份间的金融发展水平差异大,全国金融发展差异的主要来源于东部省份之间的差异。

　　2. 银行业区域分布差异

　　在以银行间接融资方式配置金融资源为基础的金融体系中,商业银行主导了金融资源的配置渠道。以上特点表征为中国的商业银行体系发达,企业外部资金来源主要通过间接融资。目前,在动员储蓄、配置资金及提供风险管理手段上,商业银行发挥了主要作用。因此,存款和贷款的数量依然是评价区域银行业差异的重要指标。

表 5.1　31 个省市自治区主要存贷款指标(2017 年)

	金融机构存款余额(亿元)	金融机构存款余额全国占比(%)	金融机构贷款余额(亿元)	金融机构贷款余额全国占比(%)
北　京	144 086.00	8.95	69 556.20	5.91
河　北	60 451.30	3.76	43 315.30	3.68
天　津	30 940.80	1.92	31 602.50	2.68
辽　宁	54 249.00	3.37	41 278.70	3.51
山　东	91 018.70	5.65	70 873.90	6.02
江　苏	134 776.20	8.37	104 007.30	8.83
浙　江	107 320.50	6.67	90 233.30	7.66
上　海	112 461.70	6.99	67 182.00	5.70
福　建	44 086.80	2.74	41 899.70	3.56
广　东	194 535.80	12.08	126 031.90	10.70
广　西	27 899.60	1.73	23 226.10	1.97
海　南	10 096.40	0.63	8 459.30	0.72
东部总计	1 011 922.80	62.86	717 666.20	60.94
黑龙江	23 796.00	1.48	19 466.10	1.65
吉　林	21 696.90	1.35	18 010.30	1.53
内蒙古	23 092.70	1.43	21 566.30	1.83
山　西	32 844.90	2.04	22 573.80	1.92
河　南	60 037.60	3.73	42 546.80	3.61
湖　北	52 352.40	3.25	39 571.10	3.36
江　西	32 535.70	2.02	25 900.40	2.20
安　徽	46 146.90	2.87	35 162.00	2.99
湖　南	46 729.30	2.90	31 850.00	2.70
中部总计	339 232.40	21.07	256 646.80	21.79
陕　西	38 153.30	2.37	26 924.50	2.29
甘　肃	17 777.20	1.10	17 707.20	1.50
青　海	5 843.20	0.36	6 353.10	0.54
宁　夏	5 867.20	0.36	6 461.50	0.55
新　疆	21 753.10	1.35	17 477.60	1.48
四　川	73 079.40	4.54	49 144.10	4.17
重　庆	34 853.50	2.17	28 417.50	2.41
云　南	30 160.70	1.87	25 857.60	2.20
贵　州	26 194.10	1.63	20 965.30	1.78
西　藏	4 959.10	0.31	4 043.60	0.34
西部总计	258 640.80	16.07	203 352.00	17.27
全国总计	1 609 796.00	100.00	1 177 665.00	100.00

资料来源:《中国区域金融运行报告》(2018)。

金融存贷款余额与地区经济发展密切相关,对于以间接融资为主导方式的中国,能够直接反映出地区金融发展水平的绝对值差异。2017年金融存贷款余额的区域分布排序为东部(62.86％)＞中部(21.79％)＞西部(17.27％)。在金融资源的绝对量层面,东部、中部与西部仍存在较大差距。

从省际差异来看,中国金融存款余额占比排名前五的省份依次为:广东(12.08％)、北京(8.95％)、江苏(8.37％)、上海(6.99％)、浙江(6.67％);金融机构贷款余额占比排名前五的省份依次为:广东(10.70％)、江苏(8.83％)、浙江(7.66％)、山东(6.02％)、北京(5.91％)。在以上排名中,广东、北京、江苏、浙江均有出现,呈现较高的金融发展水平,此四省市皆分布在东部沿海地区。位列最后四名的分别是:西藏、青海、宁夏、海南。其存贷款余额占比均不足全国的1％。除海南外,其他三个省份均地处西部。西部的经济发展水平与金融水平有待进一步提升。

就区域分布情况而言,东部、中部、西部银行业金融机构营业网点的分布占比大致为5∶3∶2。在省域差异方面,东部地区的广东、江苏、浙江等省在各指标中均占有较高比例,但东部内部仍存在较大的差异。值得注意的是中部地区的河南以及西部地区的四川,其营业网点各项数据占比明显高于同区域其他省份,属于区域金融发展的增长极。

3. 证券业区域分布差异

就要素市场的地理分布而言,中国东部资本市场较为发达,衍生品市场的发育较完善,具备多层次金融市场结构。西部地区的金融市场依旧以银行业为主导,以银行贷款为主要渠道。就证券交易所而言,仅上海、深圳拥有主板的证券交易所,北京拥有新三板证券市场。这为中国证券市场格局的分布奠定了基调:广东依托深圳证券交易所,上海依托上海证券交易所,其成交规模最大。北京则凭借新三板逐步提升金融的交易量。除此三省市,其他省市都处于低水平的均齐状态。

表 5.2 31 个省市自治区银行业金融机构分布情况(2017 年)

	营 业 网 点		
	机构个数(个)	从业人数(人)	资产总额(亿元)
北　京	4 647.00	119 505.00	221 995.00
河　北	11 689.00	181 096.00	74 030.70
天　津	3 129.00	64 606.00	47 928.70
辽　宁	9 393.00	182 637.00	78 767.00
山　东	15 380.00	248 274.00	114 887.00
江　苏	14 297.00	257 743.00	166 703.00
浙　江	12 581.00	246 108.00	141 027.00
上　海	4 099.00	117 599.00	147 074.00
福　建	6 539.00	122 049.00	95 476.00
广　东	17 287.00	358 342.00	227 089.00
广　西	6 297.00	91 368.00	55 891.00
海　南	—	—	15 000.00
东部总计	105 338.00	1 989 327.00	1 385 868.40
黑龙江	6 627.00	122 092.00	37 827.00
吉　林	5 102.00	115 429.00	31 283.00
内蒙古	5 818.00	99 619.00	34 363.00
山　西	7 317.00	123 843.00	42 014.80
河　南	13 071.00	254 935.00	75 967.00
湖　北	7 885.00	128 264.00	66 732.00
江　西	7 195.00	104 453.00	42 372.00
安　徽	8 473.00	123 011.00	59 853.60
湖　南	9 821.00	133 548.00	56 978.00
中部总计	71 309.00	1 205 194.00	447 390.40
陕　西	7 227.00	103 447.00	47 368.40
甘　肃	5 224.00	68 981.00	25 544.00
青　海	1 118.00	18 658.00	8 975.00
宁　夏	1 353.00	23 217.00	9 112.00
新　疆	3 649.00	63 937.00	30 826.00
四　川	14 249.00	231 058.00	92 629.00
重　庆	4 124.00	71 198.00	47 064.00
云　南	5 641.00	78 141.00	39 847.00
贵　州	5 340.00	73 520.00	34 755.00
西　藏	664.00	9 426.00	6 621.00
西部总计	48 589.00	741 583.00	342 741.40
全国总计	225 236.00	3 936 104.00	2 176 000.20

资料来源:《中国区域金融运行报告》(2018)。

　　2017 年各省市证券业金融机构的分布状况中,东部区域占有绝对优势。总部设在东部辖内的证券公司数占比 72%,基金公司数占比 98%,期货公司数占比 76%。在这项数据上,省域差异也较大。各项数据排名前三的省市为

表 5.3　31 个省市自治区证券业金融机构分布情况(2017 年)

	总部设在辖内的证券公司数(家)	总部设在辖内的基金公司数(家)	总部设在辖内的期货公司数(家)	年末境内上市公司数(家)
北　京	18	32	19	306
天　津	1	1	6	49
河　北	1	0	1	56
辽　宁	3	0	3	76
山　东	2	0	3	196
江　苏	6	0	9	382
浙　江	5	2	12	415
上　海	20	44	28	204
福　建	3	3	5	132
广　东	28	31	22	571
广　西	1	1	0	36
海　南	2	0	2	30
东部总计	90	114	110	2 453
黑龙江	1	0	2	36
吉　林	2	0	2	42
内蒙古	2	0	0	26
山　西	2	0	3	38
河　南	1	0	2	78
湖　北	2	0	2	97
江　西	2	0	1	39
安　徽	2	0	3	102
湖　南	3	0	3	101
中部总计	17	0	18	559
陕　西	3	0	3	47
甘　肃	1	0	1	33
青　海	1	0	1	12
宁　夏	0	0	0	13
新　疆	2	0	2	52
四　川	4	0	3	116
重　庆	1	1	4	50
云　南	2	0	2	34
贵　州	2	0	0	27
西　藏	2	1	1	15
西部总计	18	2	17	399
全国总计	125	116	145	3 411

　　资料来源:《中国区域金融运行报告》(2018)。

表 5.4　31 个省市自治区证券业筹资分布(2017 年)

	当年境内股票(A 股)筹资(亿元)	当年发行 H 股筹资(亿元)	当年境内债券筹资(亿元)
北　京	1 421	0	-2 748
天　津	54.9	0	1 629.2
河　北	170	0	297
辽　宁	223	0	950
山　东	616	0	3 436
江　苏	762	162	1 000
浙　江	1 519	0	1 718
上　海	1 145	13	352
福　建	251.5	0	1 694.5
广　东	1 305	0	413
广　西	8	0	681
海　南	114.4	0	0
东部总计	7 589.8	175	9 422.7
黑龙江	0	0	0
吉　林	109	0	139
内蒙古	84.5	0	390.3
山　西	95.1	0	1 522.7
河　南	251	90	82
湖　北	258.4	0	1 457.1
江　西	69	0	479
安　徽	262	0	1 476
湖　南	622	0	1 569
中部总计	1 751	90	7 115.1
陕　西	377	0	1 259.5
甘　肃	43	0	14
青　海	0	0	147
宁　夏	15	0	54
新　疆	724	0	103
四　川	337.3	0	1 248.4
重　庆	57	0	1 203.8
云　南	174	0	982
贵　州	20.2	0	193.2
西　藏	16	—	30
西部总计	1 763.5	0	5 234.9
全国总计	11 104.3	265	21 772.7

资料来源:《中国区域金融运行报告》(2018)。

北京、上海与广东。北京各金融机构占比分别为：14％、28％与13％；上海为：16％、38％与19％；广东为：22％、27％与15％。

证券市场通过股票和债券发行，能最大可能地吸收社会游资，直接投资于企业生产经营之中，从而弥补其间接融资能力的不足，日渐成为企业重要的融资渠道。

证券业筹资的区域分布与其金融机构的区域分布基本类似，均是东部地区占有绝对优势，中部与西部的发展水平较低。在省域层面，除北京、上海与广东三个省份外，以下几个省市的情况值得关注：江苏、浙江在年末境内上市公司数量中占有较高比率，分别为11％与12％；在当年境内股票筹资额中，浙江、江苏分别占比14％与7％，新疆占有7％份额；在当年发行 H 股筹资中，江苏占据61％。

4. 保险业区域分布差异

保险是现代经济的重要产业，与经济发达程度密切相关。从保险业发展规律看，一国经济越发达，保险业的产业地位越突出，对国民经济的贡献度也越高。根据国际货币基金组织的金融稳定报告，保险业发展对资本市场的稳定同样具有积极促进作用。保险资金也是成为资本市场上最重要的机构投资者和市场稳定者之一。

就保费收入的区域分布而言，东部地区占比约60％，中部约25％，西部约15％。省域间的保费收入差距也较大，排名前五的省市分别为：广东（11.94％）、江苏（9.57％）、山东（7.6％）、河南（5.6％）、北京（5.47％），除河南外皆为东部省份。排名后五的省市分别为：西藏（0.08％）、青海（0.22％）、宁夏（0.46％）、甘肃（1.02％）、贵州（1.08％），均为西部省市。

从保险密度来看，省域差异为东部＞中部＞西部。中西部处于较低水平的均齐状态，而东部省市内部分化较大。保险密度最高的北京市为 9 085 元/人，而保险密度最低的广西仅为 1 157 元/人。在保险深度上，各省市差异较小。

表 5.5　31 个省市自治区保险业基本情况（2017 年）

	保费收入 （中外资:亿元）	保费收入全国 占比（%）	各类赔款给付 （中外资,亿元）	保险密度 （元/人）	保险深度 （%）
北　京	1 973	5.47	578	9 085	7.05
天　津	565	1.57	155.3	3 629.2	3
河　北	1 714.5	4.76	547.6	2 287.5	4.8
辽　宁	1 275	3.54	196	2 913	5.3
山　东	2 738	7.60	831	2 737	4
江　苏	3 450	9.57	984	4 312	4
浙　江	1 844	5.12	540	3 260	4
上　海	1 587.1	4.40	548.9	6 562.8	5.3
福　建	1 032.1	2.86	325.7	2 639	3.2
广　东	4 305	11.94	1 142	3 878	4.8
广　西	565	1.57	182	1 157	3
海　南	—	0.00	—	—	—
黑龙江	931	2.58	240.5	2 452	6
吉　林	642	1.78	175	2 361	4
内蒙古	569.9	1.58	186.5	2 279.6	2.9
山　西	823.9	2.29	194.1	2 225	5.5
河　南	2 020	5.60	626	2 113.3	4.5
湖　北	1 346.8	3.74	406.5	2 288.6	3.7
江　西	728	2.02	217	1 584	3
安　徽	1 107.2	3.07	397.7	1 737.4	4
湖　南	1 110	3.08	377	1 617	3.2
陕　西	868.7	2.41	260	2 264.9	4
甘　肃	366	1.02	119	1 408	5
青　海	80	0.22	29	1 339	3
宁　夏	165	0.46	50	2 421	5
新　疆	524	1.45	173.4	2 182	4.8
四　川	1 939.4	5.38	583.3	2 347	5.2
重　庆	745	2.07	257	2 418	3.8
云　南	613.28	1.70	218.05	1 282	3.71
贵　州	387.7	1.08	153.8	1 107.8	2.9
西　藏	28	0.08	12.3	—	—

资料来源:《中国区域金融运行报告》(2018)。

表 5.6　31个省市自治区保险业金融机构分布情况（2017 年）

	总部设在辖内的保险公司数（家）				保险公司分支机构（家）			
	总计	全国占比（%）	财产险经营主体	人身险经营主体	总计	全国占比（%）	财产险公司分支机构	人身险公司分支机构
北　京	68	26.56	16	30	109	0.54	47	59
天　津	6	2.34	2	4	57	0.28	24	33
河　北	1	0.39	1	0	68	0.34	31	37
辽　宁	4	1.56	1	3	115	0.57	50	65
山　东	4	1.56	3	1	94	0.46	41	53
江　苏	5	1.95	2	3	502	2.48	301	201
浙　江	3	1.17	1	2	80	0.39	36	44
上　海	55	21.48	20	24	101	0.50	50	49
福　建	3	1.17	2	1	58	0.29	27	31
广　东	32	12.50	14	9	109	0.54	51	58
广　西	1	0.39	1	0	2 151	10.61	1 139	1 012
海　南	—	—	—	—				
东部总计	182	71.09	63	77	3 444	16.99	1 797	1 642
黑龙江	48	18.75	21	27	2 488	12.28	1 064	1 424
吉　林	2	0.78	2	0	35	0.17	17	18
内蒙古	0	0.00	0	0	42	0.21	24	18
山　西	1	0.39	1	0	49	0.24	26	23
河　南	1	0.39	1	0	6 450	31.83	2 518	3 932
湖　北	3	1.17	1	2	74	0.37	32	42
江　西	1	0.39	1	0	46	0.23	21	25
安　徽	1	0.39	1	0	72	0.36	34	38
湖　南	1	0.39	0	1	56	0.28	24	32
中部总计	58	22.66	28	30	9 312	45.95	3 760	5 552
陕　西	1	0.39	1	0	58	0.29	28	30
甘　肃	1	0.39	1	0	29	0.14	17	12
青　海	0	0.00	0	0	315	1.55	197	118
宁　夏	1	0.39	1	0	22	0.11	10	12
新　疆	2	0.78	2	0	1 885	9.30	1 259	626
四　川	3	1.17	2	1	5 071	25.02	—	—
重　庆	5	1.95	3	2	51	0.25	26	25
云　南	1	0.39	1	0	40	0.20	24	16
贵　州	1	0.39	0	1	31	0.15	20	11
西　藏	1	0.39	—	—	9	0.04	—	—
西部总计	16	6.25	11	4	7 511	37.06	1 581	850
全国总计	256	100.00	102	111	20 267	100.00	7 138	8 044

资料来源：《中国区域金融运行报告》(2018)。

总部设在辖内的保险公司与保险公司分支机构分布情况存在差异。总部设在辖内的保险公司数,其分布依旧呈现东部>中部>西部的格局,占比较多的省份为广东(12.5%)、上海(21.48%)、北京(26.56%)与黑龙江(18.75%)。除黑龙江外,其余三省市皆为金融发展的传统优势省市。

对比其他金融机构的分布,保险公司分支机构布局发生了较大的变化。中部区域数量占比近 46%,主要来源于河南(31.83%)与黑龙江(12.28%)。西部区域占比近 37%,主要布局在四川(25.02%)与新疆(9.3%)。除广西(10.61%)外,东部区域各省保险公司分支机构占比均较低。在分支机构布局上,中西部出现了更明显的内部分化。

5.2　区域金融改革创新与对外开放情况

由于中国各地经济发展不平衡、情况比较复杂,国际上很难提供成熟的金融发展经验。同时,中国城市和农村、东部和西部、工业、农业和服务业等领域发展不平衡,金融改革的冲击更加明显。因此,中国金融改革往往从小范围开始,强调改革是允许"试错"的过程,通过先试点,吸取经验教训,对改革措施及时修正,不断探索前进。近年来,中国的区域金融改革试点以金融支持高质量发展为出发点和落脚点,深入践行新发展理念,积极落实国家重大发展战略。改革试点范围涵盖东部沿海发达地区、中部工业化转型地区、西部欠发达地区、民族和边疆地区,改革创新与对外开放的内容涉及自贸试验区金融开放创新、绿色金融、科技金融以及农村和小微等普惠金融,有效推动了区域改革开放创新,也为全局共性的问题探索总结了大量可复制可推广的有益经验和做法。下文我们进行分类介绍。

5.2.1　金融综合改革试验区

1. 温州市金融综合改革试验区

浙江省温州市民营经济发展早,民间资本充裕,民间金融活跃,中小企业较多。改革开放以来,民间金融在解决民营经济的融资需求,弥补银行信贷不足等领域发挥了积极作用。自 20 世纪 80 年代以来,温州一直处于改革开放与金融创新的前列。1980 年,位于温州苍南的基层金融网点——金乡信用社率先实行浮动汇率。1986 年 9 月,温州市被人民银行和国家体改委列为金融体制改革的试点城市之一。1987 年 9 月,温州成为全国唯一的利率改革试点城市。2002 年,浙江省人民政府和人民银行上海分行将温州列为金融改革综合试验区,提出利率市场化的改革方向。2003 年,温州提出金融港建设。2008 年,温州展开"民营经济创新发展综合配套改革试点",提出"个人境外直接投资"。

温州金融改革试验区的设立被提上日程,源于民营经济的困境和融资需求。2011 年 4 月起,温州爆发民间借贷危机,民营企业家"跑路"现象扩散,引起了资金链断裂的连锁反应。2011 年 9 月后,温州集中爆发了多家中型乃至较大型企业倒闭,市场恐慌情绪持久弥漫。在此情况下,温州金融改革试验区在政策推动下迅速启动。

2012 年 3 月 28 日,国务院批准设立温州市金融综合改革试验区,确定了温州市金融改革的 12 项主要任务。重点分为以下几项:(1)建立健全地方金融管理体系,制定规范民间融资的管理办法,加强社会信用体系监管。(2)丰富金融机构,完善金融组织体系。设立村镇银行、贷款公司、农村资金互助社等新型金融组织,发展专业资产管理机构,深化农村合作金融机构、国有银行等地方金融机构改革。(3)创新金融产品与服务,面向"三农"和小微企业的普惠金融产品和服务,发展金融租赁业务,建立小企业信贷专营机构,推出小微企业金融债券。①

在改革过程中,温州主要实践成果如下:

(1)民间金融规范化发展。温州创立了"民间借贷服务中心",于 2014 年

---

① 参见《浙江省温州市金融综合改革试验区总体方案》。

3 月 1 日正式开始施行《温州市民间融资管理条例》,建立民间借贷备案制度,强制备案与自愿备案相结合。2012 年向公众定期发布"温州指数",即民间融资综合利率指数,加强对民间利率的监测引导。

(2) 消除信息不对称,建设信用体系。温州市建立"信用保证基金＋小额贷款保证保险＋应急转贷金"的融资保障机制。由政府、银行、保险公司共担风险,服务中小微企业及农户,恢复企业间的信用体系。

(3) 引导民间资本合理流动。温州市发行地方债券,吸引民间资本进入及参与城市基础设施建设。银行通过股权、债权等方式,吸引民间资本参与金融业发展。小额贷款公司发行优先股、定向债,调动民间资本的积极性。

(4) 创新金融产品与服务。温州市推出分段式、循环式等小微企业流动资金还款方式;创新发展多样化抵押贷款与信贷资产流转等业务服务;发展"三位一体"的农村资金互助组织,推进生产合作、供销合作、信用合作;开展农民资产受托贷款融资试点工作以盘活农村资产。

2. 广东珠三角金融改革创新综合试验区

2012 年 7 月,国务部宣布《广东省建设珠江三角洲金融改革创新综合试验区总体方案》获国务院批准。该总体方案由三部分组成:(1)在珠三角地区建设"城市金融改革创新"综合实验区;(2)在环珠三角的梅州市建设"农村金融改革创新综合试验区";(3)在环珠三角的湛江市建设"统筹城乡发展金融改革创新综合试验区"。方案涉及珠三角九座城市,另加东西翼两座城市,呈现"9＋2"布局。自试验区建立以来,广东省、试验区与各市进行了多层次的丰富探索。

(1) 完善政策制度保障体系。广东省省级以及各市在金融发展的各领域——金融机构建设、金融市场建设、金融发展环境建设、金融人才引进与培训、资金支持等——给予全方位政策支持。各级政府先后出台了《融资性担保公司管理暂行办法》《广州市高层次金融人才支持项目实施办法(试行)》《关于东莞市小额贷款公司开展融资创新业务试点的通知》《中山市小微企业上规上线融资扶持专项资金管理办法》等政策文件。

（2）加强金融市场与金融产品创新。东莞市于 2013 年 4 月 10 日创立首只政府引导基金。梅州市平原县的政府引导型产业投资基金于 2013 年 9 月 12 日正式启动。互联网投融资平台"蓝海众投"于 2014 年 8 月正式上线，推出"稳赢易"和"众必盈"两种金融创新产品。广东南粤银行推出直销银行——南粤 e＋，通过线上平台拓宽获取客户的渠道。

（3）完善要素市场建设和金融组织体系。试验区引导小额贷款公司、村镇银行、财务公司、融资租赁公司、融资性担保公司和金融服务站等金融机构进入。广州股权交易中心、广州金融资产交易中心、深圳前海股权交易中心和广东金融高新区股权交易中心建成。广东金融高新技术服务区、广州金融创新服务区等金融功能区也逐渐落地。

3. 福建省泉州市金融服务实体经济综合改革试验区

改革开放以来，福建省泉州市被誉为"民办特区"，实体经济发展迅速，奠定了金融改革以服务实体经济的基础。此外，泉州是著名侨乡，与台湾地区金融合作密切，有利于调动各方资源，金融基础较好。"十二五"期间，泉州民营经济进入转型升级关键点，亟待金融改革为实体经济注入活力。2012 年 12 月，国务院正式批准《福建省泉州市金融服务实体经济综合改革试验区总体方案》，由人民银行、国家发改委、中国银监会等 12 个部委联合发布。泉州市成为第三个国家级金融综合改革试验区，以服务实体经济为主线。具体而言，泉州引导民间资本入市，为中小企业解决融资困难。为防止民间金融市场的系统性风险，试验区建立了金融风险监测、评估与处置机制。在帮扶小微企业方面，泉州提出"N＋1＋N"供应链融资模式，新型金融产品与服务层出不穷，例如"微粒贷""小微快贷""网贷通"等金融产品，精准解决了实体企业发展的融资困难。

几年来，泉州服务实体经济的成效显著。2018 年，全市新增贷款中，"三大板块"领域占 67％，累计推进 295 个重点项目，授信额度达 1 824.91 亿元，贷款余额 544.05 亿元。"N＋1＋N"供应链融资模式覆盖 34 家核心企业，563 家上下游企业。

4. 云南省广西壮族自治区建设沿边金融改革综合试验区

云南和广西地处西南,与缅甸、老挝和越南相邻,是中国面向东南亚的门户。长期以来,滇桂二省边境贸易活跃,在跨境支付与结算等方面有着较为丰富的经验。为扩大人民币的竞争力与辐射力,国务院以跨境人民币业务与金融开放为切入点,推动滇桂地区的金融改革。

2013 年 11 月 20 日,经国务院批复同意,中国人民银行等十一个部委联合印发《云南省广西壮族自治区建设沿边金融综合改革试验区总体方案》。试验区覆盖面宽广,包括云南省的昆明市、文山州、红河州、保山市、西双版纳州、临沧市、普洱市、怒江州、德宏州,广西壮族自治区的南宁市、钦州市、北海市、防城港市、百色市、崇左市。

2014 年,云南和广西先后出台《关于建设沿边金融综合改革试验区的实施意见》,对于试验区建设与金融改革进行规划。沿边金融改革以跨境人民币业务为主线,推动跨境结算体系以及金融组织体系的不断完善,促进滇桂两省的金融与经济发展,为中国的跨境人民币结算与金融开放提供宝贵经验。

几年来,云南省在金融组织体系完善、区域性货币交易、金融开放等方面都取得了突出成就:(1)跨境人民币业务快速发展。云南与境外 92 个国家或地区开展跨境业务,结算业务的主体由企业拓展至个人。截至 2019 年 9 月末,跨境人民币累计结算 5 021 亿元,其中累计收入 3 177.6 亿元,累计支出 1 843.4 亿元。(2)金融组织体系与服务体系完善。银行业深化改革,农村信用社改制组建农商行,城市商业银行增资扩股,老中银行、大华银行等中外合资金融机构与外资金融机构规模扩大。(3)推进跨境金融与外汇管理改革完善。试验区构建以银行间市场区域交易为支撑、银行柜台交易为基础、特许兑换为补充的全方位、多层次人民币与周边国家货币的区域性货币交易的"云南模式"。(4)金融开放持续深化。为维护金融秩序,昆明成立了全国首个跨境人民币反假工作中心,云南省积极推进贸易投资便利化,支持银行为外贸企业提供多样化金融产品，为贸易提供便利的条件。

广西在沿边金融综合改革试验区具体措施与成果如下：(1)跨境人民币结算业务发展。自 2010 年跨境人民币结算试点到 2019 年 5 月末，广西跨境人民币结算总量达 10 384.39 亿元。近年来个人跨境结算业务发展壮大，为居民生活旅行提供了便利。(2)创新出台系列先试先行金融政策。广西陆续推出跨境人民币贷款、个人跨境贸易人民币结算、跨境双向人民币资金池等试点业务，为金融开放积累了可复制可推广的经验。(3)金融开放不断深化。跨境同业积极搭建合作平台，证券保险协同支持企业"走出去"，银政合作进一步加强，中国工商银行与广西签订建设"一带一路"金融服务战略合作协议。(4)加大金融投入投资。2017 年，广西金融机构共支持"一带一路"建设项目 630 个，惠及企业 939 家，贷款投放金额 893.5 亿元。各金融机构用好全口径跨境融资宏观审慎政策，创新开展海外并购贷、"跨境直贷＋内保外贷"、跨境供应链融资、债券融资等业务。

5. 青岛财富管理金融综合改革试验区

2014 年 2 月 10 日，中国人民银行等十一个部门联合向山东省人民政府下达《关于引发青岛市财富管理金融综合改革试验区总体方案的通知》。其主要目标是构建富有中国特色的财富管理体系，力争建成面向国际的财富管理中心城市。

自获批以来，青岛市陆续推出一批金融改革措施。青岛银行私人银行持续丰富业务产品类型，为客户提供多方面的业务服务，帮助客户实现资产配置，进行投资管理。"裕农通"与海尔"日日顺乐农"共同打造"裕农小顺"乡村普惠服务平台，构建"五位一体"格局。青岛农商行推出"银关保"业务，引入"关税履约保证保险"，使小微外贸企业充分享受"先放后税"的海关税收优惠措施，"自动放行"的一体化通关便利。《青岛市财富管理金融综合改革试验区跨境人民币贷款业务试点管理办法》出台，支持韩国银行机构开展跨境人民币贷款业务，推进了金融开放步伐。多层次的资本市场体系逐渐完善，青岛蓝海股权交易中心积极为中小企业融资服务。

2016 年 4 月,青岛首次被纳入"全球金融中心指数"(GFCI),位居第 79 名。2018 年 9 月,排名升至第 31。截至 2018 年底,青岛市金融机构数量达 257 家,外资金融机构 34 家,全市本外币存贷款余额均突破 1.6 万亿元,与境外 18 个国家及地区展开合作,推动财富管理共赢。青岛蓝海股权交易中心的挂牌企业数量增至 1 529 家。

5.2.2　绿色金融改革试点

2015 年 9 月 21 日,党中央、国务院发布《生态文明制度改革总体方案》,首次明确提出了"建立绿色金融体系"的设想。《"十三五"规划纲要》中提出"构建绿色金融体系",将其上升为国家战略。2016 年、2017 年的《政府工作报告》都明确要求"大力发展绿色金融"。2016 年人民银行等七部委联合印发《关于构建绿色金融体系的指导意见》,明确绿色金融体系包括绿色信贷、绿色债券、绿色发展基金、绿色保险以及环境权益交易市场等部分,提出发展绿色金融的配套措施与制度安排。2016 年,中国作为 G20 主席国,将绿色金融纳入峰会议题,设立了绿色金融研究小组,将七项关于绿色金融的提议写入《G20 领导人峰会杭州宣言》,使绿色金融的国际合作成为重要共识。

为推动绿色金融改革创新,2017 年 6 月国务院批准在浙江、广东、江西、新疆、贵州五省(区)选择部分地区,各有侧重地建设绿色金融改革创新试验区。

1. 浙江省湖州市和衢州市

2017 年 6 月 23 日,中国人民银行、国家发展改革委、财务部、环境保护部等七部委正式印发《浙江省湖州市、衢州市建设绿色金融改革创新试验区总体方案》,衢州市以"金融支持传统产业绿色改造"为主线,湖州市主要关注"新兴绿色产业发展",共同探索中小城市的绿色可持续发展,建立绿色金融的政策机制、组织机构、产品服务和标准体系。

健全绿色金融政策体系。浙江省出台绿色金融财政政策清单,湖州与衢州从 2017 年到 2021 年,每年各安排专项资金 10 亿元,用于绿色金融机构培育、绿色信贷贴息、绿色产品和服务创新等方面。两市人民银行出台指导意见,将绿色信贷业绩评价归入宏观审慎评估。两市分别出台绿色金融试验区建设工作的考核方法,制定相应指标、计分方法和奖惩措施。

完善金融组织体系,鼓励金融机构绿色化。湖州鼓励成立绿色专营机构与绿色金融事业部,将绿色金融相关指标纳入 KPI 考核项目,引导推进绿色金融发展。截至 2019 年初,衢州拥有绿色金融试点行 20 家,绿色金融事业部 24 家,绿色专营机构覆盖率达 80%。

创新绿色金融产品和服务体系,完善基础设施。湖州市出台绿色信贷产品清单,开发"绿色工厂贷"、环境污染责任保险、"绿色园区贷"等金融产品;衢州市出台《推进绿色金融产品与服务创新的意见》等文件,培育绿色产品,发行全国首单"私募绿色双创金融可转债",建立"保险+过程管理"新机制。在绿色金融基础设施方面,湖州建立"湖州绿色金融综合服务平台",提供"绿贷通""绿融通"以及"绿信通"三种服务,分别帮助企业与银行、资本以及项目对接,促进经济社会绿色高质量发展。

建立绿色金融标准体系。两市提出绿色项目与绿色企业评价方法,设立融资准入机制。在绿色金融监测方面,湖州围绕"绿色金融基础、市场、贡献"维度,于 2018 年提出绿色金融发展指数;衢州市开展绿色贷款专项统计数据质量评估。与此同时,两市在绿色金融信用体系以及绿色金融项目库建设等方面取得了成效。

2. 江西省赣江新区

2017 年 6 月 14 日,赣江新区建设绿色金融改革试验区获国务院审议通过,人民银行等七部委于 6 月 23 日印发《江西省赣江新区建设绿色金融改革创新试验区总体方案》。

完善政策规范体系。围绕着《中国人民银行南昌中心支行关于绿色金融重点推进的试验任务》,赣江新区陆续出台《关于发展绿色信贷推动生态文明建设的实施意见》《关于加快绿色金融发展的实施意见》《赣江新区建设绿色金融改革创新实验区实施细则》等政策,加大对绿色金融的支持力度。

赣江新区着力建设包括绿色金融示范街、人力资源服务产业园、双创集市的绿色创新发展综合体,引导绿色金融专营机构发展。七家商业银行于境内设立"绿色支行",九江银行于境内建立绿色金融事业部。此外,赣江新区吸引了一批创新型机构,例如人保财险绿色保险创新实验室、腾讯金融科技实验室等。2019 年末,"赣江绿色金融研究院"正式成立。

赣江新区致力于完善资本市场,拓宽企业的资金来源。九江银行发行绿色金融债,推出"绿色票据""智慧富农贷""绿色家园贷"等金融产品,服务于实体经济与市民生活。2019 年,新区推出绿色金融重大创新成果 19 项,其中的绿色市政债与"畜禽洁养贷"产品填补了国内市场的空白。中国节能华禹绿色产业并购基金、赣江新区绿色产业引导基金等陆续设立。赣江新区积极推动绿色企业在新三板挂牌,发行绿色债券,推动绿色保险业务开展,形成了完备的绿色金融体系。

2017 年末,江西省绿色信贷余额超 1 700 亿元,同比增长 38.4%,成功发行江西首单绿色企业债券,发行量为 20 亿元。13 家绿色企业在新三板挂牌,在江西联合股权交易中心挂牌展示的绿色企业达 200 多家。

3. 广东省广州市

2017 年 6 月 26 日,中国人民银行等七部门联合印发《广东省广州市建设绿色金融改革创新试验区总体方案》。绿色金融创新试验区发展取得初步成效。

健全绿色金融发展政策体系,积极发挥政府角色。广州市出台了《关于加强环保与金融融合促进绿色发展的实施意见》,提出 19 条政策措施。围绕《广东省广州市建设绿色金融改革创新试验区总体方案》,花都区制定出台了《支持绿色金融和绿色产业创新发展若干措施》,引导社会资本进入绿色金融领域,吸引人才进入,推动绿色金融机构与业务的健康发展。

培育发展绿色金融组织体系。花都区积极打造绿色金融街,大力支持和鼓励设立绿色金融专营机构。截至 2019 年 5 月底,228 家绿色机构进入,注册资本金 136 亿元。此外,花都区政府入股成立广东省绿色金融投资控股集团有限公司,推进绿色金融稳步发展。

创新完善绿色金融产品和服务体系。银行机构推出环境权益抵质押贷款、碳排放配额抵押贷款、开发性专项基金等新型融资方式。绿色债券产品也取得突破,绿色证券产品发展加快。广州市设立多支政府性投资基金,总规模约 220 亿元,花都区发起设立总金额不少于 100 亿元的绿色发展基金。碳金融创新取得进展,探索研究相关金融服务,积极搭建碳交易平台。

加快完善绿色金融基础设施体系建设。绿色金融与绿色企业(项目)对接平台落地,运用"互联网＋大数据"模式,实现绿色企业的信用信息查询、信用评级、网上申贷以及融资供需信息发布、撮合跟进。环保与金融信息共享平台建成,推动了环境保护信息、碳排放信息共享机制。

4. 贵州省贵安新区

贵安新区是全国首批、西南第一的绿色金融改革创新探索试验区。2017 年 6 月 13 日,贵安新区获国务院批准建设绿色金融改革创新试验区。其具体发展措施及成果如下:

完善绿色金融政策体系。围绕《贵安新区建设绿色金融改革创新试验区任务清单》,贵州省印发了《贵安新区支持绿色金融发展政策措施》与《贵安新区绿色金融改革创新试验区建设实施方案》,完善绿色金融的制度建设。在此基础上,金融运行各领域文件陆续出台,如《贵州省绿色企业和绿色项目授信指导意见》《贵安新区绿色金融改革创新试验区工作推进绩效考核办法(试行)》《贵安新区绿色金融风险监测和评估办法》等,为绿色金融发展创设良好的外部环境。

加强机制建设,强化组织领导。贵州在省级成立省绿色金融创新发展工作领导小组,在试验区内设立了贵安新区绿色金融改革创新工作领导小组,包括领导办公室、宣传组、绿色金融港建设组、改革创新组、招商引资组五个职能部门,从而保证了绿色金融的规范与稳定运行。

构建多层次绿色金融机构体系,完善绿色金融基础服务。2019 年贵安新区初步建立了以银行业为主,非银行金融机构为辅助的绿色金融组织体系。兴业银行、贵州银行、中国银行等多家银行设立绿色金融事业部,中国人保财险在境内建立全国首个"绿色金融"保险服务创新实验室。贵安新区制定绿色金融项目评估标准,建立和完善"绿色金融＋大数据＋绿色产业"的绿色金融综合服务平台与绿色项目库,提升服务绿色金融的精准度与效率。

截至 2019 年第一季度末,贵州省内的金融机构向贵安新区投放绿色贷款余额高达 163.3 亿元;贵阳银行、贵州银行获批 130 亿元绿色金融债券。截至 2019 年 5 月,贵安新区保额总额 64.8 亿元,绿色保费收入总额 3 907 万元;共成立 20 支绿色产业投资基金,总规模达 350 亿元,实际到账金额为 63.5 亿元,已全部投入绿色项目。在绿色金融的推动下,试验区转型升级稳步推进,大数据服务业增长迅速,成为经济发展的重要动力。生态文明建设取得成果,各项环保指标不断改善。

5. 新疆维吾尔自治区哈密市、昌吉州、克拉玛依市

中国人民银行等七部委联合印发《新疆维吾尔自治区哈密市、昌吉市和克拉玛依市建设绿色金融改革创新试验区总体方案》。中国人民银行乌鲁木齐中支以此为契机,牢固把握绿色金融的内涵,积极推动各项工作的进行,取得丰硕成果。

完善顶层规划,优化政策框架。自治区印发《关于自治区构建绿色金融体系的实施意见》,根据三个试验区的实际情况,出台各试验区的实施细则。同时领导小组积极研制税收、金融、财政补助、环保等配套政策,完善政策框架,为绿色金融发展提供良好的外部环境。

建立健全体制机制,强化试验区组织保障。自治区在自治区、试验区以及金融机构三个层面分别制定工作机制,成立了自治区和三个试验区层面的绿

色金融改革创新试验区工作领导小组。新疆率先创设绿色金融同业自律机制,促进绿色金融有序发展,激发内在动力。多层次的工作机制有效协调了政府与市场的关系,引导各主体积极参与绿色金融建设。

建设绿色金融智库,积极引入国内外资源。一方面,自治区依托新疆金融学会成立了绿色金融专业委员会,在基础性研究的低碳和碳排放权,应用性研究的绿色金融制度安排及绿色化改造成本效益分析等方面取得了研究成果。另一方面,自治区绿金办及三个试验区与国内外高端绿色智库建立合作关系,吸引技术、资本、管理等生产要素流入,为绿色金融发展提供基础。

建立绿色项目库管理制度,完善金融基础设施。自治区率先建立绿色项目库,经由层层核实与第三方评级机构的专业评估认证,将"纯绿"及"正常"项目纳入项目库,精准服务于绿色金融项目。截至 2017 年末,绿色金融项目库共收录项目 1 664 个,其中"纯绿"项目共 365 个,总投资 57 950 亿元,融资需求 3 400 亿元。

5.2.3 普惠金融改革试点

2006 年 3 月时任中国人民银行研究局副局长焦瑾璞在北京召开的亚洲小额信贷论坛上,正式使用了"普惠金融"概念。在 2013 年 11 月 12 日中国共产党第十八届中央委员会第三次全体会议通过的《中共中央关于全面深化改革若干重大问题的决定》正式提出"发展普惠金融。鼓励金融创新,丰富金融市场层次和产品"。2015 年国务院发布中国普惠金融领域的第一个国家级战略——《推进普惠金融发展规划(2016—2020 年)》,指出普惠金融的重点服务对象为小微企业、农民、城镇低收入人群、贫困人群和残疾人、老年人等特殊群体。在此背景下,国家大力推进普惠金融改革创新试点,各地区积极开展探索,推动改革创新,加强实践检验。

1. 河南省兰考县普惠金融改革试验区

2016 年 12 月,人民银行等七部委联合河南省政府印发《河南省兰考县普惠金融改革试验区总体方案》。作为全国首个国家级普惠金融改革试验区,兰考试验区积极推动政策体系的建设。《总体方案》明确了 10 个方面的 27 项具体措施,之后又陆续出台了关于金融服务体系建设、信用体系建设、普惠授权管理、风险防控体系建设等领域的 21 个专项方案与管理办法。

金融科技助力普惠金融,创新金融产品与服务。兰考县形成了以数字普惠金融为核心,以金融服务、普惠授信、信用建设、风险防控为基本内容的"一平台四体系"普惠金融模式。在平台搭建中,试验区探索"大数据＋普惠金融"的数字化路线,面向农村金融服务机构开放,创设"线上金融超市"。蚂蚁金服联合金融机构,结合线上、线下双重优势,推出"旺农贷联合放宽",使农民更便利地享有金融服务。

完善金融基础设施,提高金融服务水平。兰考试验区设立了县级、乡级、村级的三级金融服务中心,将村级服务站建在党群服务中心便民服务厅,"基层党建＋就业扶贫＋普惠金融"三位一体。同时,试验区推出了"4＋X"普惠金融服务,其中"4"指基础金融服务,包括信用建设、贷款管理、金融消费权益保护等,"X"为各银行的特色金融服务,两者联合增强金融服务能力。

规范普惠授信体系。试验区按照"宽授信、严启用、严管理"原则,推广低门槛、低成本的"信贷＋信用"模式,在授信、启信、用信、还信四个环节创新小额信贷模式。实施"信用信贷相长"行动计划,变"信用＋信贷"为"信贷＋信用",实现信用信贷良性互动。信息收集工作更有效率,成本更低,农民形成了良好的信用理念,培养守信习惯。

建立风险防控体系。兰考试验区创立担保公司、保险公司、政府风险补偿基金、银行"四位一体"的风险共担机制。贷款不良率被分为 2％以下、2％—5％、5％—10％、10％以上四段,每段规定其分担主体。随着不良率上升,银行分担比例下降而政府风险补偿基金份额上升,促使政府改善当地信用环境,缓解银行风险。

在普惠金融的推进下,兰考县于 2017 年 2 月实现脱贫。2018 年上半年起,"兰考模式"在河南省 22 个县(市、区)推广成功经验,开启试点工作。

2. 浙江省宁波市普惠金融改革试验区

2015 年 10 月,经中国人民银行总行批复,宁波设立全国首个普惠金融综合示范区。2019 年 12 月,经国务院同意,中国人民银行等五部委联合印发《浙江省宁波市普惠金融改革试验区总体方案》。基于建设中国首个普惠金融综合示范区的契机,浙江宁波积极探索,形成了符合当地特色的普惠金融发展"宁波模式"。

发力社会信用建设,建立普惠金融信用信息服务平台。在农户、小微企业的信用信息数据库基础上,中国人民银行宁波市中心支行整合 3.3 亿条信用信息,建立了普惠金融信用信息服务平台,解决信息不对称问题。截至 2018 年,已有银行、保险公司、小额贷款公司共 64 家机构接入平台。

数字化金融发展迅速,打造普惠金融(移动)公共服务平台。平台对接中国人民银行国家级金融公共服务平台,加载移动支付 APP、移动金融 IC 卡、农户信用通 APP、手机信贷等一系列移动金融应用,实现多个公共服务领域中"一卡通用",满足城乡居民的移动支付需求,居民生活更加智能与便利化。

完善多层次的金融组织体系,发展助农金融服务。宁波市鼓励银行机构拓展基层金融服务网络,在城镇与农村地区形成了多样化、互补性的基层金融服务点。服务点专门为农民提供基础金融服务以及新型金融服务。截至 2017 年末,全市 2 351 个行政村设立助农金融服务点达 3 140 家。在此基础上升级打造的"丰收驿站"集电商、金融、物流、公益等功能于一体,满足基层群众各种需求。

重视金融知识普及与教育,构建良好的金融发展环境。宁波市重视消费者权益保护,积极开展金融科普活动,成立金融消费纠纷人民调解委员会,积极防范风险。重点实施了"金融普惠 校园启蒙"的国民金融素质提升工程,将金融科普纳入中小学课程,截至 2017 年已覆盖 1.9 万名学生。

3. 福建省宁德市、龙岩市普惠金融改革试验区

2019 年 12 月,经国务院批准,中国人民银行、发展改革委、财政部、银保监会、证监会向福建省印发了《福建省宁德市、龙岩市普惠金融改革试验区总体方案》。但在此之前,宁德等地区便已在普惠金融方面进行试点探索,形成了宁德实践模式。

以推进基础金融服务广覆盖为载体,促进金融服务半径扩大和延伸。一是升级改造助农取款服务点为农村普惠金融服务点,拓展服务点功能,实现"1＋N"发展新模式,扩大农民获得金融服务的范围。二是创新"垄上行·背包银行"服务模式,针对偏远山区农民获取金融服务不便的问题,推行金融服务主动下乡和上门。三是发展"海上移动银行",组织金融机构推广"手机银行＋短信银行"应用,实现银行物理网点和助农取款服务点、数字普惠金融发展的有机结合,为海上养殖提供便捷支持服务。

以政府引导、市场主导、深化创新为抓手,提升信贷服务广度和深度。一是推进建立信用信息服务平台,中国人民银行在宁德古田县主导搭建农村征信和政银企交流服务平台,广泛采集农户信用信息,有效化解金融支农存在的信息不对称问题。二是建立全覆盖的扶贫信贷担保体系,采取省、县两级共同出资的模式,在宁德 9 个县(市)设立小额信贷担保基金。三是建设"民富中心",通过"合作社担保＋民富中心提供风险补偿"模式,支持农户融资,推进农户融入现代生产和金融服务体系。四是开展农村"两权"抵押贷款试点,在古田、屏南推进试点工作,创新提出"土地经营权＋农村设施共同抵押""合作社担保＋两权反担保""小额信贷促进会担保＋两权反担保"等模式。

以央行政策支持为保障,确保普惠金融发展可持续。试验区积极为宁德普惠金融发展注入央行低成本资金,也发布了全国首张设区市级农村金融生态环境态势图,展示宁德市各行政区域内的金融优惠政策,有效促进金融扶持政策落地。

5.2.4　科技金融改革试点

一般来说,科技金融是促进科技开发、成果转化和高新技术产业发展的一系列金融工具、金融制度、金融政策与金融服务的系统性、创新性安排,是国家科技创新体系和金融体系的重要组成部分。

1. 中关村科技金融专营机构

2015 年 3 月,中国人民银行中关村中心支行成立,成为国内首家在国家高新示范区成立的人民银行分支机构。人民银行营业管理部依托中关村中心支行搭建"科技金融专营机构监测及评估机制",实施先行先试政策,积极推动信贷资源向中关村示范区集聚。与此同时,北京市各银行在中关村示范区加快建设科技金融专营组织机构,深入开展体制机制创新和科技金融产品创新。

政策支持创新。政府部门针对中关村科技金融专营机构给予财政支持,包括债务性融资风险补贴资金、小微企业信贷风险补偿资金等。2017 年,中关村示范区内 8 家科技金融专营机构获得中关村管委会、北京市科学技术委员会等政府部门信用风险补贴等,总计 1 711.8 万元。

金融机构考核机制创新。各银行持续优化专项考核激励机制,有效激发科技金融从业人员的积极性。中国工商银行北京市分行将科技金融专项考核与团队绩效结合,责任到人。中国银行北京市分行建立了高新企业贷款独立考核机制,重点奖励中小企业贷款业务。中国光大银行总行给予北京分行调整辖内分支机构小微企业不良容忍度的权限。招商银行北京分行建立专营团队独立考核机制,主要考核贷款规模和户数,弱化利润考核。

金融系统创新。截至 2017 年末,中关村示范区共有 20 家银行设立 56 家科技金融专营机构,比 2015 年末增加了 4 家银行的 9 家专营机构。3 家银行设立了中关村分行;2 家银行设立了中关村管理部,1 家银行设立了中关村中心支行。多级银行对科技金融业务组织体制做出调整。中国建设银

行中关村分行增设投资银行业务部,对科技金融部和小企业部进行整合;浦
发银行北京分行设立科技金融处;杭州银行北京分行成立科技文创金融事
业部北京分行。

科技金融产品与服务创新。各银行积极创新知识产权质押融资,开展"银
行＋创投"合作,为科技企业提供全周期综合金融服务。中国建设银行中关村
分行和华夏银行中关村管理部突破性地开展纯知识产权质押贷款业务。杭州
银行北京分行与创投机构深度合作,围绕创投基金"募、投、管、退"全方位推进
金融服务。中国银行北京市分行、北京银行加速落地投资联动业务,与多家新
三板企业、小微企业签订了选择权贷款协议。

5.2.5　自贸试验区金融开放创新试点

为探索金融开放,中国陆续成立了多个自贸试验区。2013 年 9 月,国务
院批准并印发《中国(上海)自由贸易试验区总体方案》。2015 年,国务院印发
天津、广东、福建设置自由贸易试验区的总体方案。2017 年,陕西、重庆、湖
北、河南、浙江、辽宁、四川建立自由贸易试验区。2018 年,海南自由贸易试验
区成立。2019 年 7 月,上海自由贸易试验区临港新片区成立。2019 年 8 月,
国务院印发 6 个新设自由贸易试验区总体方案的通知,包含山东、江苏、广西、
河北、云南、黑龙江。

1. 上海自贸试验区金融开放

2013 年 9 月,国务院批准并印发《中国(上海)自由贸易试验区总体方
案》。2015 年 4 月,国务院印发《进一步深化中国(上海)自由贸易试验区改革
开放方案》。2017 年 3 月,国务院印发《全面深化中国(上海)自由贸易试验区
改革开放方案》。上海作为中国自由贸易试验区的先行者,为自由贸易的探索
做出了积极贡献,金融改革开放为重要方面。

金融制度创新体系建设。2013 年上海自贸试验区成立以来,"一行三会"
陆续出台了"金改 51 条"。2015 年国务院审议通过《进一步推进自贸试验区

金融开放创新试点、加快上海国际金融中心建设的方案》,被称为"金改 49 条"。2018 年 6 月,《中国(上海)自由贸易试验区关于扩大金融服务业对外开放进一步形成开发开放新优势的意见》发布。

为服务实体经济的贸易投资便利化,自贸试验区创设了自由贸易账户(FT 账户)系统。自建成运行以来,自由贸易账户通过分账核算体系和自由贸易账户,实现了资金跨境流动的"一线审慎监管、二线有限渗透",提供跨境融资、跨境大额存单、跨境并购等金融服务,为推进人民币资本项目可兑换奠定了重要基础。同时,自贸试验区率先建立宏观审慎的资金跨境流动管理制度,防范跨境融资中的金融风险。截至 2017 年 12 月底,上海自贸试验区累计共有 56 家金融机构。通过分账核算系统验收,已累计开立自由贸易账户 7.02 万个 FT 账户,累计融资总额折合人民币 1.1 万亿元,账户内资金余额 2 176 亿元。

金融市场和金融服务开放度进一步提高。一方面,沪港通、上海黄金交易所国际板、上海国际能源交易中心等面向国际的金融交易平台建设稳步推进;另一方面,自贸试验区内金融机构集聚,金融业务创新发展。上海保险交易所、中国信托登记公司、上海票据交易所等多层次金融市场逐步完善,养老投资、航运保险、创业保障保险等新业态应运而生;上海清算所铜溢价、乙二醇掉期交易,自贸试验区大宗商品现货交易陆续开展;"一带一路"熊猫债在自贸试验区银行间债券市场成功发行,极大丰富了金融服务业务。

金融改革取得成果,提供可借鉴经验。人民银行和外汇局将跨境双向人民币资金池、取消对外担保行政审批、深化外汇管理改革等 15 项创新措施复制推广到全国;已将银行业金融机构和高管准入简化、离岸业务经营授权、业务风险评估指导意见、鼓励开展跨境投融资业务、保险业简政放权等加强银行业和保险业监督管理方面的 7 项创新措施复制推广到其他自贸试验区。

2. 案例与成果:上海黄金交易所国际板

2013 年 12 月 2 日,中国人民银行下发《关于金融支持中国(上海)自由贸易试验区建设的意见》,特别提出将根据市场需求,探索在区内开展国际金融资产交易,开放金融市场。2014 年 2 月 20 日,中国人民银行上海总部发布《关于支持中国(上海)自由贸易试验区扩大人民币跨境使用的通知》,明确提出"上海黄金交易所在区内面向试验区和国际提供以人民币计价和结算的贵金属交易、交割和结算服务,提高人民币在国际贵金属市场上的使用"。

根据国家相关政策,上海黄金交易所积极筹备面向自贸试验区和境外机构的国际业务板块。2014 年 4 月 30 日,中国人民银行批复原则同意上海黄金交易所关于设立国际业务板块的方案。2014 年 6 月 18 日,上海黄金交易所与中国人民银行上海总部签署了合作备忘录,上海黄金交易所的国际业务结算正式纳入自贸试验区的 FT 账户体系。

2014 年 9 月 18 日,上海黄金交易所正式启动国际板。作为中国黄金市场开放的窗口和试验田,上海黄金交易所国际板肩负起时代使命:打造在全球具有影响力和竞争力的中国黄金市场,以此来改变世界黄金市场的格局。

国际板开业当天,全国政协副主席、中国人民银行周小川行长和上海市领导对国际板推出的突破性意义充分肯定并寄予厚望。在推进"市场化、国际化"战略上大胆探索、努力开拓,两年多时间便有了可圈可点的创新突破,在提高中国黄金市场的容量和集聚性,实现黄金市场参与主体国际化、交易资金国际化、黄金定价国际化和交割储运国际化上,迈出对外开放的坚实一步。

2014 年 9 月 18 日国际板启动仪式时,经人民银行批准,以汇丰、渣打、丰业、澳新等境外银行,中国工商银行、中国农业银行、中国银行、中国建设银行等自贸试验区分行及金融机构为代表的全球主要商业银行,以及瑞士美泰乐、贺利氏(香港)、瑞士 MKS 集团等全球知名精炼商和有影响力的贵金属交易机构成为上海黄金交易所首批 40 家国际会员。国际板推出了以人民币计价、以离岸人民币结算、交易所会员(包括主板会员、国际会员)均可参与交易的产品结构,国际板合约与绝大部分主板合约一起对国际投资者开放。截至目前,国际板合约主要为 iAu99.99、iAu99.5 和 iAu100g,且均为现货实盘合约。

账户设置上,基于 FT 账户设立资金专用账户体系。国际板设立 FT 资金专用账户,保证资金专项使用。国际会员及其客户的资金账户保证"从哪儿来、回哪儿去",有效地防止了资金的非法流动,严格保证了"三反"规定的有效执行。按照中国人民银行关于跨境资金管理的有关规定,严格执行跨境资金调拨操作,并纳入人民银行上海总部的跨境资金监控系统,及时报送相关信息。

结算体系上,实行"分级、净额、封闭"的资金结算原则。国际会员就其在上海黄金交易所的交易与交易所进行分级净额清算结算;国际客户与国际会员的资金分账户设立和存管,国际客户资金全部存管在交易所专用结算账户,全封闭运行;交易所负责对国际参与者实行结算,国际会员负责对其代理客户实行结算。国际板产品结算原则与主板产品一致。

实物交割上,在自贸试验区内设立国际板指定交割仓库,为国际投资者提供交割储运服务。利用自贸试验区海关监管的创新政策,在现行黄金进口管理的制度框架下,在自贸试验区内建立交割仓库,为国际投资机构提供标准实物黄金的入库、出库和账户划转服务,为国内黄金进口银行办理实物登记、存放和转运服务。自贸试验区仓库交割的黄金必须为伦敦金银市场协会认证的标准金锭提供商提供的、符合标准的实物,严格限制国际上冲突地区黄金的进入,保证黄金质量。同时,限制黄金境内境外交叉出入库,防范利用黄金交易进行资金转移的行为。

交易系统上,建立集中托管模式的国际交易系统。该系统集交易所管理、会员管理、客户管理功能于一体,直接接入交易所核心系统,可为会员提供客户管理、交易接入、结算等服务,国际会员无需另行开发二级系统,直接使用该系统即可开展自营和代理业务。这一模式大大加快了国际板推进速度,加强了交易所对国际会员的集中管理。

风险防范上,实行全流程的风险管控。按照"风险可控、分步推进、逐步完善"的原则,有序、稳妥地向国际投资者开放市场,防止市场开放可能对国内市场带来的冲击。一是在业务规则设计上,严格限定国际投资者的资金和实物提取路径,防止利用贵金属交易进行跨境资金和跨境实物非法转移的行为;二是在市场准入上,建立国际会员和国际客户适当性制度,设置资质门槛,按照"展业三原则",严格履行"三反"的责任和义务,对国际会员和国际客户开展尽职调查;三是在跨境资金管理上,设立资金专用账户,实行资金封闭运行,严格限制资金专项使用;四是在风控制度上,严格执行限仓制度、大户报告制度、强行平仓制度等风险控制措施,限定国际投资者交易规模,加强对国际投资者异常交易行为的监控,防范各种违法违规违约风险。

加强对国际投资者异常交易行为的监控。国际板的建立和发展,是贯彻落实党中央国务院关于扩大金融业双向开放要求的具体体现,它的改革意义已凸显。以人民币作为计价货币,吸引国际投资者参与中国黄金市场交易,有助于交易所产品规则和市场标准向全球推广,提升交易所的核心竞争力和国际影响力。

国际板和"上海金"业务的推出,有利于上海黄金市场更好地融入全球黄金市场,扩大话语权和影响力;也有利于打造与中国的黄金产业大国地位相适应的全球人民币黄金定价中心,使全球投资者能够有机会共享中国黄金市场发展机遇,推动国际黄金市场体系平衡健康发展。

国际板坚持发展以人民币计价的黄金交易业务,将人民币标价的"上海金"品牌推向国际市场,还有助于扩大离岸人民币资金的运用渠道,有效衔接人民币的在岸市场和离岸市场,增强境外机构持有人民币的意愿和信心,扩大人民币的跨境流动,推动人民币国际化发展。同时,中国黄金市场的潜力大,韧性强,市场规模相对较小,因此也可以作为资本项下人民币可兑换的窗口和试验田。

此外,上海黄金交易所国际板的建立,是上海国际金融中心建设的重要内容,也是上海自贸试验区改革发展的重要成果之一。未来将以国际板的建设为契机,充分发挥上海得天独厚的区位优势,逐步将上海建设成为亚洲乃至全球范围内具有影响力的黄金交割、储运和转口贸易中心。通过黄金市场的做大做强,扩大上海作为国际金融中心的优势和辐射力,促进上海自贸试验区和上海国际金融中心的联动发展。

3. 天津自贸试验区金融开放

2015 年 4 月,国务院批准并印发《中国(天津)自由贸易试验区总体方案》,天津自贸试验区正式挂牌。同年 12 月,中国人民银行正式出台《关于金融支持中国(天津)自由贸易试验区的指导意见》(以下简称“金改 30 条”)。自挂牌以来,天津自贸试验区依照中央的定位,建立全国先进制造研发基地、北方国际航运核心区、金融创新运营示范区及改革开放先行区。在金融领域,天津自贸试验区取得的主要成就如下:

(1)积极引进外资,推动贸易便利化。天津自贸试验区实行外商投资负面清单管理,管理措施逐渐简化,创造了便利化的投资条件。全口径跨境融资的宏观审慎管理有效拓展了中资企业境外融资渠道。在贸易方面,“加工贸易自主核销”等创新监管模式,货物贸易 A 类企业收入不入待核查账户、外汇资本金和外债亿元结汇的政策以及 80 多条贸易便利化的措施,在自贸区营造了良好的贸易环境。

(2)融资租赁为代表的产业金融快速发展。天津东疆片区是对丝绸之路的重要节点,被称为全球第二大飞机租赁聚集地,融资租赁产业是其核心产业之一。基于租赁业务,金融业积极开展业务创新,在飞机租赁资产交易、船舶离岸融资租赁、“融资租赁＋汽车出口”等方面先试先行,充分发挥天津租赁特色产业的辐射带动作用。

(3)金融创新落地取得成效,且具有可复制性。截至 2019 年底,“金改 30条”的八成均已落地,切实保障了实体经济的发展。其中关于外债宏观审慎监管、A 类企业货物贸易收入不入待核查账户、区内个人开展经常项下跨境人民币业务等 10 项政策已在全国推广实施。

4. 广东自贸试验区金融开放

2015 年 12 月,《中国人民银行关于金融支持中国(广东)自由贸易试验区建设的指导意见》出台。广东自贸试验区主要覆盖三个片区:以生产性服务业为主导产业的广州南沙新区片区,重点进行金融开放试点的深圳前海蛇口片区以及主打文教旅游的珠海横琴新区片区。建立四年以来,广东自贸试验区聚焦投资与贸易便利化,对外商投资采取负面清单管理,对跨国贸易设立"单一口岸",推进了对外开放。

金融改革也围绕着对外开放展开。中外资金金融机构和新型金融组织集聚发展。2016 年,久隆财产保险公司,众惠财产相互保险社,恒生前海基金管理公司先后获准筹建与开业,促进了保险业、基金业的多层次发展。2017 年 1 月后,大西洋银行广东自贸试验区横琴分行、众惠财产相互保险社、广东粤电财产保险自保有限公司陆续开业。

广东自贸试验区稳步推进跨境人民币贷款,扩大境外人民币贷款业务,开展跨境双向人民币资金池业务,支持企业赴港发行人民币债券。外汇管理改革稳步推进。简化经常项目外汇收支手段与跨国公司外汇资金集中运营管理,开展本外币一体化的全口径跨境融资宏观审慎管理。同时严格进行反洗钱、反恐怖融资、反逃税工作,防范金融风险,保持自贸试验区金融稳定发展。

金融基础设施也逐渐健全,便利人民生活。广东自贸试验区率先启动粤港电子支票联合结算,推动金融 IC 卡在跨境交通领域的使用。发行商事主体电子证银行卡,拓展其应用范围,提升支付结算水平,积极向全省推广。

5. 福建自贸试验区金融开放

2015 年 12 月,《国务院关于印发中国(福建)自由贸易试验区总体方案的通知》出台。福建自贸试验区包括福州片区、厦门片区以及平潭片区。福建自贸试验区以支持国际贸易的实体经济发展为主线,不断改革创新金融制度与措施,落实多项重点任务,在对外开放及金融试点均取得了不菲成绩。

（1）推动跨境金融创新。福建自贸试验区简化跨境人民币业务程序,推出跨境人民币贸易融资综合服务,推进货物贸易外汇管理。福州片区建设跨境业务区块链服务平台试点,推出"跨境人民币自贸区联行代付"、海峡"自贸通"、固贷项下跨境融资性风险参与业务等服务。

（2）深化两岸金融合作。福建自贸试验区平潭片区开展合格境外投资者QFLP 政策试点,采用"一岛两标"。厦门片区探索对台人民币贷款业务,进行两岸人民币现钞直接调运,吸引台湾金融机构在片区内设立分支机构。白名单制度试点与推广,便利化管理台资企业资本项目。

（3）提升金融服务质效。创新推出智慧景区服务项目、中小微企业综合金融服务十点、"非标准用工人员责任保险"、"银企直联"等产品服务。人保财险—厦门自贸区联合保险产品创新实验室设立,助推电子汇总征税函,提升口岸通关效率。

（4）金融机构与金融市场多层次发展。厦门片区积极出台融资租赁、股权投资等工作办法,吸引了厦门金融租赁、厦门黄金投资公司、厦门银行厦门自贸试验区资金运营中心等金融机构落地。

5.3 长三角、珠三角、京津冀城市群区域金融发展状况

2018 年 11 月 18 日,中共中央、国务院发布的《中共中央 国务院关于建立更加有效的区域协调发展新机制的意见》明确指出,以京津冀城市群、长三角城市群、粤港澳大湾区等城市群推动国家重大区域战略融合发展,建立以中心城市引领城市群发展、城市群带动区域发展新模式,推动区域板块之间融合互动发展。

无论是长三角一体化,还是"一带一路"、京津冀、长江经济带和粤港澳大

湾区,都是以区域经济为纽带,推动区域金融的协同发展。此处,我们主要研究以北京、天津为中心的京津冀城市群发展,以上海为中心的长三角城市群发展,以广州、深圳为中心的珠三角城市群发展。

5.3.1　长三角城市群

1. 区域金融运行状况

根据 2019 年长江三角洲区域一体化发展规划纲要,长三角城市群规划范围正式定为苏浙皖沪三省一市全部区域。长三角城市群是"一带一路"与长江经济带的重要交汇地带,在中国国家现代化建设大局和开放格局中具有举足轻重的战略地位。

(1) 银行业。

对于银行业的对比考察,这里主要从网点数量、从业人员数量和资产规模进行比较(表 5.7)。

2017 年末,上海市银行业营业网点数明显高于其他三省,浙江、江苏水平相近,安徽较为落后。从业人数方面,浙江、江苏两省水平相近,约为上海、安徽从业人数的两倍,上海从业人数较少的特点与无人银行的智能化运营可能相关。在资产总额上,江苏略高于上海、浙江两省市,安徽明显低于其他地区。总体上看,江浙沪三地区的银行业发展水平较为类似,安徽明显落后于三省市。

表 5.7　长三角银行业金融机构(营业网点)分布情况(2017 年)

	机构个数(个)	从业人数(人)	资产总额(亿元)
上　海	4 099.00	117 599.00	147 074.00
浙　江	12 581.00	246 108.00	141 027.00
江　苏	14 297.00	257 743.00	166 703.00
安　徽	8 473.00	123 011.00	59 853.60

资料来源:《中国区域金融运行报告》(2018)。

（2）证券业。

这里从证券、期货公司总部设立在辖区的数量、辖区上市公司数量、股权融资规模、债券融资规模等视角出发,考察区域内的证券行业发展情况（表 5.8）。

2017 年末,上海拥有证券公司、基金公司、期货公司总部共计 92 家,浙江 19 家,江苏 15 家,安徽 5 家。上海明显高于其他省份,约为其他三省总量的两倍,江苏、浙江发展水平接近,安徽明显落后。年末境内上市公司与 A 股筹资总额上,浙江＞上海＞江苏＞安徽。总体而言,上海证券业金融机构密集,金融市场较为发达;浙江民营企业与上市公司发展快速,充分利用直接融资渠道;江苏略弱于浙沪;安徽资本市场发展较弱,证券业落后于其他地区。

（3）保险业。

这里主要从保险公司总部设立辖区内的数量、分支机构数量和保费收入、保险密度、保险深度的视角进行分析（表 5.9）。

表 5.8　长三角证券业基本情况（2017 年）

指　　标	上　海	浙　江	江　苏	安　徽
总部设在辖内的证券公司数（家）	20	5	6	2
总部设在辖内的基金公司数（家）	44	2	0	0
总部设在辖内的期货公司数（家）	28	12	9	3
年末境内上市公司数（家）	204	415	382	102
当年境内股票（A 股）筹资（亿元）	1 145	1 519	762	262
当年发行 H 股筹资（亿元）	13	0	162	0
当年境内债券筹资（亿元）	352	1 718	1 000	1 476
其中：　短期融资券筹资额（亿元）	−733	0	−72	582
中期票据筹资额（亿元）	108	0	1 058	347

资料来源:《中国区域金融运行报告》(2018)。

表 5.9　2017 年长三角保险业基本情况

指　　标	上　海	浙　江	江　苏	安　徽
总部设在辖内的保险公司数(家)	55	3	5	1
其中：　财产险经营主体(家)	20	1	2	1
人身险经营主体(家)	24	2	3	0
保险公司分支机构(家)	101	80	502	72
其中：　财产险公司分支机构(家)	50	36	301	34
人身险公司分支机构(家)	49	44	201	38
保费收入(中外资:亿元)	1 587.1	1 844	3 450	1 107.2
其中：　财产险保费收入(中外资,亿元)	482.7	622	6 856	366.3
人身险保费收入(中外资,亿元)	1 104.4	1 222	2 593	740.9
各类赔款给付(中外资,亿元)	548.9	540	984	397.7
保险密度(元/人)	6 562.8	3 260	4 312	1 737.4
保险深度(%)	5.3	4	4	4

资料来源:《中国区域金融运行报告》(2018)。

2017 年,上海市境内保险公司总部 55 家,为其他三省总量的 6 倍。在保险分支机构、保费收入、赔款给付方面,江苏占绝对优势,拥有 502 家分支机构,保费收入 3 450 亿元,各类赔款给付 984 亿元,其他三省数量近似,安徽略少。在保险密度上,上海>江苏>浙江>安徽。保险深度中,上海水平较高,为 5.3%,其他三省皆为 4%。由此可见,上海在保险业的相对发展水平上占据优势,江苏在绝对数量中有一定优势。

(4) 金融基础设施。

上海:①要素市场发达,上海集聚了股票、债券、货币、外汇、票据、期货、黄金、保险等各类全国性金融要素市场,成为国际上金融市场体系最为完备、最为集中的城市之一。②支付结算平稳增长。上海落实账户实名制,优化企业与居民开户服务;加强银行业统一 APP 等非现金支付工具的管理,优化支付环境;强化支付清算系统业务功能、提升支付机构监管水平。2017 年,上海支付系统直接参与方 48 家。2017 年,上海大额支付系统处理业务 10 752 万笔,同比增长 9.1%;小额支付系统处理业务 30 400 万笔,同比下降 3.8%。③信用体系建设。上海开展企业征信机构备案清理工作,维护征信市场秩序;增设个人信用报告自主查询网点,强化信息安全管理;推进融资平台建设、融资租赁扶持政策出台;加强信用评级机构监管,普及征信知识与文化宣传活动。

江苏:①开展省级数据中心基础环境"云"化试点,深化金融 IC 卡受理环境建设,在全省 11 个设区市实现金融 IC 卡公共交通应用。②建设良好的信用环境,强化接入机构非现场监管,开展"红黑名单"等信用体系建设工作,推动类金融机构接入征信系统,提升征信服务水平。③维护金融生态环境,组织协调金融生态评估工作,建设金融生态考核指标体系,针对金融生态环境存在突出问题的县(市、区)加强督导。

浙江:①征信体系建设成效显著。近年来,浙江提出全面建设信用"531X"工程,指向五类主体(企业、自然人、社会组织、事业单位和政府机构),三大体系(公共信用指标体系、综合监管责任体系、评价和奖惩体系),一个全省一体化公共信用信息平台及若干应用。征信体系覆盖主体不断扩大,征信市场格局改善,农村及小微企业信用体系建设深化。②支付清算基础设施不断完善。全省各类支付清算系统处理业务规模连年攀升,位居全国前列。城乡支付环境优化,建设推广"智慧支付工程""移动支付便民示范工程",大力推进电子支付、银行卡等在民生领域的应用。

安徽:①中小微和农村信用体系建设成效凸显。2017 年,安徽创新推出"人行牵头、金融机构参与为主"等建设模式。截至 2017 年末,全省共 68 个市、县(区)开展农村信用体系建设工作,已收录信用信息农户占全部农户数的90.7%;共 14 个市建设中小企业信用信息平台,已录入信用信息中小企业占全部企业数的 62.5%。②支付结算系统服务效率提升。2017 年,全省支付系统共处理支付业务 16.8 亿笔,金额 82.9 万亿元,其中大额实时支付系统处理金额 47.2 万亿元。③金融 IC 卡推广运用不断强化。2017 年,中国人民银行合肥中心支行积极组织全省收单机构大力推进与推广金融 IC 卡相关工作,全年新增发行金融 IC 卡约 2 271.5 万张,消费金额同比增长 28.8%,电子现金交易笔数居全国首位。

2. 金融支持实体经济

(1) 上海：金融各业支持实体经济发展。

银行业：2018 年 12 月 17 日，"上海金融服务实体经济签约暨银行业金融机构上线市企业服务云仪式"举行，其主办方包括上海市金融局等部门。在仪式上，15 家金融机构（包括政策性银行、商业银行、保险公司等）和 15 家民营企业签约，承诺通过多种金融服务和产品，为 50 个实体经济项目提供金融支持。授信企业均来自先进制造、航空航天、生物医药、现代农业等实体经济重要领域。

证券业：2018 年，多家证券公司共同出资设立了支持民营企业发展资产管理计划，化解民营上市公司股票质押等流动性风险。部分公司推出民营企业债券融资支持工具，开展交易所债券市场信用保护工具试点。2018 年，上海证券公司累计为 168 家中小微企业融资 191 亿元，完成 33 家中小微企业的并购重组项目，金额 421 亿元。

保险业：2018 年，中保保险资产登记交易系统正式上线，致力于推动保险资管市场建设，积极服务实体经济。截至 2018 年末，保险资管产品场内发行 20 单，产品涵盖"长江经济带""京津冀协同发展"等国家重点战略项目和民生工程。

(2) 江苏省：金融支持制造业转型发展。

2016 年以来，中国人民银行南京分行关注制造业转型升级，组织实施"江苏金融支持制造业提质增效行动计划（2016—2020）"，并取得一定成果，其主要内容如下：

一是关注重点领域与企业，引导金融资源合理配置。江苏开展"新动能计划"，采取建立重点智能改造项目库等方式，引导金融机构积极加大对智能制造、生物医药等重点领域的支持，为重点企业提供多样化的金融服务。同时，着力支持传统产业转型，降低钢铁、煤炭等行业的过剩产能。

二是扎根中小微企业，支持实体经济发展。创新担保和融资方式，推出弱担保、无担保信贷等产品。借力金融科技,上线"税 e 融"互联网金融产品,打造"传统＋大数据"的风控体系,发展物联网动产质押业务等新型抵质押方式。

三是助推企业"走出去",积极发展跨境金融业务。江苏中行根据外贸企业各环节要求,形成多样的综合金融产品,数目达 200 余种;利用全球布局,为企业拓宽贸易融资来源渠道。2019 年,江苏银行为道尼尔海翼有限公司授信,同时为其设计海外债方案,培育跨境金融,吸引境外投资机构。

（3）浙江:金融支持实体经济的实践。

近年来,浙江省认真贯彻金融服务实体经济的宗旨,推动供给侧结构性改革,促进产业升级以及新旧动能转换。

一是推动金融改革创新,培育金融业发展内在动力。温州金融综合改革、台州小微金融改革、义乌国际金融改革等金融改革试点有序推进,区域金融改革呈现多层次、广覆盖特点。同时,浙江支持科技金融发展,创新互联网金融等业务模式。新型金融机构、科技金融业务与金融新业态相伴而生,培育了金融产业发展的活力。

二是完善金融供给格局,对接多层次资本市场。浙江发展了银行间市场、债券市场、基金市场等多层次资本市场,鼓励设立证券、保险、私募基金等非银金融机构,建立"风险投资＋银行贷款＋期权选择权"的投贷联动模式,探索提供无形资产抵押贷款、金融租赁等金融服务,服务于产业企业发展。

三是金融资源配置优化,向重点领域和薄弱环节倾斜。2017 年,湖州市、衢州市绿色金融改革创新试验区正式挂牌。同年《浙江省全面改造提升传统制造业行动(2017—2020)》出台。金融资源投向绿色低碳领域、小微企业、科技企业等重点领域,推出排污权抵押贷款、绿色保险产品等金融产品,助推产业升级改造。

（4）金融支持安徽绿色产业发展与供给侧结构性改革。

在绿色金融方面,安徽利用绿色金融项目库、货币政策、金融机构考核机制等加强政策支持力度；出台了《关于加强绿色信贷建设工作的贯彻意见》等制度，支持银行业建立绿色金融专营机构；创新绿色金融产品和服务，包括信贷产品、优化审批流程、进行绿色基金建设，逐步扩大绿色金融覆盖面。

在供给侧结构型改革中，继续发挥"三煤一钢"融资帮扶工作机制的作用，中国建设银行与淮北矿业、淮南矿业、马钢集团签署的 1 期 110 亿元市场化债转股项目完成投放。创新发展了"税融通"、新型政银担业务、专利权质押融资等金融产品，对接实体企业的融资需求。同时，安徽设立了省级股权投资基金母基金，深化投融资体制改革。

5.3.2　珠三角城市群

珠三角城市群包括"广佛肇＋韶清云"、"深莞惠＋汕尾、河源"和"珠中江＋阳江"等三个新型都市区，是中国乃至亚太地区最具活力的经济区之一。

1. 区域金融运行状况

这里从不同城市的金融总资产、产业增加值以及存贷款规模的维度进行对比分析（表 5.10）。

2017 年，珠三角地区的金融资源呈现非均匀分布。广州市与深圳市的金融总资产、金融业增加值以及年末存贷款余额高居前列，第二梯队为佛山、东莞两市，第三梯队为珠海、惠州、中山、江门与肇庆。广州、深圳与其他 7 个城市差异较大。珠海市的金融业增加值占 GDP 总额最高，为 11.9％，与其 GDP 总量较小相关。

深圳在法人金融机构、境内上市公司数、新三板挂牌企业数、OTC 挂牌企业数上高居榜首，与广州也拉开了较大的差距。在社会融资规模上广州约为深圳的两倍，其他项目均位居第二。值得注意的是，江门和肇庆在社会融资规模上也取得不错成绩，佛山 2017 年度 OTC 挂牌企业数达到 2 033 家。

表 5.10　珠三角金融基本情况(2017 年)

	金融总资产 (亿元)	金融业增加值 (亿元)	金融业增加值 占 GDP 比重	金融机构各项 存款余额 (亿元)	金融机构各项 贷款余额 (亿元)
广　州	73 000.00	1 998.80	9.30	51 369.00	34 137.10
深　圳	138 900.00	3 060.00	5.70	69 668.30	46 329.30
珠　海	8 682.50	191.60	11.90	6 928.70	4 806.90
佛　山	16 660.30	407.60	3.90	14 042.40	9 377.00
惠　州	6 250.10	172.30	4.50	5 485.60	4 012.90
东　莞	16 467.70	474.30	6.30	12 498.00	6 986.30
中　山	6 422.10	197.60	5.70	5 413.80	3 734.90
江　门	4 894.30	141.20	5.30	4 271.90	2 796.80
肇　庆	—	72.50	3.30	2 259.80	1 502.00
广　州	53.00	99.00	6 188.70	464.00	8 098.00
深　圳	188.00	273.00	3 073.20	780.00	17 211.00
珠　海	36.00	36.00	—	85.00	244.00
佛　山	37.00	37.00	—	100.00	2 033.00
惠　州	8.00	12.00	651.20	45.00	142.00
东　莞	13.00	26.00	—	202.00	524.00
中　山	4.00	20.00	445.60	71.00	243.00
江　门	9.00	12.00	2 796.80	19.00	80.00
肇　庆	9.00	7.00	1 747.50	21.00	67.00

资料来源:《2018 广东金融发展蓝皮书》。

2. 金融支持实体经济

银行业:多地银行积极开展探索,以丰富形式服务中小微企业。深圳市上线双创金融服务平台,进行"深圳小贷金标"试点探索。惠州市推动知识产权质押风险补偿基金、中小微企业贷款风险补偿基金等融资模式的完善,助力科技金融。中山市推进"助保贷",出台《中山市支持企业融资专项扶持资金管理暂行办法》、融资担保公司风险补偿金补助政策等,解决中小微企业融资难、融资贵的问题。

资本市场：广州市集中建设"中国青创板"，2017 年度上板全国范围内 16 个省市将近 2 500 个青年大学生创新创业项目。深圳市政府牵头设立市级天使投资母基金，初始规模 50 亿元，帮助种子期、初创期企业成长。佛山市推进珠江先创投中心，利用政策性基金与扶持政策，吸引创业投资机构落户。惠州市联合省级政府平台，建立中小微企业发展基金，助力科技金融发展。肇庆市设立肇庆市产业投资引导基金，修订《肇庆市支持企业利用资本市场优惠奖励办法》，提高奖励标准。

政策文件：深圳市出台《关于金融支持科技创新的若干措施》《深圳市关于构建绿色金融体系的实施意见（试行）》《深圳市外商投资股权投资企业试点办法》等文件，支持重点领域的产融结合。佛山市印发实行《佛山市打造珠江西岸融资租赁区域中心工作方案》，促进融资租赁业发展；出台《佛山促进企业上市扶持办法》等文件，促进企业利用多层次资本市场进行直接融资。惠州市印发《关于推进金融服务实体经济防控金融风险的实施意见》等政策，保证金融体系平稳运行。肇庆市修订《肇庆市中小微企业应急转贷资金管理办法》、《肇庆市中小微企业贷款风险补偿基金实施办法》等，针对性地缓解中小微企业融资问题。

5.3.3　京津冀城市群

京津冀城市群主要包括北京、天津两大直辖市和河北省。其中北京、天津、保定、廊坊为中部核心功能区，京津保地区率先联动发展。

1. 区域金融运行状况

（1）银行业。

这里从商业银行网点数和法人机构数量来考察，主要是从三地的机构个数、从业人数、资产总额以及注册地归属在三地的法人机构数进行比较（表 5.11）。

表 5.11　京津冀银行业基本情况（2017 年）

	营 业 网 点			法人机构（个）
	机构个数（个）	从业人数（人）	资产总额（亿元）	
北　京	4 647.00	119 505.00	221 995.00	118.00
天　津	3 129.00	64 606.00	47 928.70	45.00
河　北	11 689.00	181 096.00	74 030.70	271.00

资料来源：《区域金融运行报告（2018）》。

2017 年度的银行业基本数据中，除资产总额外，其他项的绝对数量呈现河北＞北京＞天津的格局。在资产总额项目中，北京＞河北＞天津。相较于北京与天津，河北省行政区域面积较大，因此在金融机构的网点人数量级上具有一定的优势，但在实际金融资产布局中则仍处于弱势。京津冀的金融资产配置依旧以北京为中心城市。

（2）证券业。

这里从证券、期货公司总部设立在辖区的数量、辖区上市公司数量、股权融资规模、债券融资规模的视角，来考察区域内的证券行业发展情况（表 5.12）。

截至 2017 年末，北京辖内拥有证券公司、基金公司与期货公司总部 69 家，天津 8 家，河北 2 家，北京占据明显的优势。北京市年末境内上市公司数

表 5.12　京津冀证券业基本情况（2017 年）

指　　标	北　京	天　津	河　北
总部设在辖内的证券公司数（家）	18	1	1
总部设在辖内的基金公司数（家）	32	1	0
总部设在辖内的期货公司数（家）	19	6	1
年末境内上市公司数（家）	306	49	56
当年境内股票（A 股）筹资（亿元）	1 421	54.9	170
当年发行 H 股筹资（亿元）	0	0	0
当年境内债券筹资（亿元）	−2 748	1 629.2	297
其中：　短期融资券筹资额（亿元）	−3 702	457.9	−70
中期票据筹资额（亿元）	−1 546	387.7	325.4

资料来源：《区域金融运行报告（2018）》。

量为 306,约为天津与河北总和的 2.9 倍,A 股筹资额(1 421 亿元)是天津河北
总和的 6.4 倍。相较于天津与河北,北京市证券业的发展优势明显,天津河北
的发展水平类似。考虑到行政区域的面积,京津冀三地证券业的发展相对水
平应为北京>天津>河北。

(3) 保险业。

这里主要从保险公司总部设立辖区内的数量、分支机构数量和保费收入、
保险密度、保险深度的视角进行分析(表 5.13)。

2017 年末,北京市拥有保险公司总部 68 家,天津市有 6 家,河北省有 1
家。在保险赔付方面,北京略高于河北,天津市与其他两省差距较大。保险密
度是区域内常住人口平均保险费的数额,衡量了该地区居民参与保险的程度。
2017 年度,京津冀保险密度分别为 9 085 元/人、3 629.2 元/人、2 287.5 元/人,
北京明显高于天津、河北两地。保险深度是衡量一国(地区)保险市场发
展程度和潜力的指标之一。2017 年度,京津冀的保险深度分别为 7.05%、
3%、4.8%。

表 5.13　京津冀保险业基本情况(2017 年)

指　标	北　京	天　津	河　北
总部设在辖内的保险公司数(家)	68	6	1
其中:　财产险经营主体(家)	16	2	1
人身险经营主体(家)	30	4	0
保险公司分支机构(家)	109	57	68
其中:　财产险公司分支机构(家)	47	24	31
人身险公司分支机构(家)	59	33	37
保费收入(中外资:亿元)	1 973	565	1 714.5
其中:　财产险保费收入(中外资,亿元)	434	141.6	487.4
人身险保费收入(中外资,亿元)	1 539	423.4	1 227
各类赔款给付(中外资,亿元)	578	155.3	547.6
保险密度(元/人)	9 085	3 629.2	2 287.5
保险深度(%)	7.05	3	4.8

资料来源:《区域金融运行报告(2018)》。

（4）金融基础设施。

北京：①个人信用报告查询服务网点实现北京16区全覆盖，上线"信用小帮手"微信小程序，便利个人征信服务。② 2017年，北京市支付清算协会正式成立，全面加强行业自律，推动北京支付清算市场健康发展，完成支付系统架构调整，CCPC安全保障能力不断提升，大小额支付系统和网上支付跨行清算系统服务金额居全国首位。③创新性实施金融空白村布设金融机具补贴政策。截至2017年末，共补贴7家机构962个建设项目，发放补贴资金613.7万元，成功消除962个金融空白村。

天津：①信用体系建设稳步推进。出台《天津市加强个人诚信体系建设实施方案》；开展和谐劳动关系企业信用体系、民营中小企业信用体系、农民专业合作社信用体系建设；编写《征信知识伴我行》进行征信知识普及。②支付体系稳健发展。电子商务汇票、支票圈存、RFID票据等创新业务取得进展；开展移动支付便民示范工程，加强农村支付环境建设。2017年各类支付系统处理人民币业务量同比增长13.6%，移动支付业务量同比增长84.9%。

河北：①社会信用体系建设持续推进。收集农户与小微企业信用信息，建设"河北省农户信用信息管理体系"，金融信用信息基础数据库日益完善。张家口市、廊坊市、沧州市等多地建设信用体系试验区，成效显著。"信用河北"平稳运行。②支付体系安全、稳定、高效运行。全年共处理支付业务38 654.9万笔，金额120.6万亿元，分别同比增长29.8%和4.4%。全国支票影像交换系统业务量稳定，网上支付跨行清算系统业务量持续上升。

2. 金融支持实体经济

（1）北京：金融支持实体经济。

金融支持京津冀融合。在京商业银行主动创新融资模式，如对冀东水泥股份有限公司的重组提供贷款债务重组和债转股等一揽子融资方式；成立"京津冀城际铁路发展基金"，投资铁路建设及沿线开发，跨行跨地区合作机制初步成立。

金融支持企业"走出去"与"引进来"。2017 年,人民银行营业管理部指导中国银行北京市分行为中国联合网络通信集团有限公司完成了全国首笔集团层面混合所有制改革项目的跨境人民币结算业务,有效满足企业实际经营需求,对跨境人民币支持实体经济发展有示范作用。

科技金融快速发展。北京积极推进中关村内科技金融的快速发展,推进北京市各银行在示范区内加快设立专营组织机构,深入开展体制机制和科技金融产品创新,科技信贷实现"两增、一降、一低、一优化":科技信贷贷款规模和户数增加,融资成本降低,不良率较低,结构不断优化。

(2)天津:产业金融不断发展。

银行业:2019 年 2 月 13 日,天津市与中国银行签署《全面战略合作协议》,深化各领域合作,推动金融与实体经济深度融合。根据协议,未来五年内,中国银行将向天津市提供 3 000 亿元人民币的意向性融资和多种金融服务。涵盖领域包括支持国企混合所有制改革、服务智港城市建设、服务"跨境金融""现代物流"和智能科技等重点行业、支持地方金融业态建设等方面。

证券投资基金:中国第一只船舶产业投资基金和契约型人民币产业投资基金,便诞生于天津。2017 年,天津成立海河基金,其未来的主要投资方向为:新兴产业,例如海洋工程设备、机器人等;高端支柱产业,如医疗设备、新能源、信息技术等。

融资租赁产业:融资租赁业是天津自贸试验区的重要产业,近年来取得了显著成果。自贸试验区推进融资租赁企业外债便利化改革,积极开展船舶离岸融资租赁对外债权登记、融资租赁收取外币租金等业务,不断深化租赁业务创新改革,融资租赁业务发展据全国榜首。

(3)河北:金融助力新旧动能加快转换。

河北省引导金融机构加大对七大新兴产业集群、传统产业技术改造和转型升级的支持力度;围绕优化产业结构,引导金融机构支持生产性服务业、现代服务业发展;围绕优化需求结构,引导金融机构助力消费和投资共同拉动转变;围绕支持大众创业、万众创新,引导金融机构进行金融产品、服务创新,在支持河北新旧动能转换方面取得一系列新成效。

2017 年末,河北省服务业贷款余额突破 1.5 万亿元,同比增长 12.8%,在全行业贷款中占比 57.3%。其中,信息传输、软件和信息技术服务业贷款余额同比增速达到 74.6%。制造业贷款余额 6 931.9 亿元,同比增长 10.6%。其中,电器机械和器材制造业、汽车制造业、医药制造业中长期贷款增速分别高达 66.1%、38.1% 和 16.7%。

第 6 章

金融科技和金融创新

　　金融科技将助力世界金融体系登上新的高度,本章将系统化讨论金融科技背景下,中国金融国际化进程中的监管模式的变迁。随着计算机技术与现代金融的不断融合,金融科技已经越来越受到金融行业的重视,国内各大商业银行、投资银行、保险公司等金融机构均在探索云计算、大数据、区块链等技术在日常业务中的运用。这些金融科技技术的运用可以有效提高金融效率,为中国的金融开放提供帮助。但与此同时,金融科技背景下,传统的金融监管模式可能不再适用。本章重点研究国内监管机构如何采用金融科技手段,提高监管效率,为中国金融的国际化进程提供制度保障。进一步促进中国金融监管的精细化、专业化转型,让监管层能够初步掌握金融科技背景下,中国金融国际化进程中的风险点,为迎接"科技金融、智能金融"奠定良好外部监管环境。

　　金融科技领域目前是开放程度较高的,硅谷银行、天使投资基金、蚂蚁金服等领域的国际合作日益密切。与国际经验比较,在金融科技和金融创新发展的大生态环境之下,中国的金融经济、创新经济的地位如何理顺?江浙沪哪些方面还需大力改革,上海自贸试验区、江浙沪金融市场还有哪些方面可以先于全国做些改革实验?本章将具体展开分析与阐述。

6.1 金 融 科 技

6.1.1 金融科技特征

近年来金融科技(financial technology,简称 FinTech)的兴起在全球范围内引起广泛关注,中国人民银行在 2019 年 8 月份印发的《金融科技(FinTech)发展规划(2019—2021 年)》中指出,金融科技是技术驱动的金融创新,旨在运用现代科技成果改造或创新金融产品、经营模式、业务流程等,推动金融发展提质增效。

结合金融科技的特点、发展现状与功能作用,本报告给出金融科技以下定义:金融科技是技术驱动的金融创新,是在新技术革命浪潮下,充分利用新兴技术手段,对金融业发展的全过程多方面提供创新与改造的技术支持,赋能金融提质增效,寻求金融业发展的新模式、新业态与新生态。

(1) 重塑金融生态。英国将"金融＋科技"的创新业态统称为"替代性金融"(alternative finance)。世界经济论坛认为金融科技是一种破坏性的创新,会重塑未来的金融服务业(沈伟,2018)。金融科技对资源要素的整合能力与对生态体系的构建功能日益呈现出跨界、去中心、自伺服等显著特征,金融科技发展初期阶段的去中介化有机深入,对各传统金融机构的影响已经从表层肌理渗透到深度内核,将给传统金融行业带来颠覆性改变。

金融科技发展所带来的金融业与科技业的行业交融,促使金融机构与科技企业的业务范围产生一定的重合度,由金融科技带来的新业态而导致的激烈竞争更为加剧了跨界行为的发生。与此同时,去中心化意味着竞争的加剧,同时也促使各方主体寻找自己的竞争优势,在技术的基础之上寻求创新,提供新产品与新服务,逐渐抛弃以往同质化、低俗化的发展模式,从另一个角度而言,在区块链的技术发展中,去中心化的特点表现得尤为突出,通过分布式存储提高系统的容错性、抗攻击性与防合谋性。金融科技中所运用的大量新兴科学技术,包括人工智能、大数据和云计算等顶尖技术手段,其中的各种程序、模型与算法所具有的可复制性等特性给金融科技带来的日渐强化的自伺服功能,即一定的自我学习能力,由此也推进了金融机构业务模式等多方面的智能化与便捷化。

在金融科技发展初期阶段,金融与技术的融合相对不够深入,二者的融合表现仅仅停留在去中介化层面,具体表现在以人工智能为支撑的服务模式导致金融机构中介功能的弱化(高波,2012),而随着金融科技的深度融合,去中介化的深入体现在传统金融发展模式的内部要素与资源的大规模重构与替代,以此颠覆性的方式提高金融业发展效率。

(2)合规性要求。在全球金融监管的趋严趋势下传统的手动的、事后的、基于传统结构性数据的监管范式已不能满足金融科技新业态的监管需求,以降低合规成本、有效防范金融风险为目标的监管科技正在成为金融科技的重要组成部分。①在"保持合规"与"控制风险"的共同前提要求下,金融科技给金融机构对于监管的态度带来一定程度的转变,从以往的被动接受到现在的主动实施,金融科技在给传统金融行业带来效率提升的同时也降低了行业的合规成本,给行业本身的变革带来影响。

(3)轻资产化。轻资产(asset-light)又称轻资产运营模式,是以价值为驱动的资本战略,主要是企业的无形资产,创新赋予企业技术优势,行业内部发展与竞争的中心转向技术、知识、经验与品牌等无形资产,并充分抓住技术机遇,利用新技术特点与创新理念的结合,通过轻资产为自身发展寻求增长点。金融科技的发展将轻资产运用模式带到行业面前,迫使相关企业与机构在竞争压力中愈发重视此类无形资产的价值放大作用,充分发挥其筹资成本低、固定资产占比低和品牌价值输出的特征,整合行业内外各种优势资源来提高产

---

① 《中国金融科技前沿技术发展趋势及应用场景研究》,中国信通院。

业层面的资源配置效率,完善参与主体的风险与收益机制,从而构建产业、金融、信息与科技融合发展、协同共赢的新型产业生态(王余强、陈金龙,2018)。

(4)技术驱动,创新引领。金融科技在传统金融业的基础上融入了现代科技要素,与传统金融相比,技术的驱动作用是金融科技的突出特征,运用现代科技成果改造或创新金融产品、经营模式、业务流程,充分将金融与技术相结合创造新的金融业态;同样,党的十九大报告指出"创新是引领发展的第一动力",从发展方式到战略理念,创新观念都贯穿在金融科技发展的全过程中。金融科技通过科技与创新的紧密结合,以金融科技的持久发展为金融业发展提供持续动力。

(5)业务范围扩大,服务人群更广,深度补充传统金融。金融科技所带来的便携化支付、借贷等功能进一步促进了金融业务范围的扩大以及金融行业服务人群的扩大,新兴金融工具逐渐走入无数人的生活中,成为日常必不可少的生存技能。带有强烈金融科技特征的新兴金融工具所具有的跨行业、跨空间特性也扩大了金融的覆盖范围,促进了普惠金融的发展,使得金融服务能够惠及更广大人群。传统金融所无法触及的行业角落、空间难题等被逐一击破,金融的科技业态使得金融业已经从一个行业逐渐转变为一种生活方式。

6.1.2　金融科技助力金融生态的演变

1. 金融科技推动下的金融生态系统基本特征

(1)金融机构边界模糊,金融生态系统进行重构。随着金融与科技的不断交融渗透,在金融科技发展过程中,金融因素与非金融因素相互渗透,金融的外生性与内生性因素交互相融,金融机构与非金融机构双向融合,在此过程中金融机构的边界开始模糊,其业务范围、发展方式等方面均被赋予了更多的可能性,金融生态系统的流程与业务模式面临再造与重构。

(2)信用可量化与价值化。金融的本质是中介,中介的本质是信用。信用作为金融的基础,在传统金融信用体系中缺乏核心数据、征信体系场景割裂等问题致使征信体系建设屡屡受阻,金融科技借助互联、大数据、云计算等信息技术将推动金融基础架构与基础逻辑的转变,提供更为准确透明的信息,打造一个自主、透明、刚性的信用体系,推动信用的资本化、价值化、收益化(贺建清,2017),打造社会公开透明刚性且可追溯的信用体系,促进社会的公平正义。

(3) 改善传统金融业态。较为单一的金融业态会导致金融业垄断程度较高、金融产品多样化程度不足、金融服务的供给偏低等问题,而金融科技对于推动金融新业态的产生具有重要作用(黄向庆,2017)。金融科技为传统金融业的发展提供了更为透明的操作环境,更为便捷的投融资平台,增强了金融行业的竞争力,为金融行业发展带来更多活力与多样化的产品与服务供给;同时,金融科技提供了一种平等、独特的新型供给模式,给金融行业带来了包括技术、生态、场景、渠道、媒介、交互、风控等多方面的业态延伸与变革,推动金融产业链缩短、连接通道拓展、服务场景丰富、交互模式创新、交易实时高频、风控技术重构,满足了多层次的金融需求(黄向庆,2017),为金融行业发展带来了多样化的新业态。

(4) 优化金融法律环境。金融科技的发展在促进传统金融转型的同时,必然要求辅之以新的法律环境。通过不断发展金融科技,推动金融法律的不断完善,确保科技金融发展过程中不存在法律真空,有助于金融科技进一步平稳有序发展。2020 年 3 月 1 日起,修订后的《中华人民共和国证券法》(以下简称新证券法)正式施行。这对于经历了近 30 年跌宕起伏,深度广度开放度不断拓展的中国资本市场来说,是具有里程碑意义的事件。要以贯彻落实证券法为抓手,全面提升资本市场服务实体经济的能力,全面改善资本市场生态,构建实体经济和资本市场良性互动的新格局。新证券法在强化信息披露、保护投资者合法权益、提高违法成本等方面做出了制度性调整,充分体现了法律的刚性。而金融科技在信息披露、投资者保护方面具有重要作用,由此可见,金融科技的发展有助于新证券法进一步发挥监管职能。

（5）促进金融可持续发展，注重"普惠金融"。金融的可持续发展是金融生态优化的重要体现，发展金融科技，不断提升金融资源的单位产值，降低能源消耗，有助于金融的可持续发展。近年来，越来越多的银行业金融机构积极实施金融科技战略，借助金融科技和大数据开展客户精准画像，开发风控模型，促进金融科技与小微信贷结合，提高信息获取的充分性和贷款投放的时效性，扩大小微企业金融服务覆盖面，改进小微金融服务供给质量和效率。不断推进"普惠金融"的发展。

2. 金融科技对金融服务产生的影响

（1）服务质量提高与产品多样性增加。改造传统业务和探索新一代金融服务模式，提供基于价格实时发现、资源精准匹配、产品按需提供、服务随时响应和风险智慧经营的客户导向的高价值综合金融服务（李岩玉，2017），基于信息发现技术改变传统的供需双方信息不对称的弊端，能够在充分考虑客户需求的基础上研发更加符合客户预期的金融产品，提供有效、个性化的服务，提升客户体验的同时推进金融行业的供给侧改革。

（2）金融服务覆盖面的扩大。传统金融因成本高、识别能力差等原因，金融服务的范围相对受限。金融科技以数据信息为基础，以技术变革为手段，解决了传统金融成本高、效率低的问题，从而为金融服务覆盖到更大范围人群提供了条件，加之现有的大数据处理技术，能够精准识别不同群体的金融服务需求，为社会不同阶层人民提供合适有效的金融服务，推进普惠金融的发展，技术进步扩大了金融服务的边界，让金融业发展惠及更大范围群众。

（3）金融服务效率的提升。技术手段的代入，极大地提高了金融服务的便捷性，通过大数据、云计算等技术手段对融资进行精准估值，提高了融资效率，同时依托互联网平台以及整体网络系统，简化金融服务流程，提高了服务效率；除此之外，通过精准的风险监控以及预先设定的风控方案，提升了金融服务的风险控制效率。

（4）金融服务的重构、拆分与重组。金融机构与科技公司的双向融合必然将改变传统的金融服务形式,以区块链为代表的一系列具有强金融属性的技术手段,将在不断地探究过程中,对传统的金融服务内容进行拆分与重组,适应金融科技发展趋势,创造新的金融服务内容与形式。

(5) 金融服务的全球化。金融科技能够充分利用金融科技的包容性促进金融服务的全球化,尤其是在世界经济全球化趋势愈发推进的当今世界,大数据等技术的运用能够有效推进全球资金的流动与服务的全球性规范化与便捷化。

6.1.3　银行业与金融科技的结合

金融科技时代的来临,为金融业带来了全新的挑战和机遇,而银行业机构不但具有宏观层面的技术和制度支持的重要保障,也具有传统大型金融机构在资产规模、业务领域、人才储备、客户群体以及风控合规能力方面的巨大优势。近年来,各个银行在积极深化科技金融的方向指引下,通过收购、投资、战略合作等多种方式布局大数据、云计算、人工智能等新金融科技,以打造全新的核心竞争力。科技与金融的深度融合已成不可逆转态势,银行机构立足传统优势开展产品创新、服务创新、模式创新的通路将是有益的探索与实践。

表 6.1　银行系金融科技子公司一览表

时　　间	成立银行	子公司名称
2015 年 11 月 10 日	兴业银行	兴业数金
2015 年 12 月 29 日	平安银行	金融壹账通
2016 年 2 月 23 日	招商银行	招银云创
2016 年 12 月 20 日	光大银行	光大科技
2018 年 4 月 12 日	建设银行	建设金科
2018 年 4 月 26 日	民生银行	民生科技
2018 年 5 月 23 日	华夏银行	龙盈智达
2019 年 3 月 25 日	工商银行	工银科技
2019 年 5 月 18 日	北京银行	北银科技
2019 年 6 月 11 日	中国银行	中银科技

资料来源:根据网络整理。

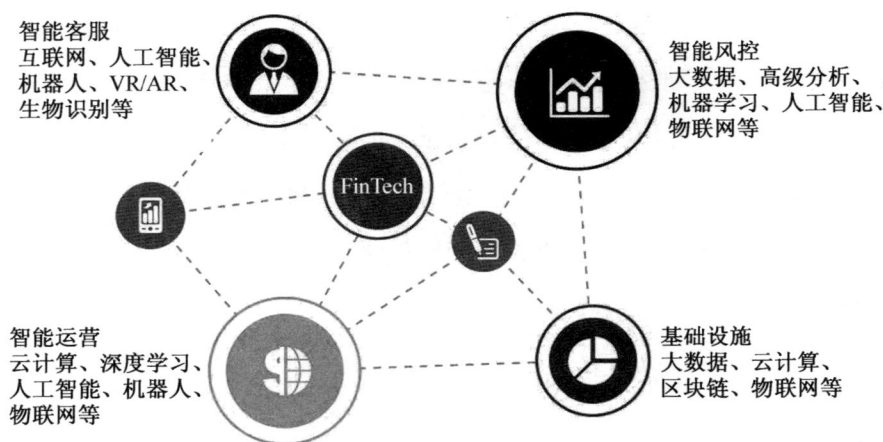

图 6.1　金融科技应用领域

资料来源：天风证券。

金融科技适用于银行业机构从业务到管理的各个业务模块，除了传统的存贷业务、支付业务外，还有各大银行均发力竞争的中间业务，甚至适用于对银行业的监管。

1. 金融科技在银行业的具体应用

（1）大数据。近年来，大数据在银行业的应用取得了一定成绩，主要场景有客户画像、精准营销、风险管理、反欺诈分析、流程优化和决策分析等。比如 2002 年工商银行即开启了大数据的建设，历经 SAS 平台的数据集市时代、Teradata 平台的数据仓库时代，2016 年启动大数据服务云建设。同样，中国银联实际投入使用大数据应用于经营管理和风险管控场景。

（2）云计算。云计算是一种新的服务交付和使用模式，具有超大规模、虚拟化、高可靠性、通用性、高可扩展性按需服务等特点。金融行业上云已经成为发展趋势，云计算在金融领域提供业务应用、基础环境、运维服务等范围广泛的服务，涵盖了 IaaS、PaaS、SaaS 层的各个方面，让用户快速开展相关领域的业务。为满足建设"未来银行"的需要，在传统基础架构上发展起来的私有云、公有云、行业云等创新模式不断涌现。工商银行完成"工银星云"技术平台的打造和发布,中国银联构建了基于云计算技术的中国银联金融云平台,16家银行联合发起成立了融联易云。

(3) 人工智能(AI)。多维度多角度发掘客户关系图谱和进行时序动态画像,建立全面的用户画像实现智能营销;加强内外部信息融合与联动,依托强大的 AI 计算引擎构建智能风控体系;运用 OCR 识别、语义理解等技术能力,打造智能客服,提升运营管理与服务;智能投顾结合大数据和机器学习技术为客户定制专家建议等人工智能业务应用的场景,能够有效提升金融服务的效率,使金融服务更加个性化与智能化。随着人工智能的不断发展,各大银行在办理业务的过程中加入了生物识别技术、人机交互、智能双录等各种新元素,《新一代人工智能发展规划》等政策文件相继出台,推动人工智能技术研发金额产业化发展。未来,人工智能在银行业的应用将有更广阔的空间。

(4) 区块链。工信部发布的《中国区块链技术和应用发展白皮书(2016)》中提出了共识机制、数据存储、网络协议、加密算法、隐私保护和智能合约六类核心关键技术。区块链已正式写入了国务院《“十三五”国家信息化规划》。银行业也积极探索,率先在数字票据交易、支付清算、跨境贸易、电子凭证存证、信用证交易、供应链金融、金融司法等场景实现了区块链的应用。当然,区块链技术在安全性、技术标准的统一性以及相关的法律规范配套方面还有待完善,但与此同时,在产业生态需求的拉动下,区块链技术将不断发展和成熟。

2. 银行业的革新

市场的需求与竞争在银行数据治理、系统架构、风险管控、基础设施建设、系统开发、运行维护等领域对银行业机构提出新的要求。加大对新兴技术的探索研究,积极推进新兴技术成果应用,提升银行综合技术实力和科技创新能力,发挥数据价值,优化客户体验,增加客户黏性,成为银行面临的重要课题。

对金融科技领域投资最积极的美国银行投资者(按照投资组合公司数量)是高盛(Goldman Sachs),花旗集团(Citigroup)和摩根大通(JP Morgan Chase & Co)均有布局:自 2017 年以来,高盛将其金融科技投资重点放在房地产、数据分析以及支付和结算领域。对这些细分领域的投资与高盛扩大其面向消费者的 Marcus 贷款平台这一数字化战略一致。高盛的投资部门 Goldman Sachs Strategic Investments 2018 年以来参与了 21 个金融科技公司融资轮。自 2017 年以来,花旗已投资了 4 个区块链企业、3 个资本市场企业以及 3 个支付和结算初创公司,并宣布计划为机构建立"数字消费者支付业务"。花旗集团的投资部门 Citi Ventures 自 2018 年以来参与了 11 个金融科技公司融资轮。摩根大通仍然专注于强化其资本市场解决方案,扩大其支付业务。自 2017 年以来,摩根大通银行已经投资了 4 家资本市场创业公司和 4 家会计类初创公司(包括专注于应付账款/应收账款的创业公司)。在同一时期,摩根大通还在支付和结算,监管科技和贷款领域各自投资了 2 家公司。[①]

中国的多家银行也已经做出了自我革新,例如,工商银行是国内首家发布互联网金融品牌(e-ICBC)的商业银行。2019 年 11 月 4 日,工商银行发布公告称,工商银行金融科技研究院正式成立。由此,工商银行形成了"一部、三中心、一公司、一研究院"的金融科技新格局:金融科技部、业务研发中心、数据中心、软件开发中心、工银科技有限公司、金融科技研究院。可以看到,工商银行的金融科技组织架构包括从研发到应用的各个阶段。

2019 年 12 月底,招商银行首设金融科技办公室,并将信息技术架构调整为"一部六中心":信息技术部、测试中心、数据中心、零售应用研发中心、批发应用研发中心、基础设施研发中心、数据资产与平台研发中心。2015 年 12 月,招商银行旗下子公司招银云创(深圳)信息技术有限公司在深圳注册成立。2017 年 2 月,招商自主研发的跨境直联清算区块链项目成功投产。招商银行在金融科技上还有一项重要的突破,就是将摩羯智投引入其 APP 端口,成为国内首家推出智能投顾系统的商业银行。

交通银行于 2020 年 3 月 27 日在官网发布的题为"稳健增长支撑价值创

---

① 点滴科技资讯:《美国五大银行金融科技投资布局——高盛、花旗、摩根大通、摩根斯坦利和富国银行》,刘斌译。

造　智慧化转型引领高质量发展"的新闻中提到,金融科技全方位布局提速。2019 年交行将"科技赋能"上升到集团战略层面,在科技金融方面动作频频。据交行方面介绍,IT 架构转型、IT 管理架构优化、数据治理提升是交行金融科技战略的三大重点,主要是:以加快建成数字化、智慧化平台体系为目标,推动技术架构由集中式向分布式转型;以业务与技术深度融合为目标,打造敏捷迭代、快速研发的 IT 管理架构;以充分释放数据价值为目标,深耕数据治理专项提升工程。而正在筹建的交银金融科技有限公司,无疑将在这其中扮演至关重要的角色。与此同时,交行还配套推出了金融科技万人计划、FinTech 管培生、存量人才赋能转型三大工程,为集团金融科技布局做强人才支撑。

传统的银行金融服务,纸质资料传输效率低、人工操作成本高,客户服务的方便快捷性不强。随着大数据、云计算、人工智能、区块链等信息技术的发展,中国银行业也对标国际成熟金融企业提高金融科技投入。行业实践证明,金融科技的运用可以帮助银行提升核心业务能力、业务效率、用户体验,降低风险与成本,金融科技已经成为当前银行业发展的新标志。

3. 金融科技对中国金融机构商业模式的影响

随着金融科技发展的不断深化,在以大数据、云计算、区块链、人工智能等为支撑的金融科技发展浪潮中,传统金融机构面临着机遇与挑战,金融科技所带来的对于传统商业模式的冲击迫使它们不断在科技的风潮中,寻找自身发展与进步的出口。

(1) 业务模式的优化。

第一,零售业务智能化转型。利用大数据进行信息整合,结合人工智能技术,进行实时信息风险决策与线上人工智能服务;在行业竞争日趋激烈的情况下,进行零售产品创新,渠道方面也转向线上线下并举,强化线上渠道;网点方面,重新定位各网点,进行整合归并,打造智慧网点,构建一系列完整的配套运营支持体系。

第二,客户类型多样化。传统金融机构由于效率较低、成本较高等原因,将主要精力集中于大客户的金融产品与服务需求,而在金融科技的发展下,通过大数据等技术可以较高效率地识别客户信息,通过互联网平台将以往的人工服务转变为互联网自助服务。由此可以兼顾长尾需求与中低端客户,由"抓大放小"的业务模式逐渐变成"全客户"服务模式。在中国人民银行《金融科技(FinTech)发展规划(2019—2021 年)》中同样指出,强化金融服务意识,下沉经营重心,加大对零售客户的服务力度,使金融科技发展成果更多地惠及民生。

(2)服务营销模式的优化。

第一,服务营销转向精准化。适应金融科技时代市场细分的要求,无论是在产品服务提供、售后还是风险控制过程中,均较以前更加强调运用技术进行精准化识别与控制,更加能够整合资源运用,提高资源的利用率及金融机构的运营效率。

第二,客户导向与场景化思维。互联网时代,人们的需求、行为与思维模式都在虚拟化、交互性的互联网背景下发生了质的转变,用户行为模式的转变催生了传统金融商业模式的转变,产品与服务的提供从用户角度出发,通过行业间的跨界融合和由此衍生的社群效应,对消费市场的递次迭代,达成金融机构与消费者之间的黏性互动(彭若弘、孙玮佳,2016),打破了传统的产品售出服务终止则此交易行为即告结束的局限,由产品导向逐渐向客户导向转变,增强客户黏度。

(3)平台运营模式的优化。

第一,网点内涵多样化。金融科技加快了传统"物理网点"向"价值网点"的转化。传统金融机构的业务扩张,很大程度上依赖于传统物理网点分布数量的增多,依靠覆盖度来增加自己的业务量。在金融科技的推动下,加快物理网点的智能化改造,打造更加自动化、专业化的网点,推动传统物理网点向高效率低成本优化客户体验方向改善;与此同时,着力打造一批依托互联网平台与网络技术的虚拟网点,通过人像识别、智能客服等技术,提供更加便捷化、移动化的服务。

第二,跨界与跨域分布。金融科技本身便意味着金融行业与科技行业的交互融合,跨界的趋势愈发明显,在此背景下,各类金融机构也在不断探求科技领域的增长点,在两个领域的中间地带寻找先发优势,提升自身的竞争力,其网点与业务范围逐渐显现出跨界趋势;同时,在现代技术的帮助下,跨地域开展业务的可行性增强,跨域业务分步对资源的要求在逐渐减低,尤其是跨地域虚拟网点的分布使得金融机构在物理空间上具有了更大的优势,由此也有助于其分散经营风险。

(4) 盈利模式的转变。

第一,更多元的利润增长点。在金融科技发展的背景下,金融机构能够以更低成本、更高效率地把握细小的业务流量,由最初的“单一产品”逐渐向“多元产品”转变,由此实现由“分业经营”到“混业经营”再到“综合经营”的跨越,随外部经济环境的变化而不断调整自己的盈利模式,为金融机构的长期发展打造更多元的利润增长点。

第二,轻资本在利润增长中占比增加。“轻资本”的金融科技发展过程中很重要的概念,在这个过程中,以价值为驱动的资本战略逐渐得到重视,知识资产、数据资产等一系列无形资产的重要性显现,在技术研发、技术引进以及科技成果转化方面投入大量资本,在金融科技发展阶段,轻资本的作用得到了极大程度的显现,金融机构更加重视此类无形资本的价值,重点发展资本消耗低、风险敞口小的业务,增强整体资源配置效率和经营效能(杨玲,2018)。

(5) 风控与监管模式。

第一,金融机构自身的风控模式转变。金融科技给传统风控方式带来的改变主要体现在两个方面。一个是数据获取方式,传统金融风险控制的数据来源主要集中于线下的交易行为记录,而现在数据来源更多地依赖互联网数据记录以及通过互联网、大数据等技术手段展示数据轨迹,以此来判断交易心理等内在原因(李张珍,2016)。另一个则是风险控制地评价方式,以往由于种种限制,对于风险的评价主要依赖过去的数据积累,而现在则可以依靠近期数据甚至是实时数据流量监控来获得更为精准的数据指标,增加风险评价控制的准确性。构建跨行业、跨部门的风险联防联控机制,加强风险信息披露和共享,加大联合惩戒力度,防止风险交叉传染,实现风险早识别、早预警、早处置,提升金融风险整体防控水平。[①]

第二,外部风控与监管模式的转变。有关部门对金融行业的监管也随着金融科技的发展而变化,金融科技推进相关监管部门调整改进现有监管策略与监管方式,运用大数据、人工智能等技术建立金融风控模型,有效甄别高风险交易,智能感知异常交易,运用数字化监管协议、智能风控平台等监管科技手段,推动金融监管模式由事后监管向事前、事中监管转变,有效解决信息不对称问题,消除信息壁垒,缓解监管时滞,提升金融监管效率。[②]并可以通过引进国际先进监管理念,逐步与国际标准接轨,运用预测编码、模式分析与机器智能和大数据分析等技术,引导金融科技的发展适应总体经济发展态势。

6.2 金 融 创 新

6.2.1 金融创新的定义及内涵

1. 金融创新的定义

随着金融创新在全球范围内掀起一阵新的浪潮,金融创新的概念也引发众多关注。中国学者厉以宁认为,"金融创新"主要是指金融领域内的创新——在金融领域内存在许多潜在利润,但在现行的体制和手段下无法得到,因此就必须进行改革,包括金融体制方面的改革和金融手段方面的改革,这就是金融创新(林皒,1997)。

---

①② 中国人民银行:《金融科技(FinTech)发展规划(2019—2021 年)》。

根据以上说法,本报告对金融创新作出定义,金融创新即革新现有的金融体制和创新金融工具,以金融机构与金融管理当局为主体的,以获得新产品的出现、新技术或新的生产方法的应用、新的市场开辟、原材料新供应来源的发现和掌握、新的生产组织与管理方式的实行,是一个利润驱动、外部因素推动的缓缓进行的长期过程。

2. 金融创新的基本内涵

金融创新的基本内涵可分为宏观、中观、微观三个方面进行阐释,从不同角度对其形成基本认知。

(1) 宏观层面。

宏观层面的金融创新着眼于国际与国家金融体系与金融制度体系的创新发展。

从国际层面出发,金融创新包括国际金融制度创新、国际金融组织机构与形式的创新、国际金融市场的创新以及国际金融工具与金融业务创新。1944年布雷顿森林体系建立,国际金融体系的内部架构按照其展开,包括成立国际货币基金组织与国际复兴开发银行,以及产生了一系列以固定汇率制为基准的金融工具。这一时期金融工具的创新主要以表内业务创新与信用创新为主(杨惠昶、鞠国华,1995)。布雷顿森林体系瓦解后,国际金融市场发展又出现了一系列的新特点与新气候:由固定汇率制向浮动汇率制的创新性发展,欧洲货币体系的建立与不断完善,以跨国银行为代表的新型国际金融机构的兴起与发展,以及国际性金融中心的建立与国际金融全球化趋势的不断深化。

从国家层面出发,金融创新更多的指向国家对金融业的宏观监管与引导政策的创新与完善。以中国为例,市场在发挥资源配置的基础性作用时会在某些领域出现市场失灵,此时便需要国家宏观调控的补充作用,在国家建设需要资金时,创造性地提出了政策性银行的建立,为金融改革初期的经济发展提供了资金支持。在金融行业发展呈现出多元化、融合性特点的今天,国家的宏观引导与监管体系也在随着金融行业的发展而不断调整变化,由分业经营到综合经营的发展思路的转变、科创板的提出与建立,都充分地展现了中国宏观金融创新政策随着市场环境变化而不断完善与发展。

宏观层面的金融创新为整个行业的金融创新发展提供了一个大的环境与制度性保障,具有全局性与历史性的特点。

(2)中观层面。

中观层面的金融创新着眼于整个金融市场体系、制度与技术的发展。

徐进前(2003)将金融创新分为广义和狭义,其中,广义的金融创新是指以信贷银行出现以来,无论是整个银行业务的发展,金融市场的改进,还是支付业务的发展,金融体系的改革,乃至货币制度的改革都是金融创新。这就从金融业发展的角度来审视金融创新的内涵。金融市场管理体系、运行体系以及风险防控体系的完善,金融行业内部准入制度、竞争制度等制度的革新,以及金融行业技术的创新、技术与金融的双向融合互动、非银行金融机构的迅速发展,都是金融创新的内容。中观层面的金融创新充分考虑金融机构之间的组织关系与博弈关系,从金融市场的角度出发,适应金融业发展的行情,对金融机构、金融组织的行为作出更为细致、更具保障性的规范与引导。

在中观层面,本章将金融创新定位于金融市场,是在此市场体系上开展的一系列创造性活动,是整个金融行业为适应经济社会发展变化,克服在金融业发展过程中不断显现的自身矛盾,更好地防范风险与提高经营效率,降低经营成本,在不断地动态调整中实现流动性、安全性和盈利性的有机统一,为谋求更大的发展空间而重新构建一个高效率、低成本的运营模式或营运体系。

(3)微观层面。

微观层面的金融创新着眼于细微主体的金融机构的创新行为,为适应外部经济运行环境的变化,寻求金融机构内部的新的盈利平衡。

金融机构内部的创新主要是金融工具与金融业务的创新。技术的发展降低了金融行业发展的交易成本以及机构之间激烈的竞争,促使金融机构须对自己的经营行为本身进行创新性发展,由此金融工具与金融业务的创新成为金融机构立足的必要支撑。金融工具创新主要包括股票、债券以及衍生性金融工具等的创新,如通过短期信用实现中期信用、货币互换、利率互换等方式,增强传统金融工具的流动性可变现性。金融业务的创新主要包括新型金融业务的出现,如移动支付、网络借贷等,以及传统金融业务的要素重组,通过业务内部结构的重新构建实现更高水平的盈利等。金融业务的创新适应了金融行业发展多样化、个性化以及便捷化的发展趋势,提高了金融业发展效率,降低了成本。

创新的动力来自金融工具生存发展的内在需求,经济的进步是金融工具创新的最主要原因,获取经济利益是金融机构进行创新的最大推动力;每一次金融工具的创新性变革都包含利己和利他的两方面趋利性因素,而这种创新本身依赖于信用、技术以及宏观管理制度的支持。

6.2.2　金融创新的范畴

1. 金融制度创新

金融制度创新是指随着政治、经济、金融政策等外部环境的变化而进行的金融制度上的内容性与结构性的改变,包括信用制度、支付清算制度、金融组织体系、调控体系等的变革与演进。

从创新主体而言,分为需求诱导型创新与供给主导型创新。需求诱导型创新以产权界定清晰和自主决策为前提,是单位创新主体在给定的客观环境状况与约束下,以实现自身利益最大化为目的而确立的制度性安排和对权力边界的确定,是一种自发组织和实施自下而上的制度创新。供给主导型创新以大量的公共产权和集权型决策体制为前提,是金融当局通过直接和间接的手段自上而下组织实施的创新,以改善对金融机构的监管与指导(陈柳钦,2005)。

从创新内容来看,主要包括金融交易制度创新、金融组织制度创新以及金融保障制度创新等。金融交易制度创新即围绕着金融交易运作方式进行的制度创新(于明星,2008),金融交易制度创新即创造新的金融交易载体,改变金融交易流程以及金融交易的形式,启动新的金融交易资源乃至建立针对不同交易对象与工具而又具有新特征的金融交易空间(新类型的交易市场)(黄磊,2001)。金融组织制度创新是围绕着金融组织方式以结构优化为主要目的而进行的创新,通过对组织结构与组织形式的重新安排实现合理分工与高效运营。金融保障制度创新就是以保障社会金融活动为主要目标,保障其按照特定的制度安全和高效运行而进行的制度创新。金融保障制度是为保障一般性金融活动公平、顺利且高效地进行,提高金融运行效率与降低金融运行风险而进行的制度性创新,是建立于金融市场创新的基础上,能够有效维护金融市场创新成果的制度安排。

金融制度层面的创新往往具有深层次、彻底性等特点,会对金融交易活动产生深远影响。新的金融监管孕育金融制度创新,而金融制度创新又诱发新的金融监管政策,二者形成良性互动,不断推进金融行业的发展。

2.金融市场创新

金融市场创新是指在市场制度、市场主体培育、基础设施建设等多方面的创新,是随着经济社会发展,逐渐抛弃旧的、不协调的市场元素,发展新的市场元素的过程。

金融市场的创新从创新主体来看,包含货币市场、资本市场等子市场的创新,在自身市场职能基础上进行创新性改造。建立以机构投资者为主导的企业债券市场,满足企业的直接融资需要;发展多层次、多元化股权市场,完善股票市场风险熔断机制,为中小企业股权融资创造条件;在现有的银行主导型的金融结构下,充分发挥银行在促进直接融资中的作用,在产品、服务和制度上进行创新,鼓励多元金融机构协同发展。

金融市场创新往往具有种类多、范围广、规模大的特点,有利于充分发挥金融市场资金融通、资源配置与信息揭示功能,促进金融市场各方面的不断完善与发展,提高金融体系质量与效率。

3. 金融产品创新

金融产品的创新形式为在合约基础上进行改进、增加或删除,对金融产品组合进行合成、分解或重组,以及在资产定价上做出一定的改善与发展。金融产品的创新动力有两个来源,一是来源于内部的经济利益的驱动,在金融科技逐渐发展的大背景下,为增强自身竞争力所采取的必要手段;其次就是市场需求的变化刺激了供给侧的改进与创新,以及政府的创新激励政策为金融机构进行产品创新提供了动力,通过对金融产品创新提高市场占有率,获得更为广阔的利润空间,打造品牌价值。

金融产品与服务具有种类多、层次丰富的特点,因而金融产品创新具有创新空间大、创新形式丰富等特点,金融产品的创新给消费者带来了更多样化与个性化的选择,能够有效对接金融行业的供给与需求。同时,能够通过提高流动性、降低交易成本、提高供给效率、改善信息不对称的状况等途径促进金融市场的多元化发展。

4. 金融机构创新

金融机构的创新主要包括以下四个方面的内容,首先是新型金融机构的建立,从历史的时间看,商业银行、储蓄银行、基金管理组织等的首次出现都是符合特定历史时期下的金融机构的创新。其次是非银行金融机构迅速发展,长久以来,银行在整个金融体系中占据了举足轻重的作用,而随着金融多元化的发展,各类多样的金融机构设立并发展,主要包括各保险公司,以及各类基金的迅速发展。另外,金融机构的创新还表现在适应国际市场金融一体化发展潮流形成的跨国银行迅速发展,并在此推动下形成了国际联合银行等国际银行组织。最后,金融机构体系的完善与金融机构种类的丰富也是金融机构创新的重要表现内容。金融机构作为一种组织形式,在金融创新的潮流下必须寻求变革才能在竞争中站稳脚跟,所以金融机构的创新是其发展的内在要求,是适应金融行业与总体经济发展的重要举措。从宏观环境来看,也是供给侧结构性改革,转变发展方式,调整经济结构,重新寻找发展动能的需要;同时面对不断变化的国际环境,金融机构改革也是推进金融行业国际化、逐步与国际金融市场接轨的动力。

金融机构的创新具有多样化、全能化、同质化的特点,在不同金融机构相互作用、相互博弈的过程中形成多样化的创新形式与内容,但彼此之间的学习渗透也使得金融机构之间具有了同质化特征。金融机构的创新提升了金融机构的运作效率与经营效益,同时增加了非银行金融机构、中间业务与间接融资,因此推进了货币政策传导机制的市场化发展。

5. 金融资源创新

金融资源的创新主要包括以下四个方面的内容:一是资源获取方式的创新,主要包括人才引进机制、资金获取渠道以及信息发现机制等方面的创新,通过严谨完整的开源机制,为金融机构的发展提供源源不断的资源,促进金融机构的可持续发展。二是资源利用结构的创新,包括高低端人才结构、资产负债比例以及资源组合比重等方面的重组,通过合理配比,能够充分发挥每单位资源的最大效用,提升金融行业发展效率与资源利用率。三是金融资源聚集方式的创新,对不同的金融资源有不同的吸引与聚合方式,通过高效的数据整合系统精准识别每一类金融资源的特性,采取有针对性的方法高效率地吸引资源。四是金融资源再生机制的创新,主要针对金融资源的重复利用与金融资源本身对于新资源的吸引,如人才资源对资金引进的作用,充分把握金融资源内部之间的相互作用与金融资源的迭代递次关系,实现资源利用效率的最大化;同时还应该把握资源的不同特性,采取一定的激励机制,使得资源利用最大化。

金融资源创新具有内容多、分类细的特点,是金融行业发展所不可缺少的一部分,也是金融行业内部竞争的重点。把握金融资源创新机遇,对于提高金融运转效率具有重要意义,有益于推进金融业的可持续发展与良性发展。

6. 金融科技创新

金融科技创新即技术驱动的金融创新,是在新技术革命浪潮下,充分利用新兴技术手段,将技术创新与金融业发展相结合,对金融业发展的全过程、多方面提供创新与改造的技术支持。

金融科技创新主要包括以大数据、云计算、区块链等技术为基础的创新性金融发展方式,例如通过大数据分析,给金融业发展提供业务决策的数据支持与风险防控的预防机制;依靠人工智能技术进行图像或者生物识别,以及智能机器人进行在线客服对话。而金融科技创新在传统金融业的基础上融入了现代科技要素,在新技术浪潮发展下更加重视技术的驱动作用,是有技术驱动、创新引领的金融业进步方式,运用现代科技成果改造或创新金融产品、经营模式、业务流程等。

金融科技创新具有跨界、去中心等显著特征,赋能金融提质增效,寻求金融业发展的新模式、新业态与新生态,重塑金融业态。

7. 金融管理创新

金融管理创新是对金融业发展的经营理念、发展战略、组织结构等管理方式的创新,以适应经济发展的需要,提升金融业发展质量。

金融管理创新主要包括两个维度的内容。第一个维度是国家从宏观视角出发对金融业的管理政策制度等进行创新。这是一个外部的、间接性的管理,主要是对金融机构的目标、重点与发展方式等方面的指导性管理创新,使得金融管理不再是一个单向的输入与输出,而成为一个双向的交流互动过程。第二个维度就是金融业内部金融机构等主体自发性的管理创新,包括资源、人才配置方式,经营方式,创新激励机制等方面的创新。此类创新是出于金融业良性发展的需要而进行的,要求金融机构根据市场的变化对组织资源进行有效整合以达到既定目的,具有内生性、直接性的特点,着重于运用信息化手段解决金融业发展过程中落后于时代的理念、战略目标等内容,是金融业发展的革新与进步。

金融管理创新的这两个维度相互结合,通过各种技术手段与信息化手段为金融业发展提质增效。

6.2.3　金融科技与金融创新的辩证关系

1. 金融科技推动金融创新的发展

在 2019 年 8 月份中国人民银行发布的《金融科技（FinTech）发展规划（2019—2021 年）》中将金融科技定义为技术驱动的金融创新，所以金融科技中本身就包含着创新的因素，同时也是金融创新的重要驱动力。

金融科技的发展为金融创新提供全方位、各过程的技术支持，对金融创新的水平与金融创新具有重要影响。主要表现在以下几个方面：第一，金融技术的应用为金融创新提供数据、手段等方面的支持。人工智能、大数据、区块链等金融科技的发展，给金融业带来了智能化、自动化与数据分析存储等多方面的变化，新技术的运用为金融创新提供了机会手段。第二，金融科技加深了金融创新的广度深度，提高了金融创新的速度。金融科技与金融创新本身就是不能独立于对方而存在的，其过程中必然存在着双向交流的内容，金融科技通过各项不断发展着的技术手段，为金融发展提供了更为广阔的创新空间，同样增强了金融创新的可行性；金融科技所提供的精准识别与快速数据查找等功能也在不断地提高着金融创新的速度；并且随着金融科技的深入发展以及各项技术的成熟，必然会带来金融行业的创新性增长。第三，金融科技为金融创新提供了一个新的思维方式。金融科技作为金融业与科技业的跨界产物，本身带有两个行业的不同属性与思维方法，因而在这个发展过程中，金融科技本身的跨界性与融合性特征能够为金融创新带来新思路与新方法，扩展了金融创新的内容。

2. 金融创新对金融科技的新要求

金融科技为金融创新提供了多方面、多角度的驱动力，随着金融创新内容与方式的不断深入也对金融科技的发展提出了新的要求与挑战。

首先，要促进金融科技的成果转化，科技企业、金融机构与政府相关部门应该加强合作、深化共识，为科技成果转化提供相应的资金、政策支持。正确把握金融科技创新与安全的关系，加强新技术基础性、前瞻性研究，在安全合规的前提下,合理应用新技术赋能金融产品与服务创新,①提高科技成果转化率与科技应用效率,使得金融科技能够更高效地服务于金融创新的需要。其次,加强对金融科技创新的监管,兼顾灵活性与流动性,优化金融科技监管规则,丰富金融科技标准体系,严格数据规范应用,建立信息通报和共享平台,以高标准规范金融科技的发展应用,为金融创新提供更高质量、更为持续的驱动力。最后,金融创新的不断深入也会对现有的金融科技水平提出挑战,在合规性要求的前提下,加强金融科技的研发与应用,推进产学研相结合,对技术研发做出系统性安排,更好地满足金融创新发展的需要。

3. 金融科技与金融创新的协同发展

金融科技与金融创新是随着经济社会发展而出现的新兴发展方式,顺应了经济发展智能化、全球化潮流。对于金融机构来讲,金融科技与金融创新是帮助金融机构适应发展环境变化、降成本提利润的重要方式;对于整个金融行业发展而言,金融科技与金融创新同为金融行业转型升级的"新引擎",担负着为金融行业发展提质增效的使命;而对于整个国民经济的发展,金融科技与金融创新也在不断地发挥着重要作用,是推进整体经济发展的新动力,金融科技与金融创新的关系可以称为社会财富创新的两翼。在中国建设创新型国家的背景下,金融创新与科技创新的结合也将构成中国经济增长的原动力(童藤,2013)。

金融科技与金融创新不可割裂而谈,二者存在着紧密的互动关系。

金融行业本身范围广、内容丰富,要想实现高质量的金融创新,必然需要较高水平的金融科技的支持。金融科技对金融创新的推动作用在上文中已经提到,主要是为金融创新提供了技术与数据方面的支持,加深了金融创新的广度深度,以及提高了金融创新的速度,并且结合科学界的发展为金融创新提供了多学科、多维度的思维方式。金融科技为金融创新搭建完善的金融科技创新平台,降低了金融创新的运作成本,推动实时的金融创新,促进了新兴金融

---

① 中国人民银行:《金融科技(FinTech)发展规划(2019—2021年)》。

衍生工具的诞生,并且为金融创新过程中的潜在风险提供解决方案。

金融创新的不断深入也推动着金融科技的不断完善与发展,以适应更高水平的金融创新要求。金融创新的理念同样为金融科技的发展带来了新的角度,创新发展理念同样在金融科技的研发转化中得到应用,为金融科技的发展带来更多可能性。

金融创新与金融科技二者相互作用、协同发展,对于传统金融业进行流程改造与服务提升,重塑金融业价值链和生态系统,都是当今经济发展所必不可少的新动力,通过促进金融业的转型升级,进而为实体经济发展注入新活力,带动整体经济发展提质增效。金融科技与金融创新的协同发展将会是金融行业发展的趋势之一,是金融机构战略定位中的重要盈利点,也是金融行业发展的重要增长点,二者之间的相互作用将有利于整体经济的发展,在未来的经济发展中,金融科技与金融创新协同发展所需要的监管政策和基础设施还需要不断地完善与发展,该协同发展模式也使金融行业在良性轨道内不断进步进而成为推动国民经济发展的力量。

6.3 金融科技背景下中国金融的国际化进程

6.3.1 金融科技对人民币国际化的影响

目前,中国与周边国家和地区实现了人民币结算,中国推出以人民币计价的原油期货是对"石油美元"的一次挑战,美国不断推行贸易制裁,对中国进一步拓展人民币国际化是一个机遇。在这些背景下,如何更好地发挥金融科技的作用,进一步促进人民币的国际化发展是本部分的讨论重点之一。

1. 人民币国际化现状

从人民币跨境贸易来看,人民币结算规模和占比稳步上升,2018 年全年跨境贸易人民币结算业务累计发生 5.11 万亿元,较 2017 年增加 7 500 亿元,同比增长 17.2％。其中,结算以货物贸易为主,但服务贸易也显著增加。2018
年,货物贸易人民币结算累计发生 3.66 万亿元,同比增加 11.9％。服务贸易
人民币结算累计发生 1.45 万亿元,同比增加 33.0％。总体来看,跨境人民币
结算收付基本平衡,实收略大于实付。

从人民币直接投资来看,2018 年对外投资保持平稳,中国对外直接投资
1 298.3 亿美元,较 2017 年增长 4.2％。其中,对外非金融类直接投资同比增长
0.3％,对外金融类直接投资同比增长 105.1％。人民币 ODI 大幅增长,以人民币
结算的对外直接投资 8 048.1 亿元,较 2017 年增加 3 479 亿元,同比增长76.2％。
同时,2018 年全球跨境直接投资同比下降 19％,连续三年下滑的背景下,中国
外商直接投资实现逆势增长,创历史新高,同比增长 57.6％。

从人民币证券投资来看,人民币国际债券和票据存量小幅增加,2018 年
末为 1 075.49 亿美元,同比增幅 4.07％。股票市场融资能力小幅受挫,各类企
业和金融机构在境内外股票市场累计筹资 6 827 亿元,同比下降 41.9％。但
股票市场对外开放取得进一步突破,对外资机构的限制大幅减少,对 QFII、
RQFII 进行新一轮的改革,在放宽机构准入条件的同时,大幅度扩大 QFII 和
RQFII 的可投资范围。

从人民币境外信贷来看,2018 年,境内金融机构人民币境外贷款余额达
5 075.30亿元,同比增长 1.14％。新增人民币境外贷款 57.27 亿元,同比增加
9.78 亿元。人民币境外贷款占金融机构贷款总额的比重为 0.37％,与 2017 年
基本持平。

人民币外汇交易来看,2018 年中国银行间外汇市场全年成交 225.4 万亿
元人民币,同比增长 23.9％。人民币外汇即期交易量超过 1 万亿人民币,其
中,人民币对 SDR 其他货币的即期交易量为 5028 亿元人民币,美元是最主要
的交易币种,其次是欧元、日元。[①]

---

① 　数据来源:中国人民大学国际货币研究所《人民币国际化报告 2019》。

人民币国际化是中国改革开放的组成部分,是中国融入全球经济、金融体系的关键一环。随着中国加入 WTO,金融市场逐步开放,人民币入篮 SDR,人民币国际化地位不断提高的同时,也面临着诸多挑战。

随着各国实力变化,国际格局和规则处于调整期、震荡期,大国博弈加剧,摩擦与竞争可能从贸易领域蔓延至方方面面。人民币国际化进程将面临由此导致的汇率波动加大、资本更频繁流动、金融系统性风险增加的风险,而且还有贸易、投资动力萎缩、产能过剩和经济结构艰难调整的巨大压力。

同时,随着金融市场的进一步开放,以往相对封闭的环境将被打破,国际资本流动渠道和规模将进一步拓展,国家间金融市场联动性将进一步提高。随之而来的系统金融风险该如何防范,是当前人民币国际化的重要环节,也是未来人民币国际化发展的基本保障。

2. 金融科技助力人民币国际化

在机遇与挑战并存的人民币国际化进程中,金融科技的发展为其提供了新的助力。从服务质量到硬件系统,金融科技为人民币国际化带来了新的发展动力。

(1) 助力支付,实现"最后一公里"的联通。SWIFT① 在近几年的人民币追踪报告中指出,金融科技正在对跨境支付领域产生重大的影响。蚂蚁金服(借助支付宝)和腾讯(借助微信支付)等快速全球化的金融科技公司正不断提升自身的全球影响力和覆盖面,通过金融科技创新提供便利的跨境支付业务,不断提高人民币在跨境支付业务中的使用频率和地位。同时,中国的众多大银行正借助 SWIFT gpi 提供遍及全球的跨境支付服务,金融科技正改变零售和企业客户"最后一公里"的支付体验。

(2) 业务升级,满足复杂多样的国际化服务。随着金融科技公司海外扩展,"一带一路"人民币结算,如何为"走出去"的企业提供配套金融服务,是

---

① SWIFT:环球银行金融电信协会(Society for Worldwide Interbank Financial Telecommunication),国际银行同业间国际合作组织,为银行和其他金融机构提供结算业务。

人民币国际化一大重任。因此,在人民币国际化进程中对科技工作提出了更快、更好、更多地推出好的全球化金融服务产品的需求。金融科技的出现,有助于夯实全球化 IT 管理体系,满足人民币国际化对 IT 实施能力提升的需要。

(3) 平台更新,提供更安全高效的全球结算。金融科技助力人民币基础设施逐步完善,相关配套体系与国际接轨,2015 年 10 月,作为战略性金融基础设施,人民币跨境支付系统(Cross-border Interbank Payment System, CIPS)一期上线运行,为境内外金融机构人民币跨境和离岸业务提供资金清算和结算服务,基本覆盖除美国以外的主要金融中心,人民币现代化支付体系建设取得重大进展。金融科技助力基础设施与配套体系建设日趋完善,为人民币国际使用提供了各类软硬件支撑。帮助中国进一步融入全球金融体系与管理框架之中。

3. 央行数字货币 DCEP

"央行数字货币的研究已经进行了五年,现在可以说是呼之欲出了",2019 年 8 月 10 日,在第三届中国金融四十人伊春论坛上,中国人民银行支付结算司司长穆长春,宣布了这一重磅消息。DCEP,全称 Digital Currency Electronic Payment,DC 指的是数字化的货币,EP 指的电子支付,即依托于电子支付工具的数字货币,其作为价值尺度和流通手段的功能和纸币一样,而形态上呈数字化。顾名思义,央行数字货币就是中国人民银行发行的数字货币,具有央行负债和国家信用背书的属性,是现在法币的替代品。

DCEP 在货币流通和携带方面,使交易对账户依赖程度降低,有利于人民币扩大流转范围;与此同时,DCEP 可以实现货币产生、流通、记账等数据的实时采集、记录、更新,为央行货币投放、货币政策的制定和实施提供依据。

央行数字货币设计了双层运营投放体系,而不是由中国人民银行直接对公众发行数字货币的单层运营体系。所谓的双层制度,是指中央银行和商业银行两层运行体系,即上面一层是中央银行对商业银行,下面一层是商业银行或商业机构对公众。具体实施过程,即中央银行先把数字货币兑换给银行或商业机构,再由这些机构兑换给公众。

DECP 是对法币进行技术升级——对原先的央行货币(M0)进行了数字化升级,本质上并没有改变银行存款准备金和现钞的货币属性,其具体应用场景,主要服务于央行所管理的支付侧,比如银行准备金之间的交易往来、传统现钞的数字化升级。

DECP 与现有支付宝、微信支付的主要区别在于:第一,支付宝和微信支付属于 M1 或者 M2 的领域,而 DECP 注重对 M0 货币的替代而不是对 M1、M2 货币的替代。第二,支付宝和微信支付是用商业银行存款货币进行结算,DCEP 是用央行货币进行结算,结算机构有差别。第三,支付宝、微信的目的是实现互联网环境下的移动支付,DCEP 的目的是控制法币地位,节约发行成本。

DCEP 和 Facebook 推出的加密货币 Libra 的区别则主要在于:(1)价值来源上,DCEP 拥有国家主权信用背书,本质上是法币,价值只和人民币挂钩,具有无限法偿性,其由央行直接发行,价值由国家的经济整体情况和政府偿债能力决定,价值的稳定性等同于现在的法币;Libra 代币由真实资产储备(Libra 储备)作为担保,它将锚定一篮子法币和短期政府债券,并且可以兑换多种法币,以建立人们对其内在价值的信任,债务人系 Libra 协会,随着资产储备的价值波动,Libra 代币本身的价值也会波动。(2)底层架构上,目前未有公开资料显示 DCEP 究竟是何种底层架构,据穆长春在第三届中国金融四十人伊春论坛上的演讲,中国人民银行数字货币研究小组最开始研究央行数字货币的时候,做过一个完全采用区块链架构的原型,但基于现有技术,无法达到零售级别的高并发要求,所以,最终央行层面保持技术中性,不预设技术路线,也不依赖某一种技术。Libra 代币建立在 Libra 区块链基础上,其底层架构的软件开源,以便所有人在此基础上进行开发,主要使用 Move 编程语言在 Libra 区块链中实现自定义交易逻辑和势能合约。

6.3.2 中国金融企业在金融科技领域的国际化探索

1. 金融科技在电子支付领域的应用及其国际化发展

金融科技对传统金融领域的重塑最明显体现在支付方面的应用,从传统现金交易到卡交易再到移动电子支付。随着通信技术和科技的不断应用,支付领域在金融科技背景下的发展和海外扩张之路,对中国金融企业国际化有重要的借鉴意义。

表 6.2 中国电子化支付发展进程

时 间	大 事 件
2004 年	淘宝和支付宝诞生,三方平台支付进入大众视野,电子支付开始向各类生活场景渗透
2013 年	支付宝推出了"余额宝"项目,开启普惠理财先河
2014 年	微信推出了红包功能,电子红包和社交转账得到越来越多的应用
2015 年 12 月	中国银联推出了"云闪付"产品
2016 年	Apple Pay 正式进入中国市场,同年 3 月三星推出 Samsung Pay,8 月小米的 Mi Pay 和华为的 Huawei Pay 也正式上线; 商业银行与手机供应商纷纷凭借其用户基础加入移动支付阵营

资料来源:根据公开报道整理。

2016 年后,随着移动支付行业生态体系的逐渐完善,移动电子支付行业全面进入高速发展期。逐渐渗透到诸如政务民生、医疗服务、交通出行等各类生活场景中。而最新的人工智能科技通过人脸识别、语音识别、生物识别技术又进一步激励电子支付手段再次创新,促使银行、非银行支付机构创新智能支付服务。

国内电子支付逐步完成普及后,近年来国内企业纷纷将目光投向广阔的海外市场。随着海淘消费和境外旅游的不断发展,海外支付越来越受到重视。过去半个多世纪,国际支付市场一直由 VISA、万事达卡等几家国际支付巨头垄断,且基本都采用卡支付的形式。[1]

---

[1] 参见 http://www.cac.gov.cn/2019-05/28/c_1124549921.htm,最后访问日期 2019 年 10 月 26 日。

中国海外支付的进程从 2004 年开始。2004 年 1 月,中国银联开通了香港
地区银行卡受理业务,迈出了"走出去"第一步,随后中国银联相继开通了新加
坡、韩国、日本、美国、澳大利亚等国家的业务。随着近年来金融科技的兴起,
电子移动支付为中国海外支付打开了新局面。

从电子支付国际化进程中不难看出,中国金融企业首次突破了国外发达
金融体制下的沉淀积累,在新领域借助金融科技背景实现"弯道超车"。

(1)紧跟政策,布局新兴市场。蚂蚁金服在进行海外电子支付布局时,紧
跟"一带一路"政策,重点布局亚非拉市场,把中国经验、技术和资金带到相对
欠发达的新兴市场。填补了当地电子支付市场的空白,也减少了市场竞争。
自 2015 年起,通过向当地合作伙伴输出技术经验,助力 9 个本地手机钱包的
诞生或发展,包括印度、韩国、巴基斯坦、孟加拉国、泰国、菲律宾、印度尼西亚、

表 6.3　电子支付国际化进程

时　间	事　件
2013 年	支付宝成立国际事业部,加速推进全球化,开始将电子移动支付技术推向世界舞台
2014 年	蚂蚁金服集团成立并投资了新加坡移动安全企业 V-key,与澳大利亚 Paybang 开展合作; 日本乐天(Rakuten)宣布与支付宝达成合作,旗下跨境电商平台乐天国际开通支付宝服务,用户在乐天国际海淘可通过支付宝用人民币付款
2015 年	蚂蚁金服投资印度第一大移动支付公司 Paytm; 支付宝在伦敦和米兰开设办事处
2016 年	蚂蚁金服与 Uber 联合宣布达成全球范围内合作; 收购泰国支付公司 Ascend Money 20% 的股份; 与东南亚叫车软件 Grab 达成战略合作; 宣布启动"Alipay+"计划,与法国 Ingenico Group 展开合作; 与英国的巴克莱银行,法国的法国巴黎银行,意大利的 UniCredit 和瑞士的 SIX 集团签署了合作协议
2017 年	支付宝与环球蓝联达成进一步战略合作,欧洲退税将更便捷; 蚂蚁金服收购了新加坡支付服务 helloPay 集团
2019 年	蚂蚁金服收购英国支付公司 WorldFirst; 蚂蚁金服收购越南电子钱包 eMonkey 的大量股份

资料来源:根据公开报道整理。

马来西亚、中国香港在内的国家和地区用户，正在逐步享受到"中国式电子支付"安全而高效的服务。

（2）技术出海，合作龙头企业。以蚂蚁金服为首金融科技企业的海外扩张模式，被官方定义为"出海造船"。不同于以往贴牌出口的"借船出海"，还是通过投资并购的"买船出海"，中国电子支付的海外扩张之旅通过绝对性的技术优势一路开疆扩土。通过绝对技术优势，对当地龙头企业进行投资或合作孵化，大大降低了海外市场的进入成本。以印度为例，印度 Paytm 是最大本土支付钱包，阿里 2015 年对其进行投资后，Paytm 的用户量 2 300 万提升到了 2.5 亿用户，远远超印度其他竞争对手，蚂蚁金服通过技术赋能，大大提高了 Paytm 原先低效的人工体统。

（3）打造生态，优化服务体验。中国电子支付海外扩张进程的另一大特点是"业务出海"，随着出境游客的和海外消费的步伐进行配套生态布局。例如与日本乐天和环球蓝联达成的合作，都使海淘付款和退税服务更加便利。通过海外平台和生态系统的构建，能在将来进一步支撑更加复杂的跨境业务，为用户提供更高效的金融服务和更优质的体验。

应该说，中国的移动支付走在世界前列。2016 年，苹果支付（Apple Pay）与中国银联合作正式登陆中国，上有央行等监管部门支持，下有众多传统银行合作伙伴，加上 Apple Pay 的 NFC 支付"碰一碰"直接付款更为方便，以此拉开了海外移动支付进入中国的竞争序幕。同时境内各个机构也争相取得支付牌照，以期在广阔市场有所作为，中国银联也强势推出了云闪付。而至目前并未撼动在国内移动支付市场支付宝和微信几乎二分天下的格局。支付宝之所以盈利和成长性高，是由于庞大客户量的基础是由淘宝和天猫上的几亿笔交易支撑，微信也因活跃的小程序及社交电商而积累了众多客户。基于第三方支付是伴随着电子商务特别是网购发展而兴起的清楚认识，各支付平台在出海的道路上均有一定考量，如微信支付积极与多家海外电商洽谈合作、汇付天下与国外航空公司及在线旅行社合作等等。而立足并不断发挥本身的创新优势与稳健运营,是国内支付平台海外扩张之路的前提,更是应对市场竞争的长效手段,金融科技企业的发展与国际化也应当遵循此规律。国内的金融科技企业在加大研发投入,打磨业务模式的同时,正在将积累的金融科技及成熟的业务模式向海外拓展。从 2018 年以来的上市金融科技企业"出海"案例来看,国际业务拓展的模式有并购、成立合资企业、科技输出以及申请牌照等。

2. 金融创新技术的国际化

金融科技企业的国际化离不开金融创新技术的国际化,而金融创新技术的国际化离不开市场的培育和检验。简言之,金融科技企业自身的发展决定了能够企及的国际化程度。2013 年"互联网金融元年",P2P、众筹、互联网创新产品一路高歌猛进,但是由于互联网金融起于普惠,并不具备金融行业一贯严谨和健全的风控制度和合规意识,也由于中国市场缺少征信、法律法规不到位、人才瓶颈、政策扶持有限等多种因素的共同作用,百花齐放的态势下,很多行业的发展历经了挫折。

(1) 宜人贷赴美上市的启示。

2015 年 12 月 18 日,宜信公司旗下 P2P 平台"宜人贷"在美国纽交所上市,成为纽交所的中国互联网金融第一股。

P2P 行业在中国的发展缓解了小微企业融资难的状况,同时满足了个人消费需求以及民间资本投资需求,但问题平台出现爆发式增长,跑路、提现困难、经侦介入等新闻层出不穷,仅 2015 年一年就出现 866 家[1]。

从 P2P 行业本身的发展来看,寻求资本增强实力,增信背书的需求与上市的动因不谋而合,而中国的资本市场尚不接受 P2P 等类型行业的上市申请。由于美国等境外资本市场秉承发行人充分披露并由投资者自行判断的审核理念以及相对宽松的财务要求,结合当时国内整治行动由开始的引导逐步走向强监管,但未出台具体的指引办法,乱象之下具备稳健运营实力的 P2P

---

① 来源:https://shuju.wdzj.com/problem-1.html,最后检索日期 2020 年 3 月 28 日。

表 6.4 金融科技企业赴境外上市一览

上市公司	代 码	上市时间	募资总额	上市时估值*	业务类型
宜人贷	NYSE：YRD	2015/12/18	0.75 亿美元	5.85 亿美元	网络借贷
信而富	NASDAQ：XRF	2017/4/28	0.6 亿美元	3.71 亿美元	网络借贷
众安在线	06060.HK	2017/9/28	136.83 亿港元	860 亿港元	互联网保险
趣 店	NYSE：QD	2017/10/18	9 亿美元	79.2 亿美元	购物分期
和信贷	NASDAQ：HX	2017/11/3	0.5 亿美元	5.18 亿美元	网络借贷
拍拍贷	NYSE：PPDF	2017/11/10	2.21 亿美元	39 亿美元	网络借贷
简普科技	NYSE：JT	2017/11/16	1.8 亿美元	13.2 亿美元	金融产品推介比价
易鑫集团	02858.HK	2017/11/16	65.04 亿港元	483.3 亿港元	汽车金融
乐 信	NASDAQ：LX	2017/12/21	1.08 亿美元	14.7 亿美元	购物分期
汇付天下	01806.HK	2018/6/15	16.89 亿港元	93.9 亿港元	支付
维信金科	02003.HK	2018/6/21	14.48 亿港元	99.5 亿港元	助贷
51 信用卡	02051.HK	2018/7/13	10.71 亿港元	101 亿港元	网络借贷＋信用卡管理
小赢科技	NYSE：XYF	2018/9/19	1.05 亿美元	14.3 亿美元	网络借贷
品 钛	NASDAQ：PT	2018/10/25	0.44 亿美元	4.45 亿美元	助贷＋金融科技服务
微贷网	NYSE：WEI	2018/11/15	0.45 亿美元	7 亿美元	网络借贷
360 金融	NASDAQ：QFIN	2018/12/14	0.51 亿美元	23.7 亿美元	助贷
富途证券	NASDAQ：FUTU	2019/3/8	0.9 亿美元	13.3 亿美元	互联网券商
老虎证券	NASDAQ：TIGE	2019/3/20	1.04 亿美元	10.6 亿美元	互联网券商
普益财富	NASDAQ：PUYI	2019/3/29	0.26 亿美元	3.36 亿美元	理财

＊ 上市时估值＝发行价×首发后总股本(折算成 ADR 数量)。
资料来源：Wind,零壹智库。

平台境外上市也是时代的必然选择。宜人贷拉开大幕后,一大批优秀的金融科技企业纷赴境外上市。

国外上市集中爆发,首先与国内监管、市场环境有一定关联,在层层加码的监管及动荡的行业环境中,海外市场对互联网金融的关注度及认同度较高。此外,也与行业发展阶段有关联,IPO 的发起是完成多轮融资后的互联网金融平台的普遍资本运作。

与国内对 P2P 的监管相比,外国一些国家很早就将 P2P 纳入了监管框架内。以美国为例,P2P 被认定为债券发行,受到美国证券交易委员会(SEC)的监管,监管架构涵盖了美国的几十项法律、法案、法规,加上资本市场的灵活健全,本土 P2P 平台在完善的金融组织结构中得以发展。自 2015 年 7 月 18 日中国人民银行、工业和信息化部、公安部、财政部、国家工商总局、国务院法制办、中国银行业监督管理委员会、中国证券监督管理委员会、中国保险监督管理委员会、国家互联网信息办公室日前联合印发了《关于促进互联网金融健康发展的指导意见》开始,直到 2018 年 12 月 19 日,互联网金融风险专项整治工作领导小组办公室、P2P 网贷风险专项整治工作领导小组办公室联合发布了《关于做好网贷机构分类处置和风险防范工作的意见》,中国 P2P 行业监管法

表 6.5　中国互联网金融监管大事一览

时　间	大　事　件
2015 年 07 月 18 日	经党中央、国务院同意,中国人民银行、工业和信息化部、公安部、财政部、国家工商总局、国务院法制办、中国银行业监督管理委员会、中国证券监督管理委员会、中国保险监督管理委员会、国家互联网信息办公室联合印发《关于促进互联网金融健康发展的指导意见》
2016 年 04 月 12 日	国务院办公厅发布《互联网金融风险专项整治工作实施方案》
2016 年 04 月 13 日	中国银监会(已撤销,下同)发布《P2P 网络借贷风险专项整治工作实施方案》
2016 年 08 月 17 日	银监会、工业和信息化部、公安部、国家互联网信息办公室联合发布《网络借贷信息中介机构业务活动管理暂行办法》
2016 年 10 月 28 日	中国银监会办公厅、工业和信息化部办公厅、工商总局办公厅联合印发《网络借贷信息中介机构备案登记管理指引》
2017 年 02 月 22 日	中国银监会发布《网络借贷资金存管业务指引》
2017 年 05 月 27 日	中国银监会　教育部　人力资源社会保障部联合印发《关于进一步加强校园贷规范管理工作的通知》
2017 年 08 月 23 日	中国银监会发布《网络借贷信息中介机构业务活动信息披露指引》
2017 年 12 月 01 日	互联网金融风险专项整治、P2P 网贷风险专项整治工作领导小组办公室正式下发《关于规范整顿"现金贷"业务的通知》
2017 年 12 月 08 日	P2P 网贷风险专项整治工作领导小组办公室下发《关于做好 P2P 网络借贷风险专项整治整改验收工作的通知》
2018 年 08 月 13 日	互联网金融风险专项整治领导小组办公室下发《关于开展 P2P 网络借贷机构合规检查工作的通知》
2018 年 12 月 19 日	互联网金融风险专项整治、P2P 网贷风险专项整治工作领导小组办公室正式下发《网贷机构分类处置和风险防范工作的意见》

规体系历时弥久初步建立,P2P 企业作为"金融信息服务中介机构"的准确定位有效识别了披着金融科技与金融创新的外衣的非法活动,在促使该行业正规化可持续发展中起到了重要作用。值得注意的是,2020 年 3 月 27 日,经中国证券监督管理委员会批准,上海证券交易所发布并实施了《上海证券交易所科创板企业发行上市申报及推荐暂行规定》,该规定明确了"金融科技、科技服务等属于科创板服务范围",此举为深化科创板注册制试点,完成资本市场的重要改革任务增添了浓重的一笔。

（2）众筹平台的困境。

随着 2011 年"点名时间"众筹平台的创建,标志着互联网众筹从美国正式传入中国,"天使汇"的成立又标志着中国股权众筹的兴起。至 2014 年众筹融资异军突起,成为互联网金融的主力军,被称为"众筹元年"。但中国法律至今没有对众筹有明确的定义。

据人创咨询最新统计,截至 2020 年 1 月底,中国处于运营状态的众筹平台共有 66 家。2019 年 12 月尚处于运营状态的平台中,有 1 家平台无法打开网页。对运营中平台的平台类型进行统计,股权型平台有 23 家,权益型平台有 24 家,物权型平台有 8 家,综合型平台有 7 家,公益型平台有 4 家。2020 年 1 月选取了 5 家股权型众筹平台作为分析样本,这 5 家平台分别是第五创、聚募网、众筹客、人人创和合伙吧。5 家股权型众筹平台在 1 月共成功 2 个项目,成功项目总融资额约 257.95 万元,总投资人次为 47 人;选取了 5 家权益型众筹平台作为分析样本,这 5 家平台分别是小米众筹、苏宁众筹、淘宝众筹、京东众筹、摩点网。5 家权益型平台在 2020 年 1 月共成功 481 个项目,成功项目总融资额约 0.99 亿元,总支持人次约 48.77 万人次。[①]

而同样根据人创咨询截至 2016 年 12 月底的数据,中国处于运营状态的众筹平台共有 543 家,其中包括 15 家新增平台。另外 12 月共有 22 家平台下

---

① 来源:https://shuju.wdzj.com/problem-1.html,最后检索日期 2020 年 3 月 28 日。

线,2 家平台转型。对运营中平台的平台类型进行统计,物权型平台有 163 家,权益型平台 154 家,股权型平台 134 家,综合型平台 80 家,公益型平台 12 家。2016 年 12 月选取了 10 家股权型众筹平台作为分析样本,这 10 家平台分别是筹道股权、众投天地、爱就投、360 淘金、云筹网、人人投、众筹客、头狼金服、聚募网和第五创。10 家股权型众筹平台在 2019 年 12 月共成功 34 个项目,成功项目总融资额约 1.08 亿元,总投资人次 1 911;选取了 10 家权益型众筹平台作为分析样本,这 10 家平台分别是京东众筹、淘宝众筹、苏宁众筹、乐童音乐、点筹网、摩点网、5SING 众筹、创客星球、点名时间和唯品众筹。10 家权益型平台在 2019 年 12 月共成功 835 个项目,成功项目总融资额约 5.68 亿元,总支持人次约 230.24 万。众筹平台及众筹业务出现大幅缩水,究其原因,与中国政策响应不到位、法律体系支持力度薄弱有很大关系。比如权益类众筹发起人需要公开展示创意项目及其可行性方案,以期能够通过众筹平台获得投资者的支持,实现项目融资的目的。而由于众筹平台创意项目的公开性以及接收对象的不确定性,且创意项目大部分并未获得专利权,中国知识产权相关法律法规在创新性众筹项目方面的缺失增加了发起人知识产权风险,创意被抄袭的痛点降低了发起人的积极性,影响了权益类众筹平台可持续发展,仅靠《中华人民共和国著作权法》及其实施条例、《互联网著作权行政保护办法》等法律保护过于薄弱的问题亟待解决。

而股权众筹是继 P2P 借贷后发展起来的一种新型互联网融资模式。股权众筹的快速发展有效缓解了中小企业尤其是初创企业的融资难问题,为中小企业融资提供了新的渠道,客观上推动了普惠金融的发展,形成了"大众创业、万众创新"的良好局面。在 2014 年 11 月 19 日的国务院政府工作报告中,李克强总理首次提出"开展股权众筹融资试点",其后,陆续出台了股权众筹相关的政策办法,其中,中国证券监督管理委员会发布的《关于对通过互联网开展股权融资活动的机构进行专项检查的通知》首次对股权众筹融资做出了定义:"股权众筹融资主要是指通过互联网形式进行公开小额股权融资的活动,具体而言,是指创新创业者或小微企业通过股权众筹融资中介机构互联网平台公开募集股本的活动。"由于其具有"公开、小额、大众"的特征,涉及社会公众利益和国家金融安全,必须依法监管。未经国务院证券监督管理机构批准,任何单位和个人不得开展股权众筹融资活动。该通知还指出,一些市场机构开展的冠以"股权众筹"名义的活动,是通过互联网形式进行的非公开股权融资或私募股权投资基金募集行为,不属于《关于促进互联网金融健康发展的指导意见》规定的股权众筹融资范围。根据《中华人民共和国公司法》《中华人民共和国证券法》等有关规定,未经国务院证券监督管理机构批准,任何单位和个人都不得向不特定对象发行证券,向特定对象发行证券累计不得超过 200人,非公开发行证券不得采用广告、公开劝诱和变相公开方式。根据《证券投资基金法》《私募投资基金监督管理暂行办法》等有关规定,私募基金管理人不得向合格投资者之外的单位和个人募集资金,不得向不特定对象宣传推介,合格投资者累计不得超过 200 人,合格投资者的标准应符合《私募投资基金监督管理暂行办法》的规定。中国证监会还向各省级人民政府印发了《关于商请规范通过互联网开展股权融资活动的函》,对相关要求予以明确。其后,在中国证券业协会发布的《场外证券业务备案管理办法》第二条中,将"私募股权众筹"纳入应当备案的场外证券业务范畴。受限于《中华人民共和国公司法》《中华人民共和国合伙企业法》《中华人民共和国证券法》的相关规定,以及 2012年 6 月 6 日中国证券投资基金业协会成立后发布施行的《中华人民共和国证券投资基金法》《私募投资基金监督管理暂行办法》等法律、规章等的规定,除了对人数要求进行重申外,"合格投资者"的标准限定使得一系列监管的导向与众筹融资模式"互联网＋小额分散筹资"的特点背道而驰,现有法律法规对股权众筹发展的限制愈发彰显。

表 6.6 股权众筹相关政策一览

时　间	大　事　件
2014 年 12 月 18 日	中国证券业协会发布《私募股权众筹融资管理办法(试行)(征求意见稿)》
2016 年 4 月 12 日	国务院办公厅发布《互联网金融风险专项整治工作实施方案》
2016 年 4 月 14 日	经国务院同意,证监会、中央宣传部、中央维稳办、国家发展改革委、工业和信息化部、公安部、财政部、住房城乡建设部、中国人民银行、工商总局、国务院法制办、国家网信办、国家信访局、最高人民法院、最高人民检察院联合发布《股权众筹风险专项整治工作实施方案》
2015 年 7 月 18 日	经党中央、国务院同意,中国人民银行、工业和信息化部、公安部、财政部、国家工商总局、国务院法制办、中国银行业监督管理委员会、中国证券监督管理委员会、中国保险监督管理委员会、国家互联网信息办公室联合印发《关于促进互联网金融健康发展的指导意见》
2015 年 7 月 18 日	中国证券监督管理委员会发布《关于对通过互联网开展股权融资活动的机构进行专项检查的通知》
2015 年 7 月 29 日	中国证券业协会发布《场外证券业务备案管理办法》
2016 年 4 月 12 日	国务院办公厅发布《互联网金融风险专项整治工作实施方案》
2016 年 4 月 14 日	证监会　中央宣传部　中央维稳办　国家发展改革委　工业和信息化部　公安部　财政部　住房城乡建设部　中国人民银行　工商总局　国务院法制办　国家网信办　国家信访局　最高人民法院　最高人民检察院联合印发《股权众筹风险专项整治工作实施方案》
2016 年 11 月 29 日	国务院印发《十三五"国家战略性新兴产业发展规划》

从众筹的特点来讲,众筹首先是一种依托互联网平台的小额筹资活动,互联网技术的快速发展为众筹融资提供了土壤和平台,扩大了公众参与度。在确保保护投资者权益及市场秩序的前提下,为引导规范这一新兴融资模式的良性发展,更好地发挥其促进中小企业融资的积极作用,国家层面应当尽早作出更加周密宽松的制度安排。

6.4　金融科技与金融创新背景下金融监管机制探索

在金融科技和金融创新的不断推动下,中国的金融制度、金融产品、金融资源、金融客户等发生巨大变化,这对中国金融监管提出了新的要求,如何利用金融科技探索出新的监管模式和方法,对中国金融发展的稳定性具有至关重要的作用。本节将重点研究金融科技渗透下,金融创新对中国金融监管机制提出的新要求。

6.4.1　金融科技的风险特征

国际证监会组织在 2017 年发布的《金融科技研究报告》显示,2011 年全球金融科技进入 3.0 时代,科技和金融业务走向深度融合。在这一阶段,大数据、人工智能、云计算、区块链等技术不断加强对金融业务的改造和创新,金融服务长尾客户普及,金融业务效率得到大幅提升。根据巴塞尔银行监管委员会对金融科技的划分,相关的应用领域主要有四类,分别为支付结算业务、存贷款资本筹集业务、投资管理业务和市场设施,具体见表 6.7。

表 6.7　金融科技的应用领域分类

类　别	细 分 领 域	相关产品或企业举例
支付结算	零售类支付:移动钱包、数字货币等	支付宝,百度钱包,比特币、以太币,财付通,Paypal
	批发类支付:跨境支付等	换汇 API;海外支付 API
存贷与资本筹集	借贷平台:P2P 借贷平台,信用评分等	Lending club,招联金融,微众银行
	众筹:股权众筹,公益众筹等	星火乐投,众众筹,多彩投等
投资管理	财富管理:机器人投资顾问、预测分析、线上理财等	陆金所,Wealthfront,Betterment
	电子交易服务:线上证券交易等	同花顺,Kingexc
市场设施	云计算,大数据,人工智能在金融基础设施领域的应用	分布式账本,跨行业通用服务,多维度数据处理等

资料来源:作者整理。

由于各国的市场环境和监管体制的差异,这四类业务在国内外得到不同程度的发展,各国的优势金融科技产品类型也有所差异,其中中国金融科技的应用主要分布的领域包括:支付、网贷、互联网理财、个人征信及互联网保险等,在移动支付、网络信贷和互联网投资等领域发展突出。被称为“新中国四大发明”的手机支付已经被国内消费者普遍使用,移动支付的交易额也位居全球首位。

作为科技与金融服务相结合的产物,金融科技与传统的金融业务有着重要的区别,这也构成了其独特的风险特征。总结来看金融科技的风险特征主要表现在风险传导速度快且隐蔽、新的风险隐患频出、在普通民众中的渗透率高三个方面。

1. 风险传导速度快且隐蔽,局部风险易被放大

原本只是生产和销售科技产品的公司,由于科技产品衍生出的数据资源有极高的金融服务价值,科技公司与金融机构开始展开并加深合作,部分实力强的科技企业直接展开金融服务。与此同时,科技公司开发的金融科技产品被用于改进传统金融中介的服务模式,信息技术、电子化交易平台等促成传统金融行业大量金融创新,进而将金融机构的联系进一步加深。金融科技大大增强了金融机构之间,及金融机构与相关金融科技公司之间的关联性,危机爆发的防范更加具有挑战。金融交易的互联网化及自媒体盛行的结果是,信息可以在投资者之间迅速传播,同时投资者的赎回操作十分简单快捷,一旦风险从某个节点爆发,将快速波及相关的金融机构,投资者的非理性反应也会迅速传播。局部的风险也将因为投资者对风险的过度反应而被放大,产生“羊群效应”。而且,金融科技公司很多类型的交易实现了高度自动化,而算法之间也存在高度的关联性,算法的自动化决策又具有标准化、交易量大等特点,单件经济事件造成的经济波动在自动化交易的系统存在的情况下可能被放大。

从起源来看,很多金融科技公司并非从事金融业务,在进行金融业务和产品创新时没有比较全面和专业的业务合规性概念,结果导致开发出来的金融产品往往具有综合性,且包含传统金融产品或者服务所没有的新特征。同时,由于监管机构对金融科技总是先松后紧,前期金融产品没有成型时无法进行分类界定,在宽松的监管环境和合规指导缺失的情况下,金融科技前期在无约束的情况下肆意发展,业务和产品五花八门,难以用现有的金融业务分类的方法进行区分。其中,不乏一些披着金融科技外衣却做着传统非法金融业务的

情况,比如利用 P2P 平台做非法集资、成立互联网理财平台做网络传销等等。以上两方面都体现了金融科技存在算法等领域的技术门槛,其业务开展不规范,给外界带来了一层无法透视的屏障,其背后的风险自然更加的隐秘,不易被监管机构捕捉。

2. 产品更迭速度快,新的风险隐患频出

互联网、人工智能、大数据等被熟知的现代技术,给社会带去的改变是翻天覆地的,金融科技也是在这样的技术环境下被催生出来。特别是机器学习这样的人工智能技术,利用拥有学习能力的算法及云计算这样的超级运算技术,实现了人类自身做技术创新的同时利用人工智能做独立于人类的技术创新。而且机拥有我们所有不具有的优势,只要不断电就可以持续工作。

金融科技在如此的技术背景下,产品和业务的迭代速度越来越快,而且新的金融科技业务和产品不易被界定并携带新的不易被准确识别的风险因素。金融科技滋生的新的风险主要分为技术风险、新的道德风险和信息安全风险三大类。技术风险主要源于技术自身的缺陷,如算法的漏洞、服务器的承载能力等;新的道德风险主要是因为金融科技公司部分游离于监管体系之外,不受到监管约束,这样有可能会从事一些有损投资者的业务;信息安全风险,主要在于金融科技应用大量的信息技术,如果到黑客的攻击或者公司员工的泄露,用户的隐私数据和公司商业机密等将遭受一定的风险。

3. 服务在普通民众中的渗透率高,风险更不可控

整体上而言,金融科技主要服务于传统金融机构所忽视的中小企业和个人投资者群体,服务在普通民众中的渗透率高,与传统的金融机构的服务形成互补。但由于普通民众作为庞大而单体分散的人群,普遍风险意识不强、风险识别和承受能力弱。金融科技投融资的平台两端如果聚集着大量的这类人群,局部的危机会引发剧烈的过激反应,平台的经营也面临更大的挑战,没有充足金融服务经验的金融科技公司很难有效控制这类非理性因素带来的风险放大。例如,少数几家 P2P 互联网企业的暴雷可能会引发整个 P2P 行业的恐

慌,投资者争相赎回自己的资金,导致一些运转良好的 P2P 平台因此被动暴雷,对行业发展非常不利。

6.4.2　金融科技对现行监管机制的挑战

1. 标准化建设进行缓慢,跨部门监管协调机制需要完善

金融科技自身具有跨界化的特点,一方面跨越科技和金融两个部门,很多金融科技公司先开展科技生产业务,之后再往金融服务拓展,他们或者与传统的金融机构有很深入的合作,或者直接开展金融服务。另一方面,跨越多个金融子部门,属于银行业务的存贷性质业务和属于证券业务的股权融资性质业务可能同时出现在同一家金融科技公司。当前中国分业监管体制下,金融科技服务的跨界化要求进行跨部门监管协调,直接给整个监管体制带来了巨大的挑战。

金融科技业务更新比较快且难以进行明确的界定和区分,在这样的情况下,监管部门了解金融科技的性质和风险面临比较高的技术门槛,建立统一标准化的监管规则面临着巨大的技术挑战。今天建立起来的标准很有可能将被新出现的金融科技创新打破,适用性降低或缺失。另外,目前监管部门没有足够的资源用来实现监管与金融科技发展同步匹配,建立标准化的监管本身难以实现。

标准化的监管规则没有办法制定,面对市场上令人眼花缭乱的金融科技产品,监管部门没有可以参考的判断依据,跨部门的协调机制基本没有办法建立。

2. 监管范围较为局限,监管职责有待进一步明确

在中国分业的监管体制下,各个部门各司其职监管好对应部门的金融机构,而传统的金融机构也因为比较好地了解对应金融部门的监管规则会主动配合监管部门工作,整体的金融市场基本可以实现稳定运行。这一格局在金融科技的到来之后被打破,金融科技的业务和产品不再可以被一眼看出并明确界定类型。由于监管部门无法做判断,很大一部分的金融科技企业或者金融科技业务游离在监管体制之外,成为国家金融监管的漏洞,现存的金融监管

范围表现出局限性。

对于各类金融科技业务和产品应该由什么部门来监管,或者应该由新成立的部门进行监管,当局没有一个定论。在金融科技领域,各部门的监管职责表现出模糊性和缺失性。

3. 监管模式相对滞后,传统监管技术面临较大约束

按照监管规则的设立逻辑,监管部门总是先让对应的行业或者业务发展一段时间,其间对其保持关注,并在行业基本成型或出现重大问题时出台相关的法律法规对行业进行规范,监管呈现先松后紧的规律。这样响应式的被动监管具有内在的滞后性,面对金融科技之外的金融创新可能可以勉强满足监管需求,但是应对金融科技就明显滞后过度。

监管模式的相对滞后主要原因是监管信息的滞后,只有采集到足够的新行业或业务的发展信息才可以展开有效的监管对策的研究,制定应对策略,变革落后的监管模式实现有效适度的监管。首先,金融科技公司不需要像传统的金融机构一样承担严格的信息披露义务,直接加剧了监管者和被监管者之间的信息不对称。金融科技公司由于金融业务难以界定而部分或者全部游离于监管体系,不需要承担相应的信息披露义务,反过来又导致监管当局对这类业务的界定更难以开展,形成一个恶性闭环,这一点需要及时打破。其次,金融创新频发环境下,金融市场上业务与产品日新月异的变化使得对市场风险的识别变得更加的困难,对风险做出回应当然也更加困难。最后,即使强制性地要求金融科技公司披露相应的技术和代码信息等,由于监管者自身掌握的专业知识技能非常有限,没有办法对信息进行有效的理解和分析,结果风险识别仍然不够,监管实施滞后。

6.4.3　国际金融科技监管技术对中国的经验启示

1. 持续加大对金融科技的政策支持与跟踪研究力度

面对金融科技的爆发式发展机遇和监管挑战,各国监管部门均加大了对

金融科技创新发展和监管工作的政策力度。据李文红和蒋则沈（2017）统计，目前约有 70％的国家或地区成立了金融科技相关的工作协调部门，负责监测金融科技发展中的风险暴露、完善监管法律法规体系等工作；部分国家或地区将金融科技的监管协调职能赋予已有的监管部门（见表 6.8）。

基于促进金融科技创新与保障金融安全的平衡目标，一些国家和地区的措施主要体现在完善法律法规体系和组织架构支撑、创新金融科技监管模式与机制（表 6.9）、强化监管层与外界的沟通协作机制（表 6.10）；并通过发表白皮书、监管指导意见等官方报告（表 6.11）督导金融科技发展并提供前瞻性指引作用。此外，一些国家和地区监管部门以双边合作协议、谈话会议等形式积极展开国际合作，强化各国之间金融科技创新的信息交流。

表 6.8　部分国家和地区金融科技监管部门设置

	监管机构	部门设置	职 能 设 置
英　国 2013 年 4 月	英国行为监管局	依据《2000 年金融服务与市场法案》承担对金融科技监管	基于平衡创新与风险的关系，达到适度监管目的
英　国 2014 年 10 月	英国行为监管局	成立创新中心	基于非正式指导原则，从监管角度提供合规咨询和建议，探索监管法规完善等
英　国 2016 年 5 月	英国行为监管局	组建沙盒部门	负责进入沙盒的资格制定、沙盒试验的考察监控等
新加坡 2015 年 8 月	金融管理局	成立金融科技与创新团队	下设支付与技术方案、技术创新与技术基础建设实验室；以项目合作形式加强与金融科技主体合作等
澳大利亚 2015 年 4 月	证券投资委员会	设立沙箱型创新中心	促进与金融科技主体的合作与交流，提供合规性咨询和建议等
中国香港 2016 年 3 月	金融管理局	成立金融科技促进办公室	工作重点包括：推动金融科技研究工作、承担外部展示平台、作为业界和监管层之间的桥梁

资料来源：根据公开资料整理。

表 6.9　部分国家和地区金融监管层与外界的沟通协作

	监管部门	措　施	概　述
美　国 2016 年 11 月	证券交易委员	金融科技论坛	组织各界人士共享了对诸如区块链技术、数字化投顾的认识
美　国 2015 年夏	财政部	《关于通过网络借贷拓宽融资渠道的公开意见表》	以公开意见表的形式收集来自业内人士的意见
英　国 2014 年 10 月	金融行为监管局	孵化器机制	提供政策咨询,帮助初创企业获得监管部门认可
新加坡 2016 年 5 月	金融管理局/国立研究基金会	成立金融科技办公室	作为对外协调咨询平台,管理金融科技业务并为创新企业提供一站式服务
新加坡 2016 年 11 月	金融管理局	首届新加坡金融科技节	作为监管层对外宣传、投资者交流等平台
新加坡 2016 年 5 月	政　府	金融科技发展基金	计划投入 2.25 亿美元的资金支持,协助并鼓励创新产业培育
中国香港 2016 年 9 月	金融管理局/香港应用科技研究院	成立金融科技创新中心	以产学研合作推动金融科技应用落地

资料来源:根据公开资料整理。

表 6.10　部分国家和地区金融科技监管模式与制度创新

	监管部门	模式/机制	概　述
美　国 2016 年 2 月	消费者权益保护局	事前认可机制	通过无异议函,为创新金融产品和服务降低监管风险
英　国 2016 年 5 月	金融行为监管局	监管沙盒模式	提供缩小版的真实市场和宽松版的监管环境,有助于金融科技行业理解和制定监管政策
新加坡 2016 年 11 月	金融管理局	实施沙盒监管	为金融科技初创企业提供相对宽松的监管条例和环境
中国香港 2016 年 9 月	金融管理局	监管沙盒模式	容许银行小范围推出新金融科技产品或服务时,无须全面符合相关监管要求

资料来源:根据公开资料整理。

表 6.11　部分国家和地区金融科技白皮书、监管指导意见

	监管部门	白皮书、指导意见等	内 容 简 介
美　国 2017 年 1 月	国家经济委员会	《金融科技监管框架》	提供 10 条总体监管原则：广泛思考金融生态系统、将消费者放在首位、促进安全金融包容性和金融健康等
美　国 2016 年 3 月	货币监理署	《货币监理署：支持联邦银行系统负责任的创新》	划定 4 条工作原则：培育支持负责任创新的内部文化、发挥自身经验和专长、通过官方活动推进各界对话、与其他监管方进行协作
美　国 2016 年 5 月	财政部	《网贷的机遇与挑战》	内容包括对网贷的定义、模式、规模、产品类型等
美　国 2016 年 3 月	金融业监管局	《对数字化投顾使用的指导意见》	给出数字化投顾的定义、功能、使用者等作为发展指导
英　国 2017 年 4 月	财政部	《监管创新计划》	探讨如何适应并鼓励创新业务模式，并利用新兴技术降低监管负担
新加坡 2016 年 11 月	金融管理局	《新加坡金融科技沙盒监管指南方针》	内容包括沙箱评估标准、退出机制、沙箱的申请流程等
澳大利亚 2016 年 12 月	证券投资委员会	《257 号监管指南》	提出金融科技许可证豁免的情况和条件、监管沙盒模式等内容

资料来源：根据公开资料整理。

2. 以"监管沙盒"为代表的监管模式创新

金融企业与科技企业的边界越发模糊，而各国对于如何界定"金融科技"尚无统一的框架，尤其缺乏法律层面的统一界定。因此，针对金融科技创新与现有的监管法律框架不匹配这一问题，为了平衡创新发展与监管，国际上出现了若干种新型监管模式，包括监管沙盒（regulatory sandbox）、创新指导窗口（innovation hub）和创新加速器（innovation accelerator）等。以监管沙盒为例。为促进金融科技创新，英国金融行为监管局于 2016 年 5 月首次推出了监管沙盒模式。该模式基于英国现行监管框架，针对尚需观察的金融创新产品和服务，由监管部门根据业务的风险程度和影响面授权相关金融科技企业有限业

务牌照,并允许其在真实或模拟的市场环境中开展业务,并由监管部门跟踪业务发展、监测风险。若某项金融创新产品的监管沙盒测试结果表明其适合全面推广,则监管部门依照现行法律法规,进一步授予金融科技企业全牌照,并将其纳入正常监管范围,其性质与中国的试点机制相似。

监管部门根据监管沙盒测试结果确定是否进一步授予全牌照。而在实践中,也有不少金融科技企业在试行监管沙盒机制后,由于金融监管标准的严格性和相关合规成本而放弃获取金融牌照。监管沙盒模式一经提出,便迅速在全球多个国家、地区推广,如中国香港、澳大利亚等分别推出了监管沙盒计划,旨在推进金融科技在本地区的发展。

3. 基于新兴科技的监管工具不断丰富,监管科技(Retgech)备受关注

与金融科技所受的高关注度相关,监管科技(Regtech)在过去一两年里被频繁使用。总的来说,Regtech 是技术手段或技术解决方案的集合,用以解决监管过程中面临的诸多问题,以保证监管工作和合规工作的高效性和有效性。

很大程度上,Regtech 的发展来源于后危机时代自上而下的监管要求。为了满足监管要求的同时降低合规成本、提高效率,国外许多金融机构选择与Regtech 公司合作,利用成熟的 Regtech 产品改善自身的风险管理与合规系统。与此同时,监管机构对监管方式的探索、对监管能力的追求也进一步推动着 Regtech 的发展。现阶段,Regtech 的应用主要集中于利用技术解决方案来提升监管效率、降低合规成本。用户大部分为金融机构,尤其以合规工作繁重的银行居多。

4. 国际经验对中国金融科技监管的启示

第一,遵循"适度有效监管"的理念,成立专门的机构,解决原来金融科技业务类别界定不清导致的监管责任归属不明确的问题。金融科技业务具有特殊性和技术门槛,传统的监管部门无法适应,强行介入监管不但低效而且会因监管实施不合理打击金融创新活力,因此英国和美国都成立了专门的金融监管机构对金融科技进行引导和管理。此外,两国推出了一系列实验性计划,最

重要的目的是为了在防范金融风险的前提下最大限度地鼓励和帮助金融科技发展,抢占金融业未来先机。

第二,以"消费者保护"为原则,认定金融科技没有改变金融业务的属性,只是以"金融+科技"的新途径去实现与原来一样的金融业务,所以对消费者投资权益的保护仍然被放到至关重要的位置。美国成立专门的消费者金融保护组织 CFPB,对各类金融科技产品进行监管,以排除金融创新损害对消费者权益的风险。

第三,注重金融科技监管的创新,如"监管沙盒"和"无异议函"等创新性的举措,传统的监管理念已经无法直接被套用于金融科技监管,各国都在结合金融科技的特点而进行监管创新。金融科技以惊人的速度发展,带动金融产品飞速创新,为了满足对应业务的监管需求,金融科技监管也要不断创新监管模式,实现监管匹配。

第四,注重加强国际合作,通过国际合作共享金融科技监管的有效经验,共同开发金融科技的监管新路径。英国、美国、澳大利亚、新加坡等发达经济体都在积极探索金融科技监管的国际合作,监管当局或者政府之间积极签署金融科技监管合作协议,共同探讨金融科技风险的应对策略。

6.4.4　中国金融科技监管机制的优化探索

1. 金融科技主要监管目标

监管的原则是平衡金融效率与稳定的关系,保障金融市场稳定的同时不打击市场的活力,确保金融科技能够最大化地发挥出其应有的潜力,同时有效地降低系统性风险。为此监管的目标至少应包括以下三个方面:

第一,监管机构应时刻以投资者保护作为第一目标,持续督导金融机构以及金融科技公司提供安全的金融产品和服务。

第二,监管机构需以更广阔、超前及演化的视角来审视金融生态系统,增强对金融科技的理解与知识储备,识别并防范潜在的系统性风险。

第三,监管机构需积极推动跨部门之间的监管协调与合作,构建完善的金融科技监管法规体系,并推进监管基础设施的升级,以保证与新时代匹配的监管效率和效能。

2. 金融科技与监管职能的发展阶段

在金融科技发展历程中,证券行业将具备不同的阶段特征。而为应对金融科技的不同发展阶段,证券监管体系的监管目标和监管职能也有不同的侧重。金融科技发展与监管职能演化进程可大致分为下述两个基本阶段:

(1)金融科技初级探索阶段:防御型监管。

从短期看,中国金融科技业态尚处于初级探索阶段,此阶段特征包括:

第一,金融市场参与主体和业务本质未变。金融市场参与主体仍以提供传统金融业务的金融机构为主,科技公司的定位主要在于为金融机构业务创新和运作效率提升提供技术支持;且金融科技现阶段的应用主要集中在改变流程、提高效率等方面,并未改变传统金融业务本质。

第二,金融科技创新面临较大不确定性。传统金融机构、技术公司以及金融科技初创公司均在积极探索、研究并尝试金融科技创新业务,试图在金融科技领域占得一席之地,但在技术推广以及监管规则等方面面临较大不确定性。鉴于上述特征,我们认为监管体系应实行防御型监管:首先,针对新兴技术应用或创新业务的出现,监管体系必须以防御风险为第一目标,加强对创新产品的监管,其中进一步厘清监管范围和职责、制定金融科技行业标准体系是当前监管体系的首要工作;其次,针对金融科技发展的不可逆势,监管体系在加强监管的基础之上应顺应市场的新变化,加强监管主体之间、监管制度之间的协同性,进一步完善金融科技监管协调机制,创新适应金融科技发展的监管模式。

(2)金融科技转型升级阶段:增强型监管。

从长期看,随着金融科技逐步渗透,中国金融科技业态极有可能迎来转型升级阶段,此阶段特征包括:

第一,证券市场参与主体多样化。未来,金融体系不仅包含提供传统证券业务的金融机构,还包括提供创新业务和产品的金融科技公司以及提供技术支持的科技公司等。其至极有可能形成由金融科技企业主导的金融生态系统。

第二,金融行业商业模式变革。科技的应用和创新将推动传统金融机构和科技公司商业模式的变革,实现金融行业转型升级。技术的渗透导致未来的金融业务将逐步呈现智能化、个性化以及全球化等特征。

鉴于上述特征,我们认为监管体系应实现增强型监管:首先,金融业务的不断更新升级对监管体系的监管能力提出更高要求,监管机构需探索智能化监管技术,加强国际监管合作;其次,升级监管体系的同时,监管机构应以金融系统安全发展为主要目标,通过完善的金融科技法律法规体系,引导行业实现良性发展,达到金融监管与科技发展的动态平衡。

3. 金融科技监管机制的思路优化

根据金融科技的风险特征并对国际上的金融科技监管的实践经验进行总结,针对中国的金融科技发展现实情况,我们提出如下几点优化金融科技监管机制的思路。

(1)引入市场化机制到监管体系中,加强监管者和金融科技公司的交流。科技进步是金融科技发展的动力,也是金融科技诞生的源头。传统的金融监管者不是做技术出身,对科技和代码的理解能力不足,要打破这种信息技术屏障需要监管者和科技工作者展开有效合作,在监管体系中引入市场的力量。金融监管者向科技工作者说明对不同金融业务的监管规则原理和目的,金融科技工作者负责剥去金融科技产品的科技外衣向监管者讲解其金融属性及内在风险,共同分析是否符合当下的监管规则,共同探讨一个有效适度的监管方案。

监管体制中引入市场化机制,关键要向金融科技公司明确传递一个"帮助行业更好发展"的信号,让其了解监管的目的不是为了处罚,更不是为了捆绑其手脚阻碍他们进行科技创新,而是为了提供健康且利于长期持续发展的监管环境,预防风险爆发导致整个行业的崩溃等事件。

（2）提升监管科技的运用能力，发展实时监管和代码规制。面对金融科技行业自动化交易深度普及和服务高度网络信息化的现状，传统认为监管模式已经无法适应监管需求，必须推动从人为监管向自动化监管转变，这就需要将科技的力量用于改善监管体制，发展监管科技。利用监管科技实现自动化的监管包括自动化合法审查、记录追踪等，开发出一些监控科技金融的数字系统，仍然是以第三方的方式进行监管。另一个方式是将监管的法律法规代码化，并实现一定的规范标准化，内嵌到金融科技的产品中，实现金融科技产品的底层自动监管。后一种方式要求更高的技术能力，需要整合整个金融科技行业的资源进行标准化实现和代码开发，需要各方长期保持深度的合作，同时代码和软件的维护成本也比较高，更具有挑战。但是一旦标准和维护体系确立，监管的有效性将大大提升，监管滞后问题将得到有效解决，因此第二种方式值得监管层尝试。

（3）推动功能监管理念的革新。将对金融科技的监管集中于不随科技进步而变化的基本金融功能，可以有效抓住监管对象的本质，不会被金融科技日新月异的表象所误导，实施更准确和有效的监管。可以参照巴塞尔银行监管委员会对金融科技的分类标准，将金融科技行业不断涌现的业务类别和产品进行归类，并对每一种类别制定针对性的监管指导原则，实施合理适度的监管。

（4）加强自律监管和国际合作。金融科技企业对自身的业务有更清晰的认识，只要对其实施监管教育，他们更能清晰准确地判断自己公司提供的金融服务是否符合国际的监管规定。所以监管层可以尝试对金融科技公司提供适当的监管激励和进行监管规则推广教育活动，让金融科技公司明白主动配合监管对他们的好处，以及不主动配合监管可能面临的风险和处罚，加强金融科技企业的自律监管。相对来说自律监管是成本最低的加强监管的方式，建立在企业和监管者之间的有效沟通之上。

与此同时，需要加强国际合作。汲取他国现成的有效实践经验对提升我们的监管模式改革速度具有重要意义。国际合作的加深有益于提升同业务监管信息的获取效率,并且部分金融科技业务也具有跨国属性,比如数字货币和跨境汇款业务等。因此,国际合作是无法避免也必须主动加强的一项实践活动。

4. 优化金融科技监管的具体措施

(1)建立中国版的"监管沙盒"和监管层与市场间的互通机制。中国于2018 年 3 月成立国务院金融稳定发展委员会,作为统筹协调金融市场稳定和改革发展重大问题的议事协调机构,起到监管统筹和监管协调的作用。可以在该监管机构下设立一个金融科技监管中心,类似英国的 FCA 专门负责金融科技企业或者业务的监管和协调工作。往后属于中国的"监管沙盒"以及其他实验性的监管计划都可以在该监管中心的协调下展开,积极推动中国的有效的金融科技监管路径探索进程,同时也便于和国际上的组织机构展开合作。

在金融科技监管的中心的协调下,再推出监管层与市场的互通机制构建计划,科技工作者、金融专业人才和监管者展开密切沟通与合作。互通机制建立后,可以解决金融科技监管的科技门槛问题,保证推出的新监管政策可以和市场的需要接轨。

(2)打造人工智能的监管系统。打造人工智能的监管系统属于监管科技的一个应用,监管机构可以通过和金融科技企业合作共同成立一个监管科技服务机构,政府直接将监管系统的购买订单输送给该机构,或者通过第三方外包。针对不同的金融科技业务按照功能进行分类后,打造针对各类具体业务的专业人工智能监控系统可以节省人力监管成本,实现自动化、实时智能监管有效满足金融科技的监管需求。例如在区块链系统中,利用智能合约将监管的规则代码化写入系统,实现区块链上的交易过程监管的自动化,省去人力合规审核成本,节约监管资源。

(3)鼓励功能监管的理论创新,探索可落地的方案。功能监管理论的创新可以通过监管层、学术界及实业界展开合作,先成立一个学术基金,再推出相应的研究项目,以解决实际功能化监管的实际问题为导向,积极探索可以将理论落实到实际的功能监管方案。

（4）参与金融科技监管国际事务，打造行业自律。国际经验可以直接从金融科技相关的监管事务实践中获得，积极参与到国际金融科技公司的监管事务，可以了解国际上金融科技市场发展的一手咨询和金融科技监管实践经验与教训，避免犯同样的监管错误，提前填补已经出现的监管漏洞。对于跨国经营的金融科技公司或不受国境限制的金融业务，更需要各国监管层展开合作共同探讨对应的监管策略，建立跨国监管协调机制应对风险。

打造金融科技行业的自律协会，可以在监管层和金融科技企业之间建立一个沟通的中介，保证监管层的信息有效传达到企业界，同时对金融科技市场进行分层次的管理，减轻监管层的负担提升监管效率。

5. 近期金融科技法规政策概览及其对金融科技全球化的影响

（1）2019年1月21日，互金整治领导小组和网贷整治领导小组发布《关于做好网贷机构分类处置和风险防范工作的意见》。各地金融监管部门对P2P网贷机构按照风险状况进行分类，绘制风险图谱，在此基础上明确任务清单，除部分合格机构予以保留外，"能退尽退，应关尽关"，一年内P2P数量减少约70%，湖南、山东等多个省份宣布取缔辖内全部P2P业务。暴雷涉案企业几乎均被公安机关以涉嫌非法集资等罪名立案侦查，涉案企业的高管和员工等涉嫌非法集资的行为人，亦被公安机关要求退缴其工作期间的工资、提成等。除清退者外，剩余合格P2P应完成备案或向消费金融公司、小贷公司转型，严格区分网贷信息中介与贷款人角色，对两者予以不同管理。对于现存网贷机构实行名单制管理，录入网安中心数据报送管理系统。P2P网贷的处置力度和思路为其他准金融机构（例如融资担保、保理企业等）的清理整顿提供了参考。由此可见，在互联网金融这一新型金融模式之后，中国对于金融科技的管控和风控愈加严密。

（2）2019年2月2日，《央行职能配置、内设机构和人员编制规定》（下称"三定"方案）发布。"三定"方案明确央行将负责统筹互联网金融监管、评估金融科技创新业务，加强央行宏观审慎管理职能，为此还专门设立宏观审慎管理局，以及加强央行对金融行业风险监测与预警、监管协调的牵头和统筹的作用,为此细化设在央行的金融委办公室的职责,新设金融委办公室秘书局并强化宏观审慎管理局、金融市场司、金融稳定局等核心部门在防范化解金融风险方面的职能。

(3) 2019 年 5 月 13 日,国家市场监督管理总局、国家标准化管理委员会发布等保 2.0 系列国家标准。等保 2.0 体系顺应了"没有网络安全就没有国家安全"的新时期新网络安全形势,呈现主动防控的特点,在安全通用要求、技术要求和管理要求方面进行了优化升级,根据等保对象不同新增了安全扩展要求等,体现了网络安全监管的全覆盖性。

(4) 2019 年 5 月 28 日/6 月 13 日,网信办分别发布《数据安全管理办法(征求意见稿)》和《个人信息出境安全评估办法(征求意见稿)》。上述办法基于《中华人民共和国网络安全法》有关网络安全和网络数据安全的总体要求,确立了以"经安全评估后出境"为主干制度的个人信息跨境规范框架,且并不是针对网民访问、注册或登录境外网站等纯个人行为,而是明确指向于业务性活动,办法建构的个人信息出境安全评估制度以全面的风险管理为基本的制度逻辑,其侧重于事先安全评估、以合同管理机制为中心的跨境流动规范框架旨在最大限度避免可能的数据业务阻碍情形,进而更好地实现具体业务场景中安全与发展的动态平衡关系,反映了国家主管机关致力打造跨境数据业务友好型治理机制的总体思路与努力方向。[1]

(5) 2019 年 8 月 23 日,央行发布《金融科技(FinTech)发展规划(2019—2021 年)》。规划明确提出将金融科技打造成为金融高质量发展的"新引擎",为"金融机构的科技转型"和"金融科技企业的科技输出"提供了政策指导,明确指出"金融科技是技术驱动的金融创新",在监管的射程之内,明确要求穿透监管的强化,打压监管套利的空间,致使低门槛、低水平、同质化的金融活动失去生存土壤,而真正服务实体经济、服务金融行业的创新将成为主流。在这个

---

[1] 来源:北京师范大学网络法治国际中心执行主任吴沈括。

过程中,持牌经营、合规创新、有序竞争的金融新格局将得到确立。

(6) 2019 年 10 月 9 日,中国银保监会会同国家发展改革委、工业和信息化部、财政部、住房和城乡建设部、农业农村部、商务部、人民银行、市场监管总局等融资性担保业务监管部际联席会议成员单位九部委联合发布《关于印发融资担保公司监督管理补充规定的通知》。该通知禁止非持牌机构提供融资担保服务,坚持从严监管,要求融资担保公司监督管理部门承担主体监管责任,将未取得融资担保业务经营许可证但实际上经营融资担保业务的住房置业担保公司、信用增进公司等机构纳入监管,结合实际分类处置,推进牌照管理工作,妥善结清不持牌机构的存量业务,有利于进一步规范融资担保经营行为,促进融资担保行业稳健运行,更好支持普惠金融发展。

(7) 2019 年 10 月 24 日,习近平总书记指示,要把区块链作为核心技术自主创新的重要突破口,加快推动区块链技术和产业创新发展。

(8) 2019 年 10 月 29 日,央行及国家市场监督管理总局联合发布公告,将金融科技产品纳入国家统一推行的认证体系。此举旨在以标准落地实施为手段,持续强化金融科技安全与质量管理,切实防范因技术产品质量缺陷引发的风险向金融领域传导,着力提升金融科技守正创新能力和综合治理水平。

(9) 2020 年 1 月 14 日,央行公布了 2020 年首批金融科技创新监管试点应用名单,向社会公开征求意见,在首批 6 款产品中,有 4 个银行信贷应用和 2 个支付应用,包括:包括工商银行利用区块链、物联网技术探索的供应链金融应用、农业银行针对小微企业开发的贷款产品、中信银行基于 token 技术的智慧支付应用、百信银行基于 API 形式开放金融服务、宁波银行基于大数据等技术的小微企业融贷款产品,以及银联、京东数科等面向小微企业开发的手机 POS 应用①。

央行鼓励金融机构和金融科技企业运用现代信息技术赋能金融提质增效,致力于营造守正、安全、普惠、开放的金融科技创新发展环境。

---

① 来源:新浪财经《央行公示 2020 年首批进入科技创新监管试点应用名单》。

6.5　金融科技与金融创新的案例分析

金融科技在金融企业应用广泛,大数据、云计算、人工智能、区块链等技术应用于银行、保险、证券、财富管理等领域,从而形成了多种业务。

6.5.1　蚂蚁金服智能支付

蚂蚁金融服务集团(以下简称"蚂蚁金服")起步于 2004 年成立的支付宝,正式成立于 2014 年 10 月,是一家定位于普惠金融服务的科技企业。旗下产品包括支付宝、蚂蚁财富、网商银行、芝麻信用、蚂蚁云金融等,覆盖了支付、理财、微贷、保险、征信、技术输出六大业务板块。目前在全球 45 家金融科技独角兽公司估值总计 3 460 亿美元,蚂蚁金服以约为总估值三分之一的份额成为全球金融科技公司中遥遥领先的超级独角兽。[①]同类公司诸如京东数科(原京东金融)、微众银行,估值均在百亿美元量级。

1. 蚂蚁金服业务模式

蚂蚁金服高估值背后的有力支撑,正是蚂蚁金服的支付业务。蚂蚁金服的支付业务成立之初是为了解决淘宝购物时交易安全的问题,支付宝作为第三方平台,为买卖双方的资金提供了收付和担保。既为交易者提供担保支付工具,也大大简化了传统银行三方支付流程。2004 年支付宝单独拆分,开始为更多平台提供第三方支付服务。通过不断发展和优化,支付宝已成为全球第一大支付钱包。巴克莱银行在其 2018 年报告中指出,蚂蚁金服线下支付在 2017 年 3 月同比过去一年增长 7 倍,这一快速发展势头还将持续。[②]支付业务成为蚂蚁金服最基础和最核心的业务,以支付为依托,蚂蚁金服提出了未来十年的三大

---

① 数据参见:https://www.chainnews.com/articles/927836574471.htm,最后访问日期 2019 年 10 月 27 日。

② 数据来源参见:http://finance.sina.com.cn/money/bank/bank_hydt/2018-04-10/doc-ifyzeyqa0891940.shtml,最后访问日期 2019 年 10 月 27 日。

表 6.12　蚂蚁金服收入来源

支付业务	支付宝	
金融服务	蚂蚁花呗 蚂蚁财富 天弘基金	蚂蚁借呗 国泰产险 ……
技术服务	芝麻信用 蚂蚁金融科技	

资料来源:根据公开资料整理。

战略——全球化、服务小微企业和信用体系。

目前蚂蚁金服主要收入来源具体分为支付业务收入、金融服务收入和技术服务收入(表 6.12)。

其中支付业务收入主要分为个人业务和支付业务(图 6.2)。金融服务收入占蚂蚁金服总收入的最大比,全年利润在 80 亿美元以上,但是蚂蚁金服并没有满足于消费金融的巨大营收,依靠其在第三方支付的强大优势与传统金融机构在金融业务中"一争到底"。早在 2017 年,蚂蚁金服就将业务战略调整为金融科技,其并没有向传统的金融巨鳄摩根大通看齐,而是对标前沿科技,将金融科技视为未来的发展方向,面向科技,把握前沿的生产力,做一家科技公司。蚂蚁金服提出了金融科技的六大趋势:移动优先战略、AI 增强客户体验、360 度大数据中台、人工智能驱动风控、分布式核心和区块链。[①]

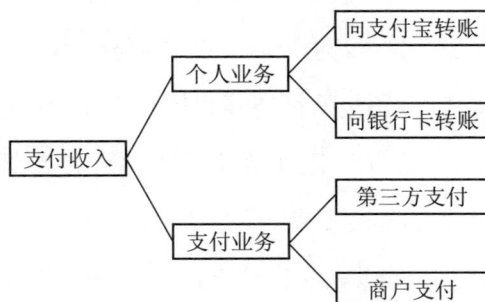

图 6.2　支付收入

资料来源:支付宝官网。

---

① 　参见张国良:《蚂蚁金服　站在金融科技的风口》,《商讯》2018 年第 2 期。

随着金融科技对支付底层技术的改造和支付场景的融合和拓展，"智能支付"又被赋予新的活力和功能。蚂蚁金服利用早期资金规模和技术积淀优势，不断在人工智能、大数据、云计算、区块链和物联网等技术方面加大投入。区块链，帮助建立可靠的全球互联系统，可用于储存、交换和及时处理数据；人工智能，帮助建立智能系统，为消费者提供更低廉、可持续的优质服务；物联网，帮助连接生活中的物和数字世界；云计算，为数字化带来新的可能。同时在此基础上延伸出风控、征信等一系列功能，金融科技布局开始依托支付业务进行全方面覆盖。

2. 金融科技助力智能支付生态系统构建

2018 年蚂蚁金服开始关注零售、医疗健康、旅游、物流运输和环保等领域。在医疗方面，智能支付接入医疗服务，大大节约医患两端的就诊时间，提升医疗服务效率与水平。通过大数据分析和人工智能提高应对海量交易的智能并行计算能力，从移动支付交易数据中进行智能决策、数据管理和智能分析，打造智慧版的医疗大健康服务。未来应用场景中与物联网互通，在家即可监测心率等健康指标，甚至可以通过日常饮食和生活习惯做出癌症预警。

在生活服务方面，通过云端和大数据的结合，提高系统对数据的处理能力和效率，使得智能支付可以胜任更为复杂的支付场景。诸如支付宝在生活支付场景的应用，通过接入国家电网和燃气公司，实现了足不出户完成水、电、煤在线缴费；再例如智能支付与交通领域的结合，公交和地铁扫码乘车，大大缩短了进站时间。除此之外，还包括智能停车场和高速智能收费站，通过车牌自动识别和无感支付技术，无须人工，大大提升了城市的智慧属性。

在这些场景应用的背后，是金融科技和智能支付的完美结合。人工智能方面，通过生物识别技术，可以完成指纹支付、人脸识别支付等，大大提高用户支付体验。2019 年，支付宝推出"蜻蜓"刷脸设备，可在医院、超市、餐厅、品牌零售店、便利店等多个场景使用，只要将"蜻蜓"接入人工收银机，并放置在收银台上，顾客对准摄像头就能快速完成刷脸支付，无须再掏出手机"扫一扫"。

刷脸支付使用的人脸识别技术是生物识别技术的一种,是通过对生物特征的比对来确认身份。与目前主流的扫码支付方式相比,刷脸支付所需的技术包括 3D 结构光摄像头,立体扫描＋AI 算法技术,同时还需要健全的公安二代身份数据库,相对成本较高。①中泰证券研究所在行业研究报告中指出,一旦该技术进入大范围商用,将进一步提升用户体验,可以解决忘带手机或手机没电的情形,对老年人的支付体验也更友好。

大数据方面,该项技术可以帮助蚂蚁金服完成对海量支付新息的分析和筛选,并进一步用于识别用户习惯偏好、交易诈欺等。通过海量数据支撑,可以形成支付模式的增值升级,拓展支付应用场景,形成"支付＋应用场景""支付＋增值服务""支付＋合作模式"等多种新型"支付＋"商业模式。

云计算方面,云计算技术作为实现 IT 资源按需供给的技术手段,具有高弹性、高扩展性的特征,可以实现让金融企业像使用水、电、煤一样使用 IT 资源。②蚂蚁金服作为新兴金融科技公司,在诞生之初就把所有 IT 系统架构在云上。通过混合云端的使用,在私有云端运行核心业务系统,存储重要敏感数据;在公有云上运行面向互联网的营销管理类系统和渠道类系统。有助于提高效率,降低成本。

3. 金融科技助力蚂蚁金服三大战略

蚂蚁金服的三大战略是全球化、服务小微企业和信用体系。全球化作为三大战略核心,依托金融科技带来的智能支付变革,海外布局驶入快车道。通过技术出海,将国内成功的经验复制到周边国家,印度、泰国、韩国、菲律宾、新加坡、印度尼西亚、马来西亚、巴基斯坦等均受到蚂蚁金服的技术赋能。通过对欠发达地区金融基础设施的重建,加快技术输出,随着海外国家向无现金社会转变,蚂蚁金服在提供基础设施后,进一步将多年业务经验和风控能力向海

---

①　参见支付宝官网:https://docs.open.alipay.com/300/sq053e?mode＝rt,最后访问时间 2019 年 10 月 27 日。

②　参见中国信息通信研究院《中国金融科技生态白皮书(2019)》,http://www.caict.ac.cn/kxyj/qwfb/bps/201907/P020190710343477298824.pdf,最后访问时间:2019 年 10 月 27 日。

外输送,同时推行中国移动支付的行业标准。

在服务小微企业的战略领域,金融科技更是为投入大、进度慢、周期长的农村金融发展提供了破局思路。通过深入调研和大数据分析将农村金融服务对象分为三层,根据不同分层分别提供定制化服务。

信用体系战略则是基于大数据的具体应用,将传统征信与大数据征信体系进行互补。传统个人征信数据来源单一,人群覆盖有限,以及审批流程等问题的存在,一直未做到完美覆盖。而芝麻信用的出现,利用日常消费、生活等记录,将大量网络行为数据导入云端进行复杂的分析运算,并综合给出信用评分,对信用生态体系起到了正向补充作用。

6.5.2 区块链技术在资产证券化中的应用

区块链技术在金融业有着广泛的应用前景,包括全球支付、贸易融资、自动化合规、股权交易交割等领域,它的发展受到各行业关注,而资产证券化是区块链的最佳实践场景(温胜辉,2018),国内金融机构已经对区块链应用于资产证券化进行了初步的探索和实践。

1. 中国资产证券化的业务现状

相比发达国家,中国的资产证券化业务 2005 年才开启,起步较晚,并在金融危机期间被叫停。2012 年央行、银监会和财政部发布《关于进一步扩大信贷资产证券化试点有关事项的通知》,中国的资产证券化进程被重启,并进入飞速发展的阶段。近几年政策利好,资产证券化市场进一步繁荣,2018 年中国资产证券化市场规模继续保持快速增长态势,全年共发行资产证券化产品 2.01 万亿元,同比增长 36%,年末市场存量为 3.09 万亿元,同比增长 47%。①

随着中国资产证券化业务的不断发展,入池资产的种类和交易环节的不断增加,使得交易结构的设计趋于复杂化,资产证券化产品中包含错综复杂的

---

① 数据来自:《2018 年资产证券化发展报告》,2019 年 1 月。

资产信息和交易链条。同时金融体系中传统金融服务基础设施提供的资产证券化业务管理能力无法满足该业务的飞速发展,直接导致了各交易方和各交易环节被隔离,信息不对称、信任度低和监管低效等问题凸显,二级市场的投资者冷淡,资产证券化业务面临巨大瓶颈。

中国的资产证券化业务的瓶颈具体体现在以下四方面:

(1)业务流程复杂,交易效率低。交易结构复杂化后,交易的节点和环节增多,入池端资产信息的登记在时间上滞后,信息流通的时效性较差。并且入池资产多、穿透性差,信息无法在交易方之间准确和及时地流通,导致了开展资产证券化业务效率低下。

(2)信息资源的不匹配导致业务成本高。真实的资产状况掌握在发起人手中,资产信息和交易信息在各交易方之间未能及时准确地传递,相互之间的沟通耗费大量的时间和资源。

(3)监管实施困难,保障不足。监管者难以及时获得资产和交易信息,无法实施有效的业务监管。潜在的合规问题无法被及时发现,投资者的利益无法获得有效保障。

(4)评级结果可靠性差,投资者信心不足,二级市场流动性差。投资者无法直接获取入池资产质量信息,其投资决策过分地依赖评级机构提供的资产证券化产品评级信息,而评级机构的结果并无法获取投资者的绝对信赖,降低了投资者的投资意愿,市场流动性不足。要解决以上问题,需要重构适应当前资产证券化发展的全新流程和基础设施,提升业务效率和安全性,而区块链是业界认可的突破口。

2. 区块链应用于资产证券化业务中的价值体现

区块链技术被认为是继蒸汽机、电力、信息、互联网科技之后第五个最有潜力引发颠覆性革命的核心技术。①作为一种分布式账本技术,具有不可篡

---

① 参见《2018 年中国区块链行业分析报告》,鲸准研究院,2018 年 2 月。

改、信息共享、分布式数据存储等特点。一方面,可以给参与者各方提供资产质量、交易信息等的共同记录;另一方面,可以实时地更新各参与机构的资金交易信息、资金流向,省去过去耗费大量资源的清算环节。总体来看,区块链具备的优势体现在去中心化、信息数据共享和实现智能合约等方面。

资产证券化业务本身是一个典型的非可信多方协作的场景,资产方、发行方、资金方和各专业服务机构之间缺乏一个可信的第三方平台进行管理,因此在实际操作中往往会由于信息不对称造成摩擦,甚至出现底层资产偷偷调换等操作问题,这些痛点是非常适合采用区块链来解决的。[①]区块链技术在中国资产证券化市场中的应用存在巨大潜力,资产证券化的各个领域,包括证券化产品的设计与发行,证券交易、清算结算等各流程、各环节,都可以通过区块链技术被简化和重新设计(温胜辉,2018)。区块链技术将资产证券化相关的交易方和业务节点联系到一起,可以实现对资产证券化业务的金融服务基础设施的重构。在这样一个基于区块链技术的资产证券化服务系统中,数据的录入与存放由各个节点共同完成,共同拥有完整账本,数据可以贯穿资产证券化业务的全过程,而且上链的资产和业务信息可以由交易方实现跨层级高效流转,有效解决传统资产证券化业务模式的瓶颈。区块链技术对资产证券化业务模式的改良主要体现在提高交易效率、降低业务成本、提供监管便利和活跃市场等四个方面:

(1)简化业务流程,提升交易效率。将资产证券化运行路径中的资产信息、现金流信息和业务流程中的交易信息等全部纳入区块链系统,各交易方共同完成和共同拥有完整账本的情况下,实现信息共享,达成对入池资产的信息穿透。同时各个节点对资产的处理结果可以实时地在各个交易方之间流转,解决了传统业务模式下信息不对称问题,节省了交易方之间反复沟通的时间。资产评级机构可以更高效的方式获得及时且相对完备的基础资产质量和变动

---

① https://shanma.pro/news/30846.html,访问时间:2019 年 10 月 21 日。

信息,基于此出具可靠而有高时效性的评估结果。SPV 机构可以对底层资产实现更合理的分级和打包处理,让发布的产品与入池的底层资产匹配更合理,同时方便了承销商进行清晰的产品介绍,让发行过程更顺畅。产品存续期间,资产服务机构可以更高效快捷地掌握资产的质量和现金流动态,及时管理底层资产和发布资产池质量信息。从而投资者的投资决策更果断,产品的认购阶段的时间也得到缩短。资产证券化的产品从准备到成功发行的整个过程,相较于过去频繁而低效的沟通,将业务的流程简化,极大地缩短了时间,提升了业务效率。

（2）降低资产证券化业务成本。首先,区块链上的各家机构间交易信息和资金流通信息通过及时与真实的信息共享机制保持同步,省去了传统模式下耗费大量时间和资源的对账清算过程,省去了大量成本。其次,过去由于信息不通畅,操作过程面临的合规问题导致合规成本增加也得以通过基于区块链技术的系统得到解决。最后,流程的简化和交易效率的提升,降低了大量沟通的时间成本和操作成本。成本的降低可以进一步促进这个业务领域的繁荣。

（3）提供监管便利,让监管更高效。在区块链的系统上开立一个监管节点,可以实现监管层对资产证券化产品的所有信息的获取,监管者可以实时有效地展开监管,并及时向各个其他交易节点发布监管预警信息,有效引导资产证券化业务合法合规地开展,降低不必要的合规成本,监管过程在区块链系统上更加便捷。此外,在区块链系统中嵌入监管规则的执行指令,即将监管法律法规代码化,还可以实现自动实时的智能监管,极大提升监管效率。

（4）增强信任,活跃市场。对底层资产的信息穿透,改变最末端的投资者对底层资产一知半解的状态。另外,专业资产评级机构的资产评级结果可靠性和及时性的提高,会增强投资者的投资信心和意愿。过去资产证券化产品二级市场流动性会得到有效提升,二级市场更活跃,这也会进一步提升资产证券化产品的需求,促进资产证券化市场的繁荣,形成良性的循环。

3. 区块链应用于资产证券化业务面对的挑战

区块链在资产证券化的应用上有着广阔的前景,但是分布式账本技术的内在缺陷和相关监管配套设置的滞后性让该应用面对以下挑战:

(1) 区块链技术的安全隐患。随着区块链技术在各行业领域的不断应用,一方面,其共识机制、私钥管理、智能合约等存在技术的局限性,并且面临严重安全问题。另一方面,区块链去中心、自治化的特点给现有网络和数据安全监管手段带来了新的挑战。①安全事件造成的全球经济损失在 2018 年达到 224 952.65 万美元,2019 年截至 9 月末的数值是约为 73 119.43 万美元。②目前针对区块链应用的攻击事件大致分为四类:共识机制、智能合约、交易平台和用户自身。其中针对交易平台的攻击事件最为频繁,2019 年度全球先后有知名交易所遭受黑客的攻击,用户遭受不同程度的损失。2019 年 6 月 27 日,总部位于新加坡的加密货币交易所 Bitrue 被黑客入侵,用户资产损失约 420 万美元。7 月 12 日,日本的 Bitpoint 交易所遭黑客攻击,损失 3 200 万美元。③

(2) 应用上难以实现规模化。所有的节点都拥有共同的数据信息,意味着节点上都面临着同等的数据存储压力,随着系统中资产的丰富和交易过程产生的数据不断积累,需要存入所有节点的数据不断增多,对各个节点的存储能力产生了挑战。另外,目前各个区块链资产证券化应用平台的技术标准不一致,给不同平台上的信息沟通带来了挑战。这两方面的挑战制约了区块链在资产证券化上应用的规模化。

(3) 配套的法律设施不健全。区块链改变了资产证券化的业务模式,也就要求相关的监管配套设施进行同步的改进,而现状是相关的法律制度不够完善,监管明显滞后。

首先,区块链针对具体应用场景的区块链应用标准或规范滞后。《2018—2019 中国区块链年度发展报告》提及,区块链应用标准主要分为两大类,一类

---

① 参见中国信息通信研究院《区块链安全白皮书——技术应用篇(2018 年)》第 5 页。
②③ 参见白帽汇安全研究院的区块链安全网,https://bcsec.org/,最后访问日期:2019 年 10 月 24 日。

是进行区块链应用开发需遵循接口标准和数据规范,如密码应用服务标准、底层架构应用编程接口标准、分布式数据库要求、虚拟机与容器要求、智能合约安全要求、BaaS 平台应用服务接口标准、跨链、主侧链、多链、分片通信消息规范等;另一类则是针对具体应用场景制定的区块链应用标准或规范。这一类标准、规范目前极少,研究进展缓慢。①

其次,区块链技术应用所带来的新的法律问题,对现有法律概念、法律体系产生冲击。比如基于区块链技术的数据权属问题,智能合约相关的法律问题,包括:智能合约的标准问题,智能合约与《合同法》的协调问题,合约内容合法性问题,合同争议和法院管辖问题(邓建鹏、孙朋磊,2019:45—50)。在上述问题没有解决的情况下,监管规则的代码化无从谈起,监管机构需要及时对这类金融科技业务作出调整和改进。

最后,区块链技术优势和金融领域高度数字化的特点,使得二者极易结合去解决传统金融领域的痛点问题,特别是基于区块链技术的数字货币的应用以及通证经济的发展使得区块链在金融行业的应用陷入狂热发展。在行业经历了早期的非理性发展后,监管层面及时出台了相应的监管措施,现在回归到鼓励区块链技术应用落地层面,仍必须冷静思考区块链技术存在的问题。在金融领域,基于区块链技术的数字货币通常不会存储 IP 地址或个人信息,而往往这一类信息才是判断账户持有人的关键。即使区块链上的账户中被要求存储上述这类信息,人们依然可以通过技术手段隐藏自己的身份信息和 IP 地址。这些区块链技术的负面特性使得其易与金融诈骗类犯罪相结合。因此,在金融创新的前提下,应持续探索、完善反洗钱方面的法律规定,加强投资者权益保护的法律法规建设,及时在立法层面界定清楚数据资源的权属问题,更好保障用户的隐私权。

---

① https://www.chainnews.com/articles/338785001559.htm,最后访问日期:2019 年 10 月 21 日。

参考文献

本刊综合.中国金融开放进入加速期[J].时代金融,2018(16):28—34.

蔡浩,高江,李海静.中美贸易战对中国金融业的影响[J].银行家.2018.(8):40—43.

曹志宏.制度变迁对中国保险产业发展的影响[J].保险研究,2008,(5):21—23.

陈斐.我国区域金融发展差异及其影响因素研究[D].山东财经大学,2016.

陈国平.浙江金融发展报告[M].杭州:浙江大学出版社,2018.

陈靖,徐建国,曾振灏.金融开放的次序[J].中国金融,2019(10):70—71.

陈俊岭.金融科技与金融创新之间的联系和相互作用研究[J].创新科技,2017(08):55—57.

陈柳钦.发展中国家金融自由化实践与中国金融开放[J].广东金融学院学报.2006(01):3—11+74.

陈柳钦.金融创新与我国金融业的发展[J].经济纵横,2003(02):42—45.

陈卫东.全面评估中国金融业开放:"引进来"和"走出去"[J].新视野.2019.(1):56—62.

陈晓珊,刘洪铎.金融开放与贸易开放的互动性[J].首都经济贸易大学学报,2018,20(04):29—37.

陈志民.论金融开放对我国经济增长的影响[J].当代经济,2017(30):4—7.

初颖.金融开放对我国商业银行绩效的影响研究[D].山西师范大学,2014.

崔鸿雁.建国以来我国金融监管制度思想演进研究[D].复旦大学,2012.

崔连标,朱磊,宋马林.等.中美贸易摩擦的国际经济影响评估[J].财经研究.2018.44(12):4—17.

邓宏兵,李俊杰.资源型产业集群研究[J].生态经济,2007,(9):94—99.

邓敏.发展中国家金融开放的时机抉择及政策选择[D].华东师范大学,2013.

丁岩.贸易摩擦升温对中美金融市场的影响研究[J].经贸实践.2019.(2):119.

段世德.论国外金融创新的内涵、特征及对我国的启示[J].武汉金融,2013(01):17—20.

鄂志寰,刘雅莹.新一轮中国金融开放的特点及前景[J].金融博览.2019.(13):50—51.

樊安群,袁佳俊.关于中美贸易摩擦的研究述评[J].陕西理工大学学报(社会科学版).2019.37(4):28—32.

范从来.开放经济货币政策研究[M].商务印书馆,2010.

傅丽."金融创新"概念的内涵与外延研究[J].石家庄经济学院学报,1997(03):208—211.

高波.金融科技监管"任重道远"[J].金融电子化,2012(12):75—76.

高迪,马德馨.中美贸易摩擦的背景及影响因素探寻[J].现代商业.2019.(24):48—49.

高树东.传统制造业转型发展的五大路径[J].清华管理评论,2019,(8):48—52.

葛一又.中美贸易摩擦问题及原因[J].消费导刊.2019.(27):113.115.

关浣非.深化金融开放要解决"对标"和"路标"问题[J].中国经济周刊,2019(13):107—109.

郭凯.进一步扩大金融开放和严监管不冲突[J].经济视野,2019(2):10—12.

国家信息中心,中国经济信息社,蚂蚁金融服务集团.中国移动支付发展报告——移动支付提升城市未来竞争力[R].2019.

国务院金融委办公室发布11条扩大金融业对外开放措施[J].新理财—公司理财.2019.(8):10.

何诚颖,李延朋.中国券商国际化:海外借鉴与实践探索[J].中国证券,2018(1).

何东.金融管理与服务创新对策[J].商场现代化,2011(03):188.

何帆.新时代金融开放的前景与挑战[N].21世纪经济报道,2018-03-15(006).

何飞.中国金融开放模式及其经济增长效应研究[D].复旦大学,2014.

贺建清.金融科技:发展、影响与监管[J].金融发展研究,2017(06):54—61.

侯县平.中国股票市场与债券市场间的金融传染效应研究[D].西南交通大学,2016.

湖滨.金融科技监管的挑战与趋势[J].中国金融,2019,(3).

黄磊.金融制度创新的几个理论问题[J].当代财经,2001(06):36—39.

黄惟时.中美贸易摩擦的影响及应对策略[J].农村金融研究.2019.(7):44—46.

黄向庆.金融科技:国内实践与主要影响[J].金融纵横,2017(09):4—10.

霍月红.国际金融科技监管实践[J].中国金融,2019.

季娜,邹怡.中美贸易摩擦对中国金融市场的影响[J].合作经济与科技.2019(12):84—85

江虹.柯周佩.中美贸易摩擦对中国经贸的影响及对策建议[J].对外经贸.2019.(2):6—8.

姜波克,等.开放经济与经济发展[M].复旦大学出版社,1999,6.

姜宁,耿强等.金融创新、资本市场与区域增长[M].北京:经济科学出版社,2014.

姜文磊,李晖.世界金融产业发展视角下的中国金融业发展[J].青岛大学学报(自然科学版).2019.32(1):142—149.

姜峥睿.合作与摩擦:中美贸易关系发展研究[D].吉林大学,2017.

蒋三庚,逄金玉.中国区域金融及发展研究[M].北京:经济科学出版社,2017.

金宝辰.中美贸易摩擦形势分析及对策研究[J].潍坊学院学报.2019.19(4):21—26.

金赟,洪清源.我国资产证券化业务的发展研究[J].中国证券,2016,(5).

康书生,郭小卉,杨镈宇.京津冀金融协同发展研究[M].北京:科学出版社,2018.

孔祥毅,祁敬宇.世界金融史论纲[M].北京:中国金融出版社.2017.3.

郎伟.对金融科技影响及发展的思考[J].管理观察,2017(31):155—156+161.

李波.金融创新的内涵及其机制选择问题研究[J].中国集体经济,2009(03):54—55.

李芳.经济发展时代交叠期中国金融工具创新研究[D].山西财经大学,2016.

李佳晓.中美贸易摩擦成因及对策研究[J].现代商贸工业.2019.(20):52—53.

李敬.中国区域金融发展差异研究[D].重庆大学,2007.

李钧.互联网金融是什么?[N].第一财经日报,2013-03-15(A13).

　　李敏.金融科技的监管模式选择与优化路径研究[J].金融监管研究,2017,(11).

　　李敏.金融科技的系统性风险:监管挑战及应对[J].证券市场导报,2019,(2).

　　李敏,吴莲香.从经济学角度浅析中美贸易摩擦对中国经济的影响[J].现代商业.2019.(19):64—65.

　　李似鸿,孙瑾.我国金融体系的发展:1978—2018[J].金融教育研究,2018,31(06):31—37.

　　李思敏.中美金融科技发展的比较与启示[J].南方金融,2017,(5).

　　李伟.中国金融开放度与金融稳定性的实证分析[C].中国统计学会.第十六次全国统计科学讨论会论文集.2011:540—548.

　　李文红,蒋则沈.金融科技(FinTech)发展与监管:一个监管者的视角[J].金融监管研究,2017(03):1—13.

　　李杋芮.中美贸易摩擦对中国经济的影响及对策分析[J].赤子.2019.(25):164—165.

　　李岩玉.金融科技对商业银行影响[J].中国金融,2017(17):33—34.

　　李依霖.中美贸易摩擦影响几何?[J].中国外资.2018.(12):52—53.

　　李展,叶蜀君.中国金融科技发展现状及监管对策研究[J].江淮论坛,2019,5,(3).

　　李张珍.互联网金融模式下的商业银行创新[D].中国社会科学院研究生院,2016.

　　联合国贸易和发展会议——《世界投资报告 2018 投资与新工业政策》.

　　林皑,厉以宁:谈金融创新[J].金融信息参考,1997(05):25.

　　林平.美国反托拉斯法的主要内容及最新发展[A].汤敏,茅于轼.现代经济学前沿专题:第三集[C].北京:商务印书馆,1999.

　　刘晨,葛顺奇.中国企业对非洲投资:经济增长与结构变革[J].国际经济评论,2018(05):9—31+4.

　　刘春航,廖嫒嫒,王梦熊,王广龙,史佳乐,李育峰.金融科技对金融稳定的影响及各国应关注的金融科技监管问题[J].金融监管研究,2017(09):1—20.

　　刘光辉.对金融创新内涵界定的思考[J].湖北财税,2003(24):20—21.

　　刘建丽.国有企业国际化 40 年:发展历程及其制度逻辑[J].经济与管理研究,2018(10).

　　刘帅.中国金融业国际化问题研究[J].环渤海经济瞭望.2018.(11):31—32.

　　刘思.中国金融开放进程对在华外资银行发展战略的影响研究[D].河北师范大学,2013.

　　刘薇,张溪.美国对华高技术出口限制对中国科技创新的影响分析——基于中美贸易摩擦背景[J].工业技术经济.2019.38(9):35—43.

　　刘长春.普惠金融发展的"宁波模式"[J].中国金融,2018(05):32—33.

　　卢颖.中国金融资源地区分布差异性研究[M].北京:中国金融出版社,2014.

　　卢昱嘉,陈秧分.美国对外农业投资格局演变及其影响因素——兼论"一带一路"农业合作[J].2020(03):654—667.

　　陆磊.推动形成金融业全面开放新格局[J].清华金融评论.2018.(12):2.

　　陆岷峰,葛和平.金融科技创新与金融科技监管的适度平衡研究[J].农村金融研究,2017(09):7—12.

　　陆敏.金融开放增强"中国引力"[J].中国外资,2019(6):18—19.

　　骆昌海.浅析金融创新的内涵与对策[J].中国农业银行武汉培训学院学报,2005(04):79—81.

　　吕洋.中国对拉美投资的现状及问题[J].国际研究参考,2016(11):7—13.

吕越,娄承蓉,杜映昕等.基于中美双方征税清单的贸易摩擦影响效应分析[J].财经研究.2019.45(2):59—72.

马腾跃,叶松.普惠金融的"兰考实践"——访人民银行郑州中心支行行长徐诺金[J].中国金融家,2019(10):96—98.

毛旻旸,杜玉兰.中国金融开放度研究[J].江苏商论.2007.(9):167—169.

孟永辉.互联网金融面临三大升级,金融科技如何应对新风口?[J].科技与金融,2018(09):72—73.

米什金.货币金融学:第四版[M].中国人民大学出版社,1998.

木下信行.日本金融自由化历程对中国金融开放的启示[J].中国经济报告,2018(11):83—84.任泽平.金融开放的成就、不足与变革[N].企业家日报,2018-10-29(A02).

南雪芹.中国"一带一路"国家发展战略探析[D].暨南大学,2015.

庞德良,石宇飞.金融危机后中国对日直接投资分析[J].宏观经济研究,2018(12):156—166.

彭宝玉,谢桂珍,魏雪燕,何月娟.中国区域经济、金融发展差异分析[J].地域研究与开发,2016,35(04):1—5+11.

彭若弘,孙玮佳.基于场景的互联网金融服务研究[J].市场周刊(理论研究),2016(05):71—74.

皮天雷,刘垚森,吴鸿燕.金融科技:内涵、逻辑和风险管理[J].财经科学,2018,(9).

濮嘉俊.金融科技监管的创新框架和对策研究[D].浙江工业大学,2019

钱晓霞.金融开放进程下短期跨境资本流动对我国金融稳定的影响[D].浙江大学,2018.

丘燕君.浅析本轮中美贸易摩擦的影响[J].现代商业.2019(5):65—66.

屈秀伟.基于大数据的互联网金融创新模式应用研究[D].黑龙江大学,2015.

上海第一财经传媒有限公司.发展与变革:中国金融这五年[M].北京:机械工业出版社.2018.6.

邵勉也.发达经济体资本账户开放的经验教训与启示[J].南方金融.2014.(1):54—58.

沈伟.金融科技的去中心化和中心化的金融监管——金融创新的规制逻辑及分析维度[J].现代法学,2018,40(03):70—93期.

沈智侠,田旻.试论当前金融创新的内涵与发展[J].经济视角(下),2011(10):77—78.

石冠飞,汪三琴.外国金融开放的经验教训及启示[J].河北金融.2018.(7):8—11.20.

时海娜.特朗普政府下的中美贸易摩擦[J].现代商贸工业.2019.(21):48—51.

宋歌.金融创新背景下中国金融稳定性研究[J].商场现代化,2018(16):106—107.

粟惠湘.构建金融管理创新模式的具体对策[J].中国电子商务,2014(18):182—182.

孙娣.经济"新常态"背景下中国金融业发展策略研究[J].消费导刊.2019.(12):230.

孙祁祥.中国保险业发展报告2012[M].北京:北京大学出版社,2012:10—11.

孙宇彤.浅谈中美贸易摩擦的原因及影响[J].中国经贸.2018.(24):36—37.

谭小芬,梁雅慧.中国金融开放新阶段的潜在风险及其防范[J].新视野,2019(1):63—69.

陶凌云.论欧盟的金融开放及对中国的启示[J].湖北社会科学.2009.(10):85—89.

田宇翔.中美贸易摩擦分析及对策探讨[J].现代商贸工业.2019.(9):50—52.

童藤.金融创新与科技创新的耦合研究[D].武汉理工大学,2013.

涂永红,王芳,赵雪情.人民币国际化新阶段的发展动力与挑战[J]中国期货,2016年第4期.

汪慧芳.金融开放进程中我国银行体系稳定性研究[D].中国海洋大学,2007.

汪子旭.金融开放全面提速[J].服务外包,2019(12):42—43.

王爱俭.天津产业金融创新研究[M].北京:中国金融出版社,2016.

王臣博.中美贸易摩擦博弈论研究[J].新商务周刊.2019.(2):199.

王淳.金融科技对金融业发展的影响[J].金融科技时代,2017(12):29—31.

王德伦.新一轮金融开放下金融市场的发展与挑战[J].金融经济,2019(16):19—20.

王国刚.金融业开放与金融全球化[J].中国金融,2018(9).

王剑.从经济结构变迁视角理解金融市场创新[J].金融市场研究,2018(09):1—6.

王君.近代中国金融机构制度创新研究[D].山西财经大学,2016.

王丽静.金融科技与人民币国际化的关系及其对人民币国际化的推动作用[J].国际金融,2016(12):76—80.

王莉莉.中国农业企业沿一带一路走向世界[J].中国对外贸易.2019(03):60—61.

王淑娟,闫鹏,张斯文.新一轮金融开放在审慎中阔步前行[J].金融世界,2020(1):55—57.

王思清,鲁茜凌.浅析 18 年贸易战对中国金融业的影响[J].商情.2019.(17):277.

王艳.中国保险公司制度变迁与创新研究[D].吉林大学,2014.

王余强,陈金龙.轻资产运营战略下传统制造业整合模式研究——基于互联网视角[J].华侨大学学报(哲学社会科学版),2018(05):61—72+80.

王芝清.人民币国际化背景下.怎样实现高质量的金融开放?[J].国际融资.2019.(9):30—31.

魏谙书.中国金融进一步开放探析:路径、挑战及建议[J].现代管理科学,2018(08):73—75.

魏成龙,罗天正.互联网新时代的金融科技创新红利[J].金融科技时代,2018(10):6—12.

温胜辉.区块链在资产证券化领域的应用前景探究[J].债券,2018,(3).

温信祥.互联网金融的中国道路[N].证券时报,2013-08-14(A07).

文豪.中国金融发展方式转变研究[D].辽宁大学,2013.

吴崇伯.从严格管制—放松管制—加强监管:澳大利亚金融改革试析[J].南洋问题研究.2002.(3):45—50.

吴光豪.金融开放的内涵、国际经验及启示[J].北方金融.2018.(10):95—98.

吴昊.日本金融自由化及启示[J].东北亚论坛.2002.(4):31—34.93.

吴琪瑶.中国企业对东南亚投资发展情况分析[J].现代商贸工业,2017(25):44—46. Keane, M. Creative Industries in China Art, Design and Media[M]. Hoboken: Wiley, 2013.

吴世联.中国金融业全要素生产率及其影响因素的空间计量分析[D].浙江财经大学,2014.

吴婷婷.金融国际化与金融安全:理论与实证[D].西南财经大学,2011.

肖学.广东金融发展蓝皮书[M].广州:广东经济出版社,2018.

谢林吟,贺翔,赵群.金融科技促进金融创新的机理分析及其在中国的发展[J].宁波大学学报(人文科学版),2017,30(03):87—93.

徐光,叶欣怡.区块链与资产证券化[J].中国金融,2018,(3).

徐进前.金融创新[M].北京:中国金融出版社,2003.

徐璐丽.中国金融发展方式转变研究[J].中国市场,2015(21):36—52.

徐梅.基于 ESDA 空间数据探索分析我国区域金融发展水平差异[J].吉林金融研究,2018

(12):6—10.

徐诺金.普惠金融的兰考实践及思考[J].中国金融,2019(20):36—38.

徐义国.金融与科技的交互——科技金融与金融科技之辨[J].银行家,2018(04):30—33.

徐忠.区域金融改革探索与实践[M].北京:中国金融出版社,2018.

徐子茹.我国民营企业海外并购的特点及发展对策[J].财经界(学术版),2014(10).

许涤龙.新常态下的区域金融发展[M].北京:中国金融出版社,2016.

许多奇."互联网金融"定义刍议[N].文汇报,2016-04-01(W03).

许祥云,廖佳,吴松洋.金融危机前后的中国股债关系分析——基于市场情绪变化的解释视角[J].经济评论,2014(01):130—140.

闫肃.中国金融业税收政策研究[D].财政部财政科学研究所,2012.

杨惠昶,鞠国华.论国际金融创新的内涵[J].社会科学战线,1995(03):78—84.

杨玲.金融科技发展背景下 Y 银行经营模式优化研究[D].安徽大学,2018.

杨望,周钰筠.区块链在资产证券化中的应用[J].中国金融,2018,11.

叶敏新.浅析金融科技对商业银行零售业务的影响[J].财经界,2019(05):69—70.

易纲,新中国成立 70 年金融事业取得辉煌成就,《中国金融》,2019-09。

殷兴山.绿色金融改革创新的浙江案例[J].中国金融,2018(13):17—19.

尹龙.金融创新理论的发展与金融监管体制演进[J].金融研究,2005(03):7—15.

于明星.金融创新发展的制度环境研究[D].山东大学,2008.

俞颖,苏慧琨,李勇.区域金融差异演进路径与机理[J].中国工业经济,2017(04):74—93.

张春宇,卫士加,朱鹤.中国在拉美的直接投资对中拉双边贸易的影响[J].拉丁美洲研究,2017,39(01):41—59＋155.

张国良.蚂蚁金服——站在金融科技的风口[J].商讯,2018(02):47—49

张黎.我国金融市场全面开放对银行业竞争度的影响[D].华东政法大学,2014.

张琳琳.中国保险业发展状况评价指标体系研究[D].首都经济贸易大学,2014.

张婉婷,韩修平,查传朴.等.中美贸易摩擦对证券市场的影响分析[J].全国流通经济.2019.(21):142—143.

张小波.金融开放的风险及其经济增长效应研究[D].重庆大学,2011.

张艳秋.中国金融开放测度及影响因素实证研究[D].浙江财经大学,2016.

张伊聪,王帆.2018 年中国区块链行业分析报告[R].北京:鲸准研究院,2018,2.

张银平.金融开放提速,助力实体经济[J].中国石油和化工,2019(12):61—62.

张占仓,完世伟.河南金融发展报告(2018)[M].北京:社会科学文献出版社,2018.

张志彤,张远馨.论中美贸易摩擦的成因及对策[J].现代商贸工业.2019.(24):44—45.

张智富.赣江新区绿色金融改革探索[J].中国金融,2018(13):26—28.

张中华.论金融机构创新与风险管理[J].华中师范大学学报(人文社会科学版),2011,50(02):38—48.

张子月.未来我国金融业面临的挑战与应对策略分析[J].中国商论.2019.(13):44—45.

赵昌文,陈春发,唐英凯.科技金融.科学出版社,2009.

赵俊民,李志军.中美贸易及美在华投资与中国经济增长的关系——基于 1983—2010 年时间序列数据的实证研究[J].国际经济合作,2012(03):25—31.

赵智.金融开放的内涵探讨[J].社会科学家.2006.（1）:152—153.156.

赵子锐.中国金融业对外开放:成绩、挑战和应对策略[J].吉林金融研究.2018.（11）:10—14.

郑杨.上海金融发展报告[M].上海:上海人民出版社,2019.

郑杨.自贸区金融开放实践——上海自贸试验区成立三周年[J].中国金融,2017(04):87—89.

中曾宏,宋莹,毛瑞丰.金融科技的影响[J].中国金融,2017(04):11—13.

中国金融杂志.吴念鲁等:中国如何应对新一轮反全球化浪潮[OL]. https://www.sohu.com/a/235355799_674079.2018.6.12.

中国人民大学国际货币研究所.人民币国际化报告 2019[R]2019.

中国人民银行货币政策分析小组.中国区域金融运行报告(2017)[M].北京:中国金融出版社,2018.

中国人民银行金融稳定分析小组.中国金融稳定报告 2018[R]. 2018.

中国信息通讯研究院.中国金融科技生态白皮书(2019)[R] 2019.

仲君燕.我国金融开放与经济增长关系研究[D].中国海洋大学,2012.

周佳敏.中国金融市场金融创新的路径选择[D].上海交通大学,2007.

周鹏.陈亮.日本金融自由化与中国现阶段经济发展态势的比较[J].辽宁师范大学学报（自然科学版).2012.（4）:574—579.

周倩.全球制造业大迁移的真正动力[J].中国工业评论,2016(10).

周志远,赵小康.中国企业海外融资的方式与现状[J].中国商界,2008(07):22—23.

朱文胜.中国保险业制度变迁与绩效研究[D].暨南大学,2005.

朱星华.科技金融与金融科技[J].科技与金融,2018(07):73—75.

朱琰,肖斐斐,王一峰.美国金融自由化及其对中国的启示[J].银行家.2012.（10）:85—89.

朱有为,黄颖,李挺,张琴韵.证券业国际化发展的形势与展望[J].中国证券,2019(1).

邹晓勇.日本渐进式金融自由化改革风险与借鉴[J].日本研究.2007.（3）:33—37.

"金融业对外开放 11 条"会带来哪些变化？[J].理财(财经版).2019.（7）:1—3.

《径山报告》课题组.中国金融开放的下半场[M].北京:中信出版社.2018. 3.

2018 年资产证券化发展报告[R].2019, 1.

SWIFT 人民币追踪特刊."一带一路"能否重振人民币国际化？[R]. 2017(7).

Bayoumi T. Saving-Investment Correlations: Immobile Capital, Government Policy, or Endogenous Behavior? [J]. IMF Economic Review, 1990, 37(2):360—387.

David C. M., Hiro I.. What Matters for Financial Development? Capital Controls, Institutions, and Interactions[J]. SSRN Electronic Journal, 2005.

Harvey B. C. R.. Time-Varying World Market Integration[J]. The Journal of Finance, 1995, 50(2):403—444.

Horioka F. C.. Domestic Saving and International Capital Flows [J]. The Economic Journal, 1980, 90(358):314—329.

Inclan Q. C.. The Origins of Financial Openness: A Study of Current and Capital Account Liberalization[J]. American Journal of Political Science, 1997, 41(3):771—813

Khan E. M. S.. Interest Rate Determination in Developing Countries: A Conceptual Framework[J]. IMF Economic Review, 1985, 32(3):377—403.

Lane P. R., Milesi-Ferretti G. M.. The external wealth of nations mark II: Revised and extended estimates of foreign assets and liabilities, 1970—2004[J]. Journal of International Economics, 2006, 73(2):223—250.

Obstfeld M.. Capital mobility in the world economy: Theory and measurement[J]. 1986, 24(none):0—103.

Peter Montiel, Carmen M. Reinhart. Do capital controls and macroeconomic policies influence the volume and composition of capital flows? Evidence from the 1990s[J]. Journal of International Money and Finance, 1999, 18(4).

图书在版编目(CIP)数据

从闭封到开放：中国金融业国际化发展 40 余年历程
与改革趋势/魏尚进等著.—上海：格致出版社：上
海人民出版社，2020.10
ISBN 978 - 7 - 5432 - 3140 - 5

Ⅰ.①从… Ⅱ.①魏… Ⅲ.①金融改革-研究-中国
Ⅳ.①F832.1

中国版本图书馆 CIP 数据核字(2020)第 125526 号

责任编辑　　忻雁翔
装帧设计　　人马艺术设计・储平

从闭封到开放
——中国金融业国际化发展 40 余年历程与改革趋势
魏尚进　李清娟　等著

出　　版	格致出版社	
	上海人民出版社	
	(200001　上海福建中路 193 号)	
发　　行	上海人民出版社发行中心	
印　　刷	常熟市新骅印刷有限公司	
开　　本	787×1092　1/16	
印　　张	20.25	
插　　页	3	
字　　数	274,000	
版　　次	2020 年 10 月第 1 版	
印　　次	2020 年 10 月第 1 次印刷	
ISBN	978 - 7 - 5432 - 3140 - 5/F・1312	
定　　价	88.00 元	